横浜翠陵高等学校

〈収録内容〉

便利なDLコンテンツは右のQRコードから

解答用紙

非対応 リスニング

⇒

※データのダウンロードは2025年3月末日まで。
※データへのアクセスには、右記のパスワードの入力が必要となります。 ⇒ 592105

〈合格最低点〉

※学校からの合格最低点の発表はありません。

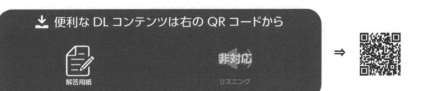

本書の特長

実戦力がつく入試過去問題集

- ▶ 問題 …………… 実際の入試問題を見やすく再編集。
- ▶ 解答用紙 …… 実戦対応仕様で収録。
- ▶ 解答解説 …… 詳しくわかりやすい解説には、難易度の目安がわかる「基本・重要・やや難」の分類マークつき（下記参照）。各科末尾には合格へと導く「ワンポイントアドバイス」を配置。採点に便利な配点つき。

入試に役立つ分類マーク

基本　確実な得点源！
受験生の90%以上が正解できるような基礎的、かつ平易な問題。
何度もくり返して学習し、ケアレスミスも防げるようにしておこう。

重要　受験生なら何としても正解したい！
入試では典型的な問題で、長年にわたり、多くの学校でよく出題される問題。
各単元の内容理解を深めるのにも役立てよう。

やや難　これが解ければ合格に近づく！
受験生にとっては、かなり手ごたえのある問題。
合格者の正解率が低い場合もあるので、あきらめずにじっくりと取り組んでみよう。

合格への対策、実力錬成のための内容が充実

- ▶ 各科目の出題傾向の分析、合否を分けた問題の確認で、入試対策を強化！
- ▶ その他、学校紹介、過去問の効果的な使い方など、学習意欲を高める要素が満載！

解答用紙ダウンロード　解答用紙はプリントアウトしてご利用いただけます。弊社ＨＰの商品詳細ページよりダウンロードしてください。トビラのＱＲコードからアクセス可。

UD FONT　見やすく読みまちがえにくいユニバーサルデザインフォントを採用しています。

横浜翠《すい》陵《りょう》高等学校

Think & Challenge !

普通科
生徒数　482名
〒226-0015
神奈川県横浜市緑区三保町1
☎ 045-921-0301
横浜線十日市場駅　徒歩20分または
バス7分
東急田園都市線青葉台駅　バス15分
相鉄線三ツ境駅　バス20分

URL	https://www.suiryo.ed.jp

プロフィール

考えることのできる人を育成

1986年に横浜国際女学院翠陵高等学校として開校。2011年に「Think & Challenge !」をモットーに掲げ、男女共学化した。高校３ヶ年を通じ、自分らしい生き方について考え、自分の人生を自らの手で切り拓いていくたくましさを身につけ、広い世界で求められる人材を志し、果敢に挑む人を育成する。

環境

緑豊かな明るいキャンパス

緑に恵まれた広いキャンパスに、総合グラウンド、テニスコート、野球専用グラウンドなどが配置され、近代的なデザインの校舎には、メディアルーム、学習室、ドリカム・コーナー、礼法室をはじめ、ギャラリー、学生食堂など様々な設備が整っている。全教室に電子黒板とプロジェクターを設置。

カリキュラム

3コース制と充実した進学指導

特進、国際、文理の３コース制でそれぞれの目標に向けてきめ細かく指導している。

特進コースは５教科８科目に対応した国公立大学・難関私立大学受験対応のカリキュラムを編成している。３年間を通じて主要教科を必修とし、3年次は入試問題演習を中心に実践力を養っている。１・２年次の夏季休業中には、学習に向かう姿勢を確立するために勉強合宿を行う。**国際コース**は世界を舞台に社会に貢献できる教養と知識を身につける。2年次におけるイギリスグローバル研修やニュージーランドへの中期留学は、語学力をさらに向上させるプログラムとして成果を上げている。文系選択では第二外国語（スペイン語・中国語）が履修できる。**文理コース**はそれぞれの進路に対応した授業選択ができる。志望大学・学部に合わせた科目を集中して学ぶことができ、時間的にも内容的にも濃い内容を学習することができる。特進・文理コースでは夏季休業中に、希望選抜制で、カナダでの海外教育研修プログラムも用意している。一人一家庭のホームステイや現地の文化とアクティブに関わることで英語力の向上を目指している。

困難を乗り越え、最後まで挑戦し続ける

学校生活

活発な国際交流　生徒の自主性を重視

学校行事は、翠陵祭や体育祭、修学旅行、球技大会、トレッキングデーなど多彩。これらの学校行事は、生徒が主体的に企画・運営に携わり、自主性の伸長を図る。そのほか国際交流の一環として、中国・メキシコ・アメリカ・オーストラリアに海外姉妹校・友好校・交流校を持ち、交換留学など積極的に交流を行っている。また、運動部11、文化部12からなる部活動は、学習で疲れた心と体をリフレッシュさせる場となっている。

［運動部］
硬式野球、硬式テニス（男・女）、ゴルフ、サッカー（男・女）、新体操（女子）、卓球、ダンス、バスケットボール（男・女）、バドミントン（男・女）、バレーボール（男・女）、陸上競技

自分の生き方を考え、「なりたい自分」を見つける

［文化部］
囲碁将棋かるた、英語、演劇、家庭、軽音楽、サイエンス、茶道、書道、吹奏楽、鉄道研究、美術、パソコン

進路

細やかな進路指導で目標達成

ほぼ全員が進学を希望しており、多数の指定校推薦もある。2023年度入試現役合格実績は、国公立大学13名、早慶上理GMARCHに58名、成成明独國武・日東駒専に143名と年々、難関大学への進学率が高まっている。

2024年度入試要項

試験日　1/22（推薦）
2/10（一般）
2/12（オープン）
試験科目　面接（推薦）
国・数・英＋面接（一般・オープン）

2024年度	募集定員	受験者数	合格者数	競争率
推薦	15/15/30	3/1/7	3/1/7	1.0/1.0/1.0
一般	15/15/25	51/34/338	51/34/338	1.0/1.0/1.0
オープン	5	1/1/19	1/1/13	1.0/1.0/1.5

※人数はすべて特進/国際/文理

過去問の効果的な使い方

① **はじめに**　入学試験対策に的を絞った学習をする場合に効果的に活用したいのが「過去問」です。なぜならば，志望校別の出題傾向や出題構成，出題数などを知ることによって学習計画が立てやすくなるからです。入学試験に合格するという目的を達成するためには，各教科ともに「何を」「いつまでに」やるかを決めて計画的に学習することが必要です。目標を定めて効率よく学習を進めるために過去問を大いに活用してください。また，塾に通われていたり，家庭教師のもとで学習されていたりする場合は，それぞれのカリキュラムによって，どの段階で，どのように過去問を活用するのかが異なるので，その先生方の指示にしたがって「過去問」を活用してください。

② **目的**　過去問学習の目的は，言うまでもなく，志望校に合格することです。どのような分野の問題が出題されているか，どのレベルか，出題の数は多めか，といった概要をまず把握し，それを基に学習計画を立ててください。また，近年の出題傾向を把握することによって，入学試験に対する自分なりの感触をつかむこともできます。

過去問に取り組むことで，実際の試験をイメージすることもできます。制限時間内にどの程度までできるか，今の段階でどのくらいの得点を得られるかということも確かめられます。それによって必要な学習量も見えてきますし，過去問に取り組む体験は試験当日の緊張を和らげることにも役立つでしょう。

③ **開始時期**　過去問への取り組みは，全分野の学習に目安のつく時期，つまり，9月以降に始めるのが一般的です。しかし，全体的な傾向をつかみたい場合や，学習進度が早くて，夏前におおよその学習を終えている場合には，7月，8月頃から始めてもかまいません。もちろん，受験間際に模擬テストのつもりでやってみるのもよいでしょう。ただ，どの時期に行うにせよ，取り組むときには，集中的に徹底して取り組むようにしましょう。

④ **活用法**　各年度の入試問題を全問マスターしようと思う必要はありません。できる限り多くの問題にあたって自信をつけることは必要ですが，重要なのは，志望校に合格するためには，どの問題が解けなければいけないのかを知ることです。問題を制限時間内にやってみる。解答で答え合わせをしてみる。間違えたりできなかったりしたところについては，解説をじっくり読んでみる。そうすることによって，本校の入試問題に取り組むことが今の自分にとって適当かどうかが，はっきりします。出題傾向を研究し，合否のポイントとなる重要な部分を見極めて，入学試験に必要な力を効率よく身につけてください。

数学

各都道府県の公立高校の入学試験問題は，中学数学のすべての分野から幅広く出題されます。内容的にも，基本的・典型的なものから思考力・応用力を必要とするものまでバランスよく構成されています。私立・国立高校では，中学数学のすべての分野から出題されることには変わりはありませんが，出題形式，難易度などに差があり，また，年度によっての出題分野の偏りもあります。公立高校を含め，ほとんどの学校で，前半は広い範囲からの基本的な小問群，後半はあるテーマに沿っての数問の小問を集めた大問という形での出題となっています。

まずは，単年度の問題を制限時間内にやってみてください。その後で，解答の答え合わせ，解説での研究に時間をかけて取り組んでください。前半の小問群，後半の大問の一部を合わせて50%以上の正解が得られそうなら多年度のものにも順次挑戦してみるとよいでしょう。

英語

英語の志望校対策としては，まず志望校の出題形式をしっかり把握しておくことが重要です。英語の問題は，大きく分けて，リスニング，発音・アクセント，文法，読解，英作文の5種類に分けられます。リスニング問題の有無(出題されるならば，どのような形式で出題されるか)，発音・アクセント問題の形式，文法問題の形式(語句補充，語句整序，正誤問題など)，英作文の有無(出題されるならば，和文英訳か，条件作文か，自由作文か) など，細かく具体的につかみましょう。読解問題では，物語文，エッセイ，論理的な文章，会話文などのジャンルのほかに，文章の長さも知っておきましょう。また，読解問題でも，文法を問う問題が多いか，内容を問う問題が多く出題されるか，といった傾向をおさえておくことも重要です。志望校で出題される問題の形式に慣れておけば，本番ですんなり問題に対応することができますし，読解問題で出題される文章の内容や量をつかんでおけば，読解問題対策の勉強として，どのような読解問題を多くこなせばよいかの指針になります。

最後に，英語の入試問題では，なんと言っても読解問題でどれだけ得点できるかが最大のポイントとなります。初めて見る長い文章をすらすらと読み解くのはたいへんなことですが，そのような力を身につけるには，リスニングも含めて，総合的に英語に慣れていくことが必要です。「急がば回れ」ということわざの通り，志望校対策を進める一方で，英語という言語の基本的な学習を地道に続けることも忘れないでください。

国語

国語は，出題文の種類，解答形式をまず確認しましょう。論理的な文章と文学的な文章のどちらが中心となっているか，あるいは，どちらも同じ比重で出題されているか，韻文(和歌・短歌・俳句・詩・漢詩)は出題されているか，独立問題として古文の出題はあるか，といった，文章の種類を確認し，学習の方向性を決めましょう。また，解答形式は，記号選択のみか，記述解答はどの程度あるか，記述は書き抜き程度か，要約や説明はあるか，といった点を確認し，記述力重視の傾向にある場合は，文章力に磨きをかけることを意識するとよいでしょう。さらに，知識問題はどの程度出題されているか，語句(ことわざ・慣用句など)，文法，文学史など，特に出題頻度の高い分野はないか，といったことを確認しましょう。出題頻度の高い分野については，集中的に学習することが必要です。読解問題の出題傾向については，脱語補充問題が多い，書き抜きで解答する言い換えの問題が多い，自分の言葉で説明する問題が多い，選択肢がよく練られている，といった傾向を把握したうえで，これらを意識して取り組むと解答力を高めることができます。「漢字」「語句・文法」「文学史」「現代文の読解問題」「古文」「韻文」と，出題ジャンルを分類して取り組むとよいでしょう。毎年出題されているジャンルがあるとわかった場合は，必ず正解できる力をつけられるよう意識して取り組み，得点力を高めましょう。

数学

出題傾向の分析と 合格への対策

●出題傾向と内容

本年度の出題数は，大問5題で，小問数にして20題と例年通りであった。出題範囲も安定している。

出題内容は，1は数の計算，因数分解，平方根，式の値，連立方程式，二次方程式からなる小問群，2が平方根，二乗に比例する関数の変域，確率，二次方程式の解，角度からなる小問群，3が図形と関数・グラフの融合問題で直線の式や三角形の面積に関する問題，4が相似を利用する平面図形の問題，5が三平方の定理を利用する空間図形の計量問題で，出題範囲もほぼ昨年と同じだった。中学数学の広い範囲から典型的な標準問題が出題されている。

✔学習のポイント

教科書の章末問題を一通り勉強した後，標準レベルの問題集で応用力を身につけておこう。

●2025年度の予想と対策

来年度も本年度と同様の出題傾向になると思われる。中学数学全域にわたるので，各分野の基礎を十分マスターし，練習問題を通してあいまいな公式や定理，解法は，もう一度学習するようにしよう。特に出題される小問群は数・式の計算，平方根，二次方程式，連立方程式，式の値，等式変形だけではなく，数の性質に関する問題，関数，平面図形，空間図形なども出題されることがある。複雑な分数，指数を含む計算問題をはじめとして，基本を固めておこう。図形と関数・グラフの融合問題や図形の問題では，数多くの問題にあたり，補助線のひき方や，図のとらえ方を身につける練習をしておこう。

▼年度別出題内容分類表……

出題内容			2020年	2021年	2022年	2023年	2024年
数と式		数の性質				○	
		数・式の計算	○	○	○	○	○
		因数分解	○	○	○	○	○
		平方根	○	○	○	○	○
方程式・不等式		一次方程式	○	○	○	○	○
		二次方程式	○	○	○	○	○
		不等式					
		方程式・不等式の応用		○			
関数		一次関数	○	○	○	○	○
		二乗に比例する関数	○	○	○	○	○
		比例関数					
		関数とグラフ	○	○	○	○	○
		グラフの作成					
図形	平面図形	角度	○	○	○	○	○
		合同・相似	○	○	○	○	○
		三平方の定理			○		
		円の性質		○	○		○
	空間図形	合同・相似		○	○		
		三平方の定理	○		○	○	○
		切断			○		○
	計量	長さ	○	○	○	○	○
		面積	○	○	○	○	○
		体積	○	○	○	○	○
		証明					
		作図					
		動点		○			
統計		場合の数					
		確率	○	○	○	○	○
		統計・標本調査					
融合問題		図形と関数・グラフ	○	○	○	○	○
		図形と確率					
		関数・グラフと確率					
		その他					
その他							

英語

出題傾向の分析と 合格への対策

●出題傾向と内容

本年度はリスニング問題，長文読解問題2題，会話文問題2題，語句補充問題，単語に関する問題，語句整序問題，和文英訳問題の計9題が出題された。読解力が問われる問題が多い。

長文読解問題2題は内容把握問題が中心の出題となっている。文章の難易度は標準レベルである。読解問題が多いため読解力が求められている。

文法問題は基本的な問題レベルであるが，中学で学習する文法事項がまんべんなく出題されている。英訳問題もあるため，英語の総合力が問われる。

学習のポイント

中学で学習する文法事項を偏りなく学習し，語彙力もつけておきたい。記述問題も多いため正確に覚えることが大切である。

●2025年度の予想と対策

来年度も，問題量やレベルに大きな変化はないと予想される。

長文読解問題は総合問題として2問出題されるため，読解問題集などで様々な分野の英文を読んで慣れておきたい。

文法問題も中学で学習する文法事項が幅広く出題されるため，偏りなく確実に文法を理解しておきたい。重要構文や文法の約束事は整理して正確に覚えておこう。

英訳問題に備え，語彙力をつけておきたい。その際，重要構文や重要表現を暗記するだけでなく，それらを正しく使い実際に英文を作る練習をしていこう。

▼年度別出題内容分類表 ……

	出題内容	2020年	2021年	2022年	2023年	2024年
話し方・聞き方	単語の発音					
	アクセント					
	くぎり・強勢・抑揚					
	聞き取り・書き取り	○	○	○	○	○
語い	単語・熟語・慣用句		○	○	○	○
	同意語・反意語					
	同音異義語					
読解	英文和訳(記述・選択)					
	内容吟味	○	○	○	○	○
	要旨把握	○	○	○	○	○
	語句解釈				○	
	語句補充・選択	○	○	○	○	○
	段落・文整序			○		○
	指示語	○	○	○	○	○
	会話文	○	○	○	○	○
文法・作文	和文英訳	○			○	○
	語句補充・選択	○	○	○	○	○
	語句整序	○	○		○	○
	正誤問題					
	言い換え・書き換え					
	英問英答					
	自由・条件英作文					
文法事項	間接疑問文	○	○		○	○
	進行形			○		
	助動詞		○	○		
	付加疑問文					
	感嘆文					
	不定詞	○	○	○	○	○
	分詞・動名詞	○	○	○	○	○
	比較	○	○	○		○
	受動態	○	○	○	○	○
	現在完了	○		○	○	
	前置詞	○				○
	接続詞		○		○	○
	関係代名詞	○			○	○

横浜翠陵高等学校

国語

出題傾向の分析と合格への対策

●出題傾向と内容

漢字の独立問題，論理的文章2題，古文の大問の4題構成である。現代文では文学的文章は出題されず，論理的文章のみの出題である。

論理的文章は長さは標準的だが，専門的な内容も含まれている。内容吟味，文脈把握，脱語補充など様々な角度から本文をどこまで把握できているかが試されている。記述はなく，抜き出しや選択問題が中心であるが，各段落の的確な読み取りが必須である。

古文は部分的な口語訳の助けはあるものの，全体の内容理解が求められている。

漢字は基本的な漢字から特別な読み方をする熟語まで出題され，難易度はやや高い。

✔学習のポイント

普段から新聞や新書などで論理的文章に読み慣れておくことがポイントだ。古文は基本的な語句や文法をきちんと確認しておこう！

●2025年度の予想と対策

来年度も漢字の独立問題，論理的文章2題，古文の大問4題構成で，設問内容，構成，量には大きな変化はないと思われる。

論理的文章は，日頃から新聞の社説などの要旨をまとめる練習をして，要旨を捉える力をつけていこう。問題集などでも本文の段落ごとの要旨をまとめていくようにすると，その文章における筆者の主張が読み取れるようになる。根気よく読解力をつけていこう。

古文は基本的な語句や文法はしっかりおさえて，ある程度内容を理解できるようにしておこう。漢字は基本的なものから難易度の高いものまで幅広く積み重ねておきたい。

▼年度別出題内容分類表 ……

出題内容			2020年	2021年	2022年	2023年	2024年
内容の分類	読解	主題・表題					
		大意・要旨		○	○	○	○
		情景・心情		○	○		○
		内容吟味	○	○	○	○	○
		文脈把握	○	○	○	○	○
		段落・文章構成	○	○	○	○	○
		指示語の問題	○	○	○		
		接続語の問題	○	○	○	○	○
		脱文・脱語補充	○	○	○	○	○
	漢字・語句	漢字の読み書き	○	○	○	○	○
		筆順・画数・部首					
		語句の意味	○		○	○	○
		同義語・対義語					
		熟語		○			
		ことわざ・慣用句	○	○	○		
	表現	短文作成					
		作文(自由・課題)					
		その他					
	文法	文と文節	○	○	○		
		品詞・用法					
		仮名遣い	○	○	○	○	○
		敬語・その他					
	古文の口語訳						
	表現技法						
	文学史			○	○	○	○
問題文の種類	散文	論説文・説明文	○	○	○	○	○
		記録文・報告文					
		小説・物語・伝記					
		随筆・紀行・日記					
	韻文	詩					
		和歌(短歌)					
		俳句・川柳					
	古文		○	○	○	○	○
	漢文・漢詩						

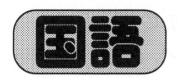

2024年度 合否の鍵はこの問題だ!!

数学 [4]，[5]

[4]は平面図形の問題。平行な線の間に2直線の交点があれば，その上下，あるいは左右に相似な三角形ができることが多い。今回の問題では，点Gの左右に△BGH∽△CGDが見つかる。AD∥BCから△FBG∽△FAEもすぐに見つけられるだろう。相似の問題であることを見破ることができれば，問題を解決する方向も見えてくるだろう。辺の比を扱うときは，解説のように文字式を利用するとよい。BG：CG＝2：5のまま解き進めるより，$BG=2a$，$CG=5a$とすると，他にもaを用いて表せるところができ，扱いが楽になる。問3では三角形の面積の比を扱うが，三角形の面積の比の扱いは大きく2通りの解き方を意識しておけばよい。高さが共通な三角形の面積の比が底辺の比に等しいことと，相似比$a:b$の図形の面積の比が$a^2:b^2$になること，いずれか，あるいは両方を使えば答えにたどりつける。

[5]は与えられた図の中に60°を見つけるだけで，三平方の問題が読み取れるだろう。30°，60°，90°の角を持つ，辺の比$1:2:\sqrt{3}$をもつ直角三角形，45°，45°，90°の角を持つ，辺の比$1:1:\sqrt{2}$の直角二等辺三角形は，常に意識しておきたい。三平方の定理は，1つの問題の中で何度も何度も使うことが多いので，しつこく直角三角形を探していく必要がある。問3の，同じ三角錐の体積を2通りの見方をする問題は定番の問題であるので知っておきたい。

相似も三平方の定理も，中3で学習する単元なので，練習不足になりがち，そのことを意識して数多くの問題に触れておきたい。

英語 [2]

2つの長文読解問題と2つの会話文が出題されており，読解の分量が非常に多くなっている。中でも[2]の問題は比較的長い英文であるため，すばやく読む必要がある。要旨把握や内容吟味の割合が比較的高いため，事前に設問に目を通しておかないと，時間がかかってしまったかもしれない。長文読解問題を解く際には，以下の点に注意をして取り組もう。

①設問に目を通し，英文は事前に日本語訳しておく。本問では問3，問4の疑問文は必ず日本語訳しよう。

②段落ごとに読み進める。

③英文を読むときには，きちんと日本語訳をしながら読む。

④その段落に問題となる部分があれば，その場で読んで解く。特に問5は，一つの段落を読み終えるたびに，内容に一致するかどうかを確かめよう。

使われている英文自体は難しい構文は使われていない。したがって，素早く読める訓練をしておくと，短時間で処理できるようになる。過去問を用いて，素早く問題を処理できるように何度も解こう。

国語 四 問七

★なぜこの問題が合否を分けるのか

本問は，見ていた人が涙をこらえきれなかった理由について，正しい内容を見きわめる問題である。選択肢一つ一つをしっかりと読み，どの部分が誤りであるかを判断し，内容が正しいものを選ばなければならない。

★こう答えると合格できない

本入試は選択問題が多く，一定の確率で正解することはできるが，それでは到底合格点に至ることはできない。選択問題だからこそ，なぜその選択肢を選んだのか，という明確な理由をもって解答していこう。

★これで合格！

「せきあへず」は，こらえきれない，我慢できないという連語である。つまり，「涙をこらえきれなかった，ということである。本文の内容のまとめとなる問題なので，話の大筋を振り返っておこう。藤原道綱の母の元へ，夫の兼家は全く来てくれなくなってしまったので，藤原道綱の母は死んでしまいたいと感じていた。一層のこと，尼になってこの世の中のことを忘れようと息子に話すとひどく泣いて，「そうおなりになったら，私も法師になってしまいます。何を生きがいにして，世間の人たちと交流して暮らしましょうか」と息子が言うので，「では法師になったら，鷹飼はどうなさるの」と聞くと，息子は駆け出して，大事に繋いであった鷹を空に放ってしまった。よって，鷹を放ってまででも母とともに法師なろうとする，息子(道綱)の行動を哀れに感じたというウが適当である。他の選択肢の誤りとしては，ア「命令に従い鷹を放す」が誤り。鷹を放せと誰も道綱に命令をしていない。イ「母への怒り」「道綱の愚かな姿に落胆」が誤り。母への怒りの余り，鷹を放ったわけではなく，また道綱の行動に落胆したわけでもない。エ「道綱の姿に大きな成長を感じた」が誤り。鷹を放ったことは道綱の本意ではなく，母と離れることを拒んだためである。

2024年度

★★★★★★★★★★★★★★★★★★★★★★★★

入　試　問　題

2024年度
横浜翠陵高等学校入試問題

【数　学】（50分）〈満点：100点〉

1 次の各問いに答えなさい。

問1. $-5\times(-4)^3-(-2^2)\times(-3^3)$　を計算しなさい。

問2. 連立方程式 $\begin{cases} a+2b=-\dfrac{19+b}{3} \\ 2a-b=\dfrac{23-a}{2} \end{cases}$ を解きなさい。

問3. $x=2$，$y=-\dfrac{7}{4}$　のとき，$\left(-\dfrac{1}{2}x^2y\right)^2\times\dfrac{8}{5}xy^4\div\left(-\dfrac{7}{5}x^3y^4\right)$　の値を求めなさい。

問4. $(2x-3)(x-4)-(x+3)(x-3)+13(x-2)-10$　を因数分解しなさい。

問5. $(\sqrt{108}-\sqrt{75})(\sqrt{27}-5)+(\sqrt{3}+1)^2$　を計算しなさい。

問6. 2次方程式　$10x^2-11x+2=0$　を解きなさい。

2 次の各問いに答えなさい。

問1. $-3\sqrt{2}<n<\sqrt{30}$　を満たす整数nの個数を求めなさい。

問2. 関数$y=\dfrac{1}{3}x^2$　について，xの変域が　$-6\leqq x\leqq 3$　のとき，yの変域を求めなさい。

問3. xの2次方程式が　$x^2+a(x-2)+a^2+3a-70=0$　は異なる2つの負の解をもち，その1つが-4である。このとき，aの値を求めなさい。

問4. 大小2個のさいころを同時に投げたとき，出た目の数の差の2乗が9以上になる確率を求めなさい。

問5. 右の図において，点Oは円の中心である。
$\angle x$の大きさを求めなさい。

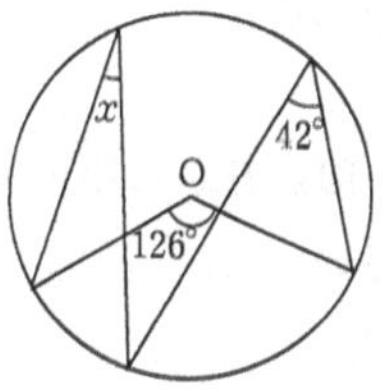

3 図のように，関数$y=ax^2$ のグラフがあり，点Aの座標は$(-2,\ 2)$で，点B，点Cのx座標はそれぞれ 4，-6 である。また2点A，Bを通る直線をℓとし，直線ℓに平行で点Cを通る直線とy軸との交点をDとする。このとき，次の各問いに答えなさい。

問1． aの値を求めなさい。

問2． 直線ℓの方程式を求めなさい。

問3． 直線ℓ上に，△DAPと△AOBの面積が等しくなるように点Pをとる。このとき，点Pの座標をすべて求めなさい。

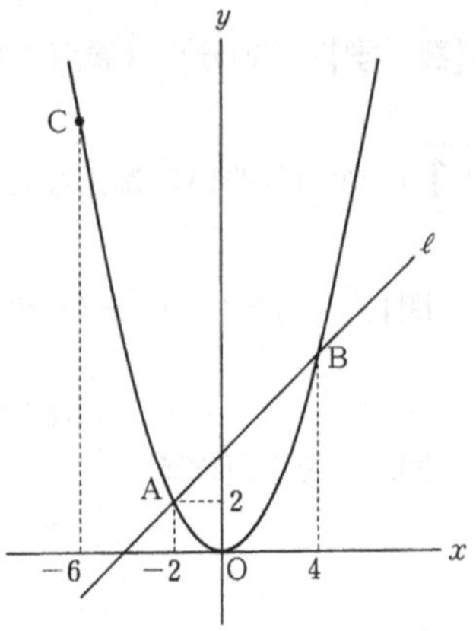

4 図のような，AB＝5である平行四辺形ABCDがある。辺AD上に点E，辺ABのBを越えた延長上にBF＝4となるように点Fをそれぞれとる。また，直線DGと直線AFの交点をHとすると，点Hは線分BFの中点となった。このとき，次の各問いに答えなさい。

問1． BG：AE を最も簡単な整数の比で表しなさい。

問2． ED：GC を最も簡単な整数の比で表しなさい。

問3． △BGHの面積は△DEGの面積の何倍か求めなさい。

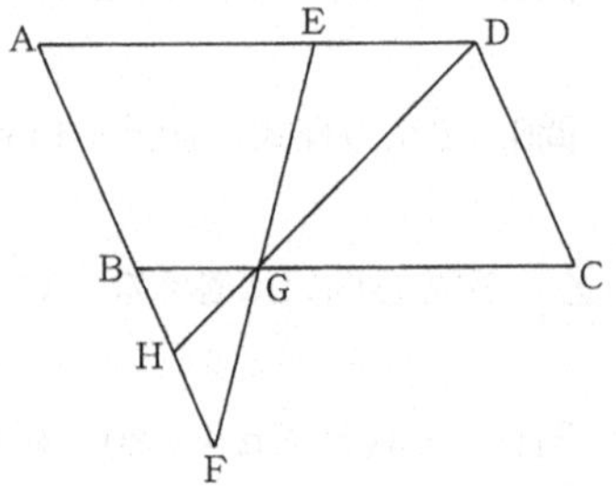

5 図のように，底面が AB＝8cm，∠ABC＝60°，∠BAC＝90° の平行四辺形である四角柱ABCD-EFGHがあり，BF＝8cmである。この四角柱を3点A，C，Fを通る平面で切断したとき，次の各問いに答えなさい。

問1． 線分ACの長さを求めなさい。

問2． 切断した立体のうち，頂点Bを含む方の立体の体積を求めなさい。

問3． 頂点Bから平面ACFに下ろした垂線の長さを求めなさい。

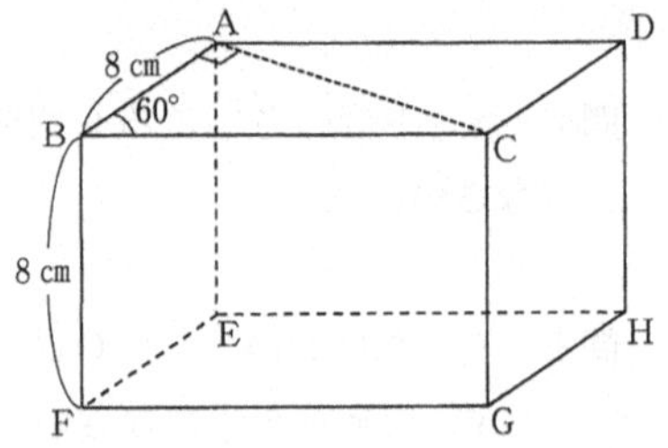

【英　語】（60分）〈満点：100点〉

1 〈リスニングテスト〉英文と質問そしてそれに対する答えを聞き，最も適切な応答を1，2，3の中からそれぞれ一つ選びなさい。解答は全て解答用紙に記入しなさい。英文，質問とそれに対する答えは二度，放送されます。はじめに例題を聞き，解答の書き方を確認しなさい。

例題解答	2

上のように解答欄には数字を書きなさい。

※リスニングテストの放送台本は非公表です。

2 次の英文を読んで，あとの問いに答えなさい。

The greatest saleswoman in the world today doesn't mind if you call her a girl. That's because Markita Andrews has *generated more than eighty thousand dollars selling Girl Scouts cookies since she was seven years old.

Going door-to-door after school, the painfully shy Markita *transformed herself into a cookie-selling *dynamo when she discovered, at age thirteen, the secret of selling.

Markita's mother worked as a waitress in New York after her husband left them when Markita was eight years old. Markita and her mother had a dream to travel the globe.

So at age thirteen, when Markita read in her Girl Scout magazine that the Scout who sold the most cookies would win an all-expenses-paid trip for two around the world, she decided to sell all the Girl Scout cookies she could — more Girl Scout cookies than anyone in the world, ever.

But desire alone is not enough. To make her dream (　①　), Markita knew she needed a plan.

"Always wear your right outfit, your professional clothes," her aunt advised. "When you are doing business, dress like you are doing business. Wear your Girl Scout uniform. When you go up to people in their apartment buildings at 4:30 or 6:30 and especially on Friday night, ask for a big order. Always smile, whether they buy or not, always be nice. And don't ask them to buy your cookies; ask them to *invest."

Lots of other Scouts wanted that trip around the world. Lots of other Scouts had a plan. But only Markita went off in her uniform each day after school, ready to ask and keep asking people to invest in her dream. "Hi. I have a dream. I'm earning a trip around the world for me and my mom by selling Girl Scout cookies," she said at the door. "(　②　)"

Markita sold 3,526 boxes of Girl Scout cookies that year and won her trip around the world. Since then, she has sold more than 42,000 boxes of Girl Scout cookies, spoken at sales *conventions across the country, starred in a Disney movie about her adventure and has *coauthored the bestseller, *How to Sell More Cookies, Condos, Cadillacs, Computers... and Everything Else.*

And everyone is selling something. "You're selling yourself every day — in school, to your boss, to new people you meet," said Markita at fourteen. "My mother is a waitress: She sells the daily special. Mayors and presidents trying to get votes are selling. One of my favorite teachers was Mrs. Chapin. She made geography interesting, and that's really selling. I see selling everywhere. Selling is part of the whole world."

Once, on live TV, the producer decided to give Markita her *toughest selling challenge. Markita was asked to sell Girl Scout cookies to another guest on the show. "Would you invest in one dozen or two dozen boxes of Girl Scout cookies?" she asked.

"Girl Scout cookies?! I don't buy any Girl Scout cookies!" he replied. "I'm *a federal penitentiary warden. I put two thousand prisoners to bed every night."

*Unruffled, Markita quickly answered, "Mister, if you take some of these cookies, maybe you won't be angry and evil. And Mister, I think it would be a good idea for you to take some of these cookies back for every one of your two thousand prisoners, too."

Markita asked.

The warden wrote a check.

(注) *generate ～を生み出す　*transform ～を変化させる　*dynamo 精力家
*invest 投資する　*convention 大会　*coauthor 共著する
*toughest 最も難しい　*a federal penitentiary warden 連邦刑務所長
*unruffled 冷静に

問1　（　①　）に入る語(句)として最も適切なものを一つ選び，記号で答えなさい。
ア　get better
イ　surprising
ウ　come true
エ　helpful

問2　（　②　）に入る文として最も適切なものを一つ選び，記号で答えなさい。
ア　Would you invest in one dozen or two dozen boxes of cookies?
イ　Please bring as many cookies as you can.
ウ　Would you help me make Girl Scout cookies?
エ　Will you take me and my mother around the world with you?

問3　What happened to Markita when she was thirteen years old? Choose one.
ア　Markita's father left her home.
イ　Markita won a free trip around the world by selling Girl Scout cookies.
ウ　Markita sold 42,000 boxes of Girl Scout cookies.
エ　Markita wrote a book which became a best seller.

問4　What advice did Markita's aunt give? Choose one.
ア　To wear her professional uniform.
イ　To visit apartment buildings on Friday night only.
ウ　To stay at the place until people buy her cookies.
エ　To tell people to be nice to her.

問5　本文の内容と一致するものには○，一致しないものには×と答えなさい。

（1）　Markita sold more than eighty thousand boxes of Girl Scout cookies in her life.

（2）　Markita was a shy girl before she found the secret of selling.

（3）　"Selling" is not only to sell items but to make people interested in something.

（4）　Markita failed to sell cookies to a guest on a TV show because he was very angry.

3　次の英文を読んで，あとの問いに答えなさい。

In Greece, many centuries ago, sick people went to temples; men and women looked after them there. They did not have *modern drugs, of course, (　①　) they used flowers and other things to make medicines. The Greeks also knew that good food and a lot of rest were important parts of healthcare. One man, Hippocrates, was very interested in the *causes of illness. He lived in Greece in the fifth century BC, and was one of the first people in the world to study healthcare.

*Religion has always played a very important part in the history of *nursing. Looking after sick people was one of the teachings of Jesus Christ. When the Roman *Emperor Constantine became a Christian in the fourth century AD, he decided that all hospitals had to be Christian hospitals.

One of the first Christian hospitals in the world was built around 370 in Cappadocia (now part of Turkey). The nurses lived at the hospital, and helped the poor, the sick, and the very old. Other Christian hospitals were built in Europe. In France, the Hotel-Dieu de Lyon opened in 542 and the Hotel-Dieu de Paris in 660.

In *the Middle Ages, the Christian church opened more hospitals, and *the Muslims ②<u>did so</u>, too. In the twelfth century, Muslims opened hospitals in Baghdad and Damascus, also in Cordoba in Spain. These hospitals were different from other hospitals of their time because they helped *patients from any country or religion.

Wars have also been important in the history of nursing. Around 100 BC, the Romans started to build hospitals for their injured soldiers; they needed to make them healthy and strong to fight again. In the eleventh and twelfth centuries, Christians and Muslims were at war in Europe and the Middle East, so hospitals were built to look after the soldiers. [　③　] They help with healthcare when there are a lot of people in one place — for example, at football matches.

（注）　*modern drugs 現代の薬　　*cause 原因　　*religion 宗教
*nursing 看護　　*Emperor Constantine コンスタンティン大帝
*the Middle Ages 中世　　*the Muslims イスラム教徒　　*patient 患者

問1　（　①　）に入る語として最も適切なものを一つ選び，記号で答えなさい。

ア　for　　**イ**　or　　**ウ**　so　　**エ**　because

問2　下線部②の具体的内容を本文中から抜き出しなさい。

問3　[　③　] には次の**ア〜ウ**の英文が入る。意味が通じるように並べ替え，記号で答えなさい。

ア　Today, there are no knights, but there is still an organization called the St. John Ambulance Brigade.

イ　The nurses in these hospitals were knights.

ウ　For example, the knights of St. John built a hospital in the Middle East in 1099 and looked after about 2,000 people there.

問4　本文の内容と一致するものには○，一致しないものには×と答えなさい。

（1）　Sick people were looked after in temples in Greece a long time ago.

（2）　Before the Roman Emperor Constantine, no one in the world studied healthcare.

（3）　The development of nursing has nothing to do with religion.

（4）　The nurses living at the hospital helped the poor people in Cappadocia.

（5）　In all hospitals in the 12th century, patients from any country or religion were helped.

（6）　Hospitals started to be built to cure injured soldiers from wars more than 2,000 years ago.

4　次は，NaotoがFredと日本の空港で話している場面です。二人の会話を読み，下のフライト案内【Flight Information】を見て，あとの問いに答えなさい。

【Flight Information】

出発　Departure				3月9日　現在時刻　9:29	
定刻 Time	変更時刻 New Time	便名 Flight No.	行き先 To	搭乗口 Gate	備考 Remarks
10:00	10:30	ASN 992	London	47	Delayed
10:10		HYS 988	Beijing	23	Gate changed
10:10	10:40	TRH 198	New York	50	Delayed
10:20		MSS 196	London	49	Gate changed
10:30	A	AKY 207	London	32	Delayed Gate changed
10:40	11:00	SZK 142	New York	33	Delayed
10:50	11:30	KGM 214	Paris	18	Delayed Gate changed

Naoto :　Oh, Fred! I'm surprised to see you here.

Fred　:　Hi, Naoto! Good morning. It's so surprising. I'm glad to see you here. Where are you going?

Naoto :　I'm going to London. How about you, Fred?

Fred　:　I'm going to New York. This is my first time to go back to my hometown after I came to Japan. I will meet my friends and we will visit some famous museums like "MOMA."

Naoto :　"MOMA?" What is it?

Fred　:　It is "The Museum of Modern Art." You can see lots of famous modern art.

Naoto :　I see. I know it will be exciting for you because you are in the art club in our school.

Fred　:　Yeah. It's been almost one year since I left the U.S, so I am going to have a party with my family and friends. I miss them so much.

Naoto :　That sounds wonderful. I have never been to New York. I want to go there someday.

Fred : Yeah, you should. You can see musical shows in New York, too. I'm sure you will enjoy them a lot because you are in the drama club.

Naoto : Nice. Oh, by the way, ①

Fred : The one leaving at 10:40. But my flight is twenty minutes late, so I have more than an hour before my departure. What are you going to do in London?

Naoto : I am going to join a Spring English camp there because I want to make my English better. I'll join a tour to visit famous spots in London with my family next week. After that, we'll move to Paris and stay there for three days to enjoy shopping and sightseeing.

Fred : What a nice plan! How long are you going to stay in Europe?

Naoto : I'm going to stay there for two weeks.

Fred : I see. Where is your family, Naoto? Are you going to London ② this morning?

Naoto : Yes. I'm excited to travel ② . The other members of my family will leave Japan next week because I have the English camp. My sister, mother and father will join me at the night of March 16. Oh, it's time to go. I'm looking for the gate. I don't know how to get to Gate 23.

Fred : Gate 23? There are no flights that go to London from Gate 23. Today, the times and gates of many flights are changed because of the bad weather. It's OK. I'll help you.

Naoto : Thank you, Fred. The departure time on my ticket is 10:30.

Fred : OK. Let's look at that flight information. Your flight is forty minutes late. And the gate is changed, too. Our gates are very close. Let's go together.

Naoto : Thank you very much, Fred.

問1 ① に入る文として最も適切なものを，次の**ア～エ**から一つ選び，記号で答えなさい。

ア which flight are you going to take?

イ when will you leave New York?

ウ what time are you going to leave for London?

エ do you know what time my flight is?

問2 ② には共通する英単語が一語入る。会話を参考に，答えなさい。

問3 本文と【Flight Information】から考えて，Fredが乗る飛行機の便名を，次の**ア～エ**から一つ選び，記号で答えなさい。

ア HYS 988　　**イ** TRH 198　　**ウ** SZK 142　　**エ** KGM 214

問4 【Flight Information】の A に入る時刻を数字で答えなさい。

問5 本文の内容と一致する英文を，次の**ア～オ**から二つ選び，記号で答えなさい。

ア Fred will go to New York for the first time in his life and will visit some places with his friends.

イ Fred will visit museums and have a party with his friends.

ウ Naoto and Fred are in the same club in their school in Japan.

エ The weather is not good today, so Naoto must go to a different gate.

オ　Naoto and Fred decide to go to the gates together because their flight times are the same.

5　世界各国の文化を紹介するInternational FestivalがPacific Centerで行われます。高校生のYoshiと留学生のAlanは，週末に行く予定で，スケジュールを確認しています。二人の会話を読み，会場案内図【Guide Map】を見て，あとの問いに答えなさい。

【Guide Map】

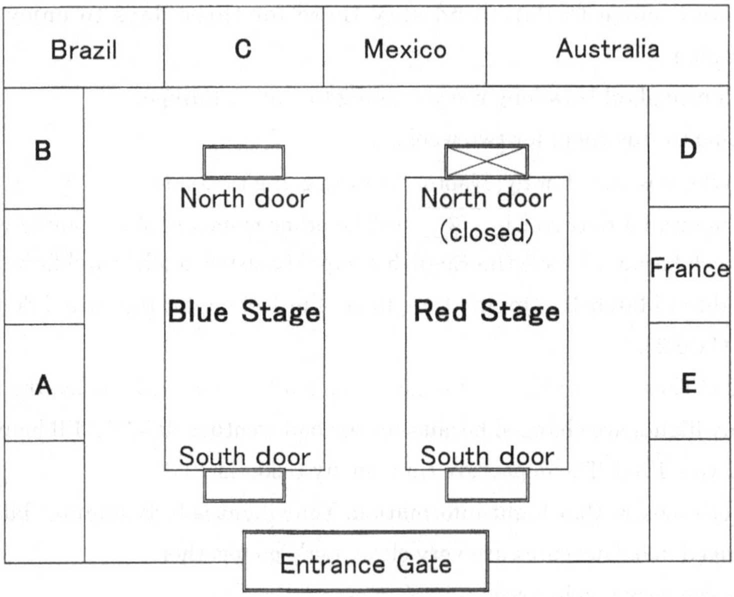

Yoshi：What time will we meet next Sunday?

Alan　：I would like to see the Mexican dance at 11:00. How about meeting at the entrance of the Pacific Center at 10:45? How will you get there?

Yoshi：By bus. It takes about 20 minutes. So, I have to take the bus at 10:25 near my house. Where can we see the Mexican dance?

Alan　：It will be held on the Red Stage. At the same time, Chinese dance will be performed on the Blue Stage. What do you want to see next?

Yoshi：I want to go to the American booth. Where is the booth?

Alan　：After seeing the Mexican dance, we will go out the South door and turn left. We can find it soon after seeing the French booth. What can we do in the American booth?

Yoshi：We can learn about the newest American fashion and eat American food.

Alan　：Sounds great! Let's have lunch there! I want to visit the Italian booth. I like pizza and we can see photos of Italian old buildings.

Yoshi：It's easy to get there. It is just across the North door of the Blue Stage. I want to eat pizza, too!

Alan : That's great! After the Italian booth, why don't we visit the Chinese booth? We can have nice Chinese noodles and see historical pictures.

Yoshi : Great. Noodles are my favorite food. But I'm worried about eating too much and maybe we will not be able to eat Chinese noodles. Anyway, I can't wait for the International Festival!

問1 アメリカとイタリアのブースの場所を，【Guide Map】内の**A〜E**の中から一つずつ選び，アルファベットで答えなさい。

問2 本文の内容と一致するよう，下線部に入る最も適切なものを一つずつ選び，記号で答えなさい。

（1） They will meet ________.

ア near Alan's house and go together

イ fifteen minutes before the Mexican dance starts

ウ at the gate of the Red Stage

エ at eleven o'clock and see the Mexican dance

（2） In the Italian booth, they can ________.

ア learn about the new fashion

イ enjoy the traditional dance

ウ find how to make Italian food and cook pizza

エ see pictures of the old buildings

（3） Yoshi doesn't think they can eat Chinese noodles because ________.

ア they are going to see Chinese dance

イ they will have a lot of food in other booths

ウ they won't have enough time to make Chinese noodles

エ they may eat dinner near the Pacific Center

6 次の英文が成り立つように，（　　）内のアルファベットで始まる最も適切な一語を答えなさい。

（1） A: What's your plan for the winter?

B: I will visit Hawaii with my family (d　　) the winter vacation.

A: Sounds great!

（2） A: What is the month which comes after October?

B: It is (N　　).

（3） A: I (w　　) be able to join the party tomorrow. I have a lot of housework to do.

B: That's OK. See you next time!

（4） A: Who (t　　) you science last year?

B: Mr. Tajima did. He is the best teacher for me.

(5) A: Do you know (h　　　　) to get to Yokohama Station?
B: Take the bus No. 59. The bus stop is over there.

(6) A: Please (h　　　　) yourself to some coffee.
B: Thanks!

7

次の(　　　　)内に入る語(句)として最も適切なものを一つずつ選び，記号で答えなさい。

(1) Leave at once, (　　　　) you'll be late for the concert.
ア and　　イ then　　ウ but　　エ or

(2) (　　　　) of the students has his or her best friend.
ア All　　イ Each　　ウ Both　　エ Many

(3) Mariko, (　　　　) afraid of making mistakes when you speak English. Have fun!
ア be　　イ isn't　　ウ don't be　　エ does

(4) I asked (　　　　) me the pictures he took in Tokyo.
ア Tom to show　　イ Tom to showing　　ウ to Tom show　　エ to Tom showing

(5) The Japanese actor is known (　　　　) people in the U.S.
ア from　　イ with　　ウ to　　エ of

(6) The teacher made students (　　　　) the desks.
ア moving　　イ to move　　ウ move　　エ moved

(7) How (　　　　) will the next train leave? — In ten minutes.
ア long　　イ soon　　ウ much　　エ often

(8) My sister is the woman (　　　　) long brown hair.
ア with　　イ who is　　ウ has　　エ in

(9) I wish I (　　　　) fly to the sky like a bird.
ア can　　イ cannot　　ウ could　　エ couldn't

8

次の英文が完成するように，ア～カを並べ替えて(　　　　)の中に入れ，A と B に入る語(句)を記号で答えなさい。ただし，文頭の文字も小文字になっている。

(1) (＿＿ ＿＿ ＿＿ [A] [B] ＿＿) the business trip.
ア enough　　イ this　　ウ is
エ suitcase　　オ large　　カ for

(2) Geroge (＿＿ ＿＿ [A] ＿＿ [B] ＿＿) running.
ア on the table　　イ when　　ウ went
エ he　　オ his smartphone　　カ left

(3) Steven (＿＿ ＿＿ [A] ＿＿ [B] ＿＿) Mick.
ア a　　イ better　　ウ is
エ much　　オ singer　　カ than

(4) I (____ [A] ____ ____ [B] ____) me.

ア gave　イ finished　ウ my sister
エ the book　オ reading　カ which

(5) I don't know (____ ____ [A] ____ [B] ____).

ア answer　イ how　ウ I
エ should　オ that　カ question

(6) Is (____ ____ [A] ____ [B] ____) on his way to school?

ア his wallet　イ it　ウ true
エ lost　オ that　カ John

9 次の日本語を英語に直しなさい。ただし，(　　　)内の指示に従って答えること。

Bobは野球を10年以上プレーしている。　(for more thanを用いて)

ア　着替えて　　イ　出家して
ウ　痩せて　　エ　引っ越して

問三　傍線部３「さればよ」とあるが、ここに込められた作者の気持ちとして最も適切なものを次の中から選び、記号で答えなさい。

ア　兼家が自分のもとへ来ないことへの嘆き。
イ　兼家が自分に怒っていることへの不満。
ウ　兼家が自分を愛してくれていたことへの喜び。
エ　兼家が自分の状況を理解していることへの満足。

問四　傍線部４「いと死にがたし」・６「泣きて」の主語として適切なものをそれぞれ次の中から選び、記号で答えなさい。

ア　作者　　イ　兼家　　ウ　道綱　　エ　鷹
オ　見る人

問五　傍線部７「まろ」とあるが、これが示す人物として最も適切なものを次の中から選び、記号で答えなさい。

ア　作者　　イ　兼家　　ウ　道綱　　エ　見る人

問六　傍線部８「たはぶれに」をすべて現代仮名遣いに直して、平仮名で答えなさい。

問七　傍線部９「涙せきあへず」とあるが、その理由として最も適切なものを次の中から選び、記号で答えなさい。

ア　命令に従い鷹を放すことで忠誠心を表そうとする道綱の素直な姿に感銘を受けたから。
イ　母への怒りにまかせて飼っている鷹を放してしまった道綱の愚かな姿に落胆したから。
ウ　飼っている鷹を放してまで出家への決心を示そうとする道綱の姿がいじらしかったから。
エ　鷹を縛り付けることをやめて自然に帰そうとする道綱の姿に大きな成長を感じたから。

問八　この文章のジャンルは日記文学であるが、仮名書き日記の最初の作品である『土佐日記』の作者を次の中から選び、記号で答えなさい。

ア　紫式部《むらさきしきぶ》　　イ　清少納言《せいしょうなごん》　　ウ　在原業平《ありわらのなりひら》
エ　紀貫之《きのつらゆき》

兼家《かねいえ》に対する複雑な思いや、息子・道綱《みちつな》への深い愛情が綴《つづ》られている。

1つとめては、「ものすべきことのあればなむ。《用事があるため今夜は行くことができない。》いま明日《あす》明後日《あさて》のほどにも」などあるに、まこととは思はねど、思ひなほるにやあらむと思ふべし、もしはた、このたびばかりにやあらむとこころみるに、《などと(兼家が)言うので、(私はそれを)本心とは思わないが、私の機嫌が直るかもしれないと思っているのだろう、あるいはまた、今度の訪問が最後であるだろうかと》2やうやうまた日数《ひかず》過ぎゆく。3さればよと思ふに、ありしよりも《以前よりも》けに《いっそう》ものぞ悲しき。

つくづくと思ひつづくることは、なほいかで心として死にもしにしがなと思ふ《やはりどうにかして思い通りに死んでしまいたいと》よりほかのこともなきを、ただこのひとりある人を思ふにぞ、《ただこの一人いる道綱のことを思うと、》いと悲しき。人となして、《一人前にして》うしろやすからむ妻《め》などにあづけてこそ、《安心できる妻と結婚させなどすれば、》死にも心やすからむとは思ひしか、いかなるここちしてさすらへむずらむ、《思ったが、(道綱は)どのような気持でこの世を生きていくことだろう、》と思ふに、なほ4いと死にがたし。「いかがはせむ。《どうしようか。》5かたちを変へて、世を思ひ離るやとこころみむ」と語らへば、まだ深く《深い》もあらぬなれど、《事情はわからないのだが、》いみじうさくりもよよと《しゃくりあげておいおいと》6泣きて、「さなりたまはば、《「そうおなりになったら、》7まろも法師になりてこそあらめ。なにせむにかは、世にもまじらはむ」《何を生きがいにして、世間の人たちと交流して暮らしましょうか」》とて、いみじくよよと泣けば、われもえせきあへねど、《涙をこらえきれないが、》いみじさに、8たはぶれに言ひなさむとて、「さて《では》鷹《たか》飼《か》はではいかがしたまはむずる」と言ひたれば、やをら《おもむろに》立ち走りて、し据《す》ゑたる鷹を握《にぎ》り放ちつ。見る人も9涙せきあへず。

問一 傍線部1「つとめて」とあるが、この言葉が示す時間帯として最も適切なものを次の中から選び、記号で答えなさい。

ア 朝　**イ** 昼　**ウ** 夕方　**エ** 夜

問二 傍線部2「やうやう」・5「かたちを変へて」のこの文章における意味として適切なものをそれぞれ後の選択肢の中から選び、記号で答えなさい。

2「やうやう」

ア ゆっくりと　**イ** 急速に

ウ だんだんと　**エ** 突然に

5「かたちを変へて」

ら一つずつ選び、記号で答えなさい。

ア　武力闘争の結実として形成されたこと。

イ　前時代の習わしを踏襲していること。

ウ　政治に対する参加権を有していること。

エ　権力への不屈の姿勢を証明したこと。

オ　国家から離れた集合体であること。

問四　傍線部4「城壁」とあるが、「城壁」についてまとめた次の表の[①]～[④]に当てはまる言葉を（　　）内に指定された字数でそれぞれ本文中から抜き出して答えなさい。

城壁

・中世ヨーロッパ　……[①（十三字）]ためにつくられた。→[②（二字）]の象徴

・中世日本　……[③（九字）]ためにつくられた。→[④（二字）]の象徴

問五　傍線部5「その伝統は今日の市民社会の容貌をも形づくっている」とあるが、その説明として最も適切なものを次の中から選び、記号で答えなさい。

ア　ギルドは常に先鋭的な規制や慣習を生み出したと同時に、近代の労働方式のモデルとなったということ。

イ　ギルドの自律的な団結の原理は社会全体の規範に影響を与えたうえ、民主主義にもつながったということ。

ウ　ギルドは自分たちで独自に発展を遂げていったと同時に、個人の権利を保護する仕組みを形成したということ。

エ　ギルドの強い集団主義は市民の中の差別意識を緩和したうえ、格差社会の課題を解決する糸口になったということ。

問六　本文で述べられている筆者の考えとして最も適切なものを次の中から選び、記号で答えなさい。

ア　圧政の中にあって遂に自由都市を生み出せなかった日本は、今後も自律的な労働組合を成すことは不可能と言えるだろう。

イ　ヨーロッパと違って歴史上の失敗に向き合わない日本は、能動的に自国の労働システムを改善していく力を備えていない。

ウ　常に権力に対して従順であることを重んじてきた日本だが、現代社会になって自発的な市民運動を起こす意識を持ち始めた。

エ　ギルドのような自律労働組織の伝統を持たない日本だが、新しい社会システムを生み出しうる歴史的転換点は幾度もあった。

四　次の文章を読んで、後の問いに答えなさい。（本文を一部改変した箇所がある。）

次の文章は、平安時代に成立した藤原道綱母《ふじわらのみちつなのはは》による『蜻蛉《かげろう》日記』の一部である。当時の結婚は、夫婦が一つの家に同居するのではなく、夫が妻の家を定期的に訪れる妻問婚《つまどいこん》の形式をとるのが主流であった。この作品には作者の、自分のもとをなかなか訪れない夫・

だから、日本には自由都市が存在することはなかった。ただ堺《さかい》や博多に自治的な都市が一時期生まれたが、戦国時代をつうじて封建領主に圧殺された。よく知られているこれらの歴史は、日本の中世社会にヨーロッパのような自治を確立することができなかったことを示している。だから民衆が、自治的空間のなかで自分たちで物事を決め、それを守るという「自律的結束」の伝統も日本にはなかった。

ギルドの不在という伝統は、日本で職業別労働組合を確立する上での困難な土壌となり、職業別組合の未確立は産業別組合を日本で創り出すマイナスの条件となった。今日、ユニオニズム(注4)を創造するために、自治と自律の伝統の欠如、すなわち自治意識なき民衆の連続性は意識しておかなければならない。日本の民衆史にきざまれた負の刻印を直視することが現実の運動にとって必要なことだろう。

だが、市民社会やギルドの不在という起源が、その後の歴史をすべて規定したとは考えられない。日本の民衆は負の遺産をかかえながらも、つねにY字形の岐路に立たされてきた。幕末維新、自由民権運動、大正デモクラシー、敗戦と戦後の改革というように。しかしそのつど、競争規制の社会システムを構築することはできなかった。そして現在、日本型雇用システムが崩壊しつつあるなか、新しい岐路が目の前に現れてきている。そう考えるべきだろう。

〔本下武男『労働組合とは何か』(岩波書店)による〕

(注) 1 ギルド……中世ヨーロッパの都市に存在した商人や手工業者などの同業者組合。
2 もぐり……正式の一員とはみとめがたい人。
3 デモクラシー……民主主義。
4 ユニオニズム……労働組合主義。

問一 傍線部1「『対外的独占』の原理」とあるが、この内容を言い換えている部分を本文中から四十字以内で抜き出し、最初と最後の五字を答えなさい。

問二 傍線部2「ギルドはたんなる機能集団ではなかった」とあるが、その説明として最も適切なものを次の中から選び、記号で答えなさい。

ア ギルドは、成員同士で人生の諸々の営みを支え合うとともに、相互に連帯感を強めようとする集団でもあったということ。

イ ギルドは、成員同士で経済的な支援をし合うとともに、協力して街に必要な施設を建設する集団でもあったということ。

ウ ギルドは、成員同士で相手の職業への敬意を忘れずにいるとともに、積極的に話し合いを行う集団でもあったということ。

エ ギルドは、成員同士で各自の役割を理解し合うとともに、社会的に弱い立場の者を救おうとする集団でもあったということ。

問三 傍線部3「中世市民社会のギルドと、近代市民社会の労働組合との類似性」とあるが、「中世市民社会のギルド」と「近代市民社会の労働組合」について、(1)両者に共通している性質、また、(2)両者で異なる性質として適切なものをそれぞれ次の中か

す。ここが近代的な労働組合の主戦場となる。

ところで、自由都市の市民社会は国家から分離されていても、政治的な性格をもっていた。後述するように、これが近代の市民社会との大きな違いだ。都市の市民は自治的な政治の担《にな》い手でもあり、政治に責任を負っていた。それは都市が裁判権や徴税権を有し、市長と市参事会員を選ぶ選挙権をもっていたことによる。市民は城壁を築き、民兵組織を設け、民兵として都市防衛の義務を負った。外敵や領主に対して武装して立ち向かった。

このように中世市民社会では、ギルドの成員は都市の自治的な政治の担い手として政治に参加し、また自分たちのギルドでも社会的な事柄をみずから決定していた。自治を実現したからこそ、自律的な秩序を築き上げることができたのである。

5その伝統は今日の市民社会の容貌をも形づくっているといえる。例えば歴史学者の阿部謹也は、「中世市民生活の究極的な単位が組合だった」から、その「職業倫理や対人関係の倫理が日常的生活規範として形成されていった」（阿部、一九八六b）と指摘する。つまりギルド＝「諸社会」の集合体が中世の市民社会であるから、その組合のもつ共同体規制や、相互扶助と親睦の「生活規範」が社会の全体におよぶのである。

その伝統が、今日の「ヨーロッパにおける市民生活と市民意識の形成に決定的な刻印を押さずにはおかなかった」とする（阿部、一九八六b）。それは市民の自治意識の高さや、社会的な連帯感の強さ、個人を抑圧しない集団主義などにみいだすことができる。

また、中世の自治的空間と社会集団には歴史学者の増田四郎も注目していた。ギルドや農村共同体の規制や慣習、制度は、「支配に対して団結の防波堤」となった。そして「そうした社会集団が」「時代の転換に即応して、つねに新しい共同体または団結の原理を見いだしていった点に、私たちは(注3)デモクラシーの定着する基盤を読みとらなければならない」とする（増田、一九七四）。民主主義はたんなる政治制度の問題ではなく、市民社会における「団結の原理」を有する社会集団が、民主主義の基盤になっている。それは近代にもあてはまることだ。

自立なくして自律なし。中世日本では自治的な社会領域が存在せず、封建領主の支配が一元的に貫かれていた。国家から分離された中世市民社会は存在しなかったのである。だから日本では民衆が封建領主に対して自立し、自治によってみずからを律することができなかった。

自治の存在を象徴的に示しているのが中世の城だ。すでにみたように自由都市では、城壁は領主が築いたのではなく、市民が外敵や領主と対抗するためにつくったものだった。支配者の支配は一元的に貫徹することはなく、そこには自治の空間があった。

一方、日本の封建領主は、都市の城下町に住んでいた。都市はヨーロッパと違って、城壁の外に開け、農村と区別されることなく、混ざりあい、しだいに農地が広がっていく。領主は年貢《ねんぐ》を取り立てやすいように肥沃な農村地帯に城を築き、そこを城下町とした。城垣は領主と家臣団を守るためにこそあった。つまり日本ではそびえ立つ城は支配の象徴であり、都市も農村も支配が一元的におよぶ領域である。そこには自治の要素はみられない。

原理はつくりあげられた。ギルドは仲間同士の「自律的な結束」によって、物事を決めていたのである。

自律的な取り決めが成り立ったのは、そこに自由な社会的空間があったからだ。この自由な空間が中世の市民社会である。市民社会では封建領主や国家が一元的に支配を貫くことができない。だから自分たちが決めた事柄を、支配者に指図されることなく実現することができた。今日の近代市民社会もこの自由な空間が存在し、そのなかで労働組合は自律的な結束で事を進めている。ここに[3]中世市民社会のギルドと、近代市民社会の労働組合との類似性がある。今日の労働組合運動のあり方を考えるためにも、市民社会の源でもある中世市民社会をみていくことの意義は大きい。

中世の自由都市のなかに自治の空間があった。中世の都市はまわりを[4]城壁で囲み、出入りするには、いくつかの門をくぐらなければならなかった。都市に入る門の前には絞首台《こうしゅだい》があった。つるされた死体が放置され、風に揺れていた。旅人は驚かされたに違いない。だが都市に住む市民にとって、この絞首台は誇りだった。裁判権を含む自治を、都市の市民みずからが有していることの証《あかし》だったからだ。

このように中世ヨーロッパの多くの都市は、封建領主に対して自治権をもっていた。都市は外界とへだてる長い城壁で囲まれ、そのなかに商人や職人が住み、彼らが都市を治め、運営していた。

城壁は領主が築いたのではなく、市民が外敵や領主と対抗するためにつくったものだ。封建領主は都市ではなく、農村に城を築き、そこに住んでいた。支配者の支配は都市に対して一元的に貫徹することはなく、そこには独自な自治の空間があった。

その都市の自治は与えられたものではない。長い闘いの末に民衆が勝ちとったものだ。はじめは商人ギルドが住民の先頭に立ち、領主に抵抗し自治権を獲得した。それは「コミューン運動」と呼ばれる。その後、商人層や地主たちが市政を支配するようになると、クラフト・ギルドに結集した職人たちが「ギルド闘争」を展開し、市政を民主化し、その運営に参加していった。このような封建領主のいない都市は「自由都市」と呼ばれている。

この自由都市を構成する者たちこそがギルドだった。つまり中世の市民社会は、ギルドという団体の集合体として存在していたのである。マルクスは中世市民社会と「職業団体」についてこう述べている。「人民生活のこのような組織は、財産や労働を」「国家全体から完全に分離し、それらを社会のなかの特殊な諸社会につくりあげた」（マルクス、一八四四）。マルクスのこの指摘は直接には絶対主義の時代のものだが、後にみるように中世社会をとおしてあてはめることができる。

つまり、ギルドは「国家全体から完全に分離」され、「諸社会」として「社会」を構成していた。ギルド＝「諸社会」の集合体が中世の市民社会であり、それは国家とも分離されていたという意味だ。分離されていたからこそ、「諸社会」のことはみずから決定することができたことになる。

ここに、労働組合のあり方を中世の歴史の森に分け入ってまで探りだす意味があった。後にみる近代市民社会も国家から分離された領域であり、そこでの「諸社会」は労働組合や経営者団体である。この「国家全体から完全に分離」された労使自治の空間で約束事をとり交わドに属さない職人でも、その区域で営業することができるとすれば、ギルド非加入者とギルド成員との競争が展開されることになる。すべての約束事は崩壊する。それを防ぐためにギルドは、1「対外的独占」の原理をつくりあげた。

「対外的独占」とは縄張りである。ある職業の営業はそのギルドが独占し、ギルド以外の者が商品の製造や販売をしてはならないようにする。この取り決めは、ギルドのメンバーの自律的な結束で守られていた。例えば、同業者を強制的にギルドに加入させた。営業の独占を破る者を渡り者や縄張り荒らし（注2）、もぐりなどと呼び、排斥した。このようにギルドの独占が成り立っている地域は「禁制領域」と呼ばれていた。ギルドはこの独占の領域を、自分たちの職業の範囲、縄張りとして守ったのである。

また職業の範囲は細分化されており、大都市になるほどそれは著しかった。縄張りは、範囲が狭い方が防衛しやすいからだ。例えば蹄鉄《ていてつ》鍛冶《かじ》の仕事は、蹄鉄をつくってそれを馬に打ちつけることに限られていた。他の道具をつくってはならなかった。鋤《すき》鍛冶は鋤をつくることが、鎌鍛冶は鎌をつくることが、職業の範囲と定められていた。刀鍛冶は刀を鍛造《たんぞう》することが仕事であり、刀剣研ぎ師は刀を研いで使えるようにするのが仕事だった。仕立屋では、ズボン縫い職人はマント製造職人とは違ったギルドに所属した。パン屋では、やはり菓子職人とパン焼き職人とが別のギルドに入っていた（プレティヒャ、一九八二）。

このようにして「対外的独占」は自分たちの職業の範囲を守り、また、互いに互いの仕事を荒らさず、共存するための原理として確立していた。

2ギルドはたんなる機能集団ではなかった。共同体の仲間同士の相互扶助と親睦の組織でもあった。ギルドの組合員の子弟の出産や結婚、組合員の病気や死亡についても、ギルドの組織が手助けをしていた。組合員の出生から埋葬までのすべてを共にする、相互扶助の組織でもあった。

ギルドの相互扶助の機能と精神は、のちの職人組合に引き継がれる。そこでも組合員の葬式は組合でとりおこなわれた。「死者の棺《ひつぎ》は組合旗でくるまれ、その上に職人のシンボルである杖《つえ》が二本と、それに定規とコンパスが置かれる」というように、職業への敬愛がはらわれていた（川名他、一九八七）。

ギルドの時代、大きな都市には市参事会の建物や広場とならんで、豪華なギルドホールがあった。そこはギルドの会議の場所であるとともに、社交の場、親睦の場であり、結婚披露宴などもそこで開かれた。またギルドはそれぞれの居酒屋ももっていた。組合員はそこで、共に飲み、共に歌った。「仲間団体とは何よりもまず飲食を共にし、共に歌う団体でなければならなかった」（阿部、一九八六b）。仲間（コンパニヨン）とは共に（コン）にパンを食べる者たち、という意味である。

このような同職の仲間による相互扶助と親睦の組織は、ギルド形成から一九世紀にいたるまで綿々と続いていった。

「対内的平等」にしても、「対外的独占」にしても、その取り決めは国王が決めたのではない。都市の議会が決めたのでもない。みずから決めたギルドの規約を、みんなが自律的に守ることによって、その

イ　単純化された問題が設定されることで、役立たない解答しか導き出されないから。

ウ　学校が家庭と連携をとらないことで、効果のある学習を実現できていないから。

エ　一般的に認知された事柄だけを扱うことで、学びの幅を広げられないから。

問五　［ I ］に当てはまる言葉として最も適切なものを次の中から選び、記号で答えなさい。

ア　驚きました　　イ　落ち込みました

ウ　憤慨しました　　エ　感心しました

問六　傍線部４「車に拾われた子供」とあるが、その説明として最も適切なものを次の中から選び、記号で答えなさい。

ア　個人の理解力が損なわれた子供。

イ　個人の学ぶ意欲が尊重された子供。

ウ　個人の成長速度が無視された子供。

エ　個人の非凡な才能が認められた子供。

問七　次の文を入れるのに最も適切な箇所を本文中の【　A　】～【　E　】の中から選び、記号で答えなさい。

> 美術館で、ひとつの絵や彫刻を前にしたときの感動も、大人が関心を持っていなければ、子供が感動を覚えるはずがありません。

問八　本文で述べられている内容として適切なものを次の中から二つ選び、記号で答えなさい。

ア　設定された目標に到達するために、時間をかけずに問題を解決することが推奨されており、効率よく課題をこなしていくことが現在の教育現場では重視されている。

イ　芸術や自然の美しさに感動する感受性が衰えつつある今、坐学と実学を学ぶことで身につく知識・技能のほかにも、一見役に立たない芸術を理解するための理論の構築が求められている。

ウ　芸術とは、作者が作品に込めた意図を明確な方法論をもって探求し人類の普遍的な部分を見つめ、時代や人種によらず万人が一つの解釈へとたどり着くための崇高な活動である。

エ　日本では、幼稚園から大学まで生徒への知識の伝授を基盤とした教育プログラムが徹底していることで、膨大な知識を迅速に吸収するための学習習慣が意図せずに獲得されることになる。

オ　教育とは、解決が困難なことの方が多い人生を生きる私たちに、解決不能なものに興味や尊敬を抱きながら時間をかけて向き合っていく姿勢を養成する無限の可能性を秘めたものである。

三

次の文章を読んで、後の問いに答えなさい。なお、問いに字数指定がある場合は、句読点なども一字分に数えること。（本文を一部改変した箇所がある。）

「平等」は「独占」がなければ崩壊する。（注一）ギルドの規制はそれがどんなに厳しくても、ギルドのメンバー以外にはおよばない。もしギル越した宙ぶらりんのところにあります。［ ② ］人生の本質は、そこにあるような気がします。

問題設定が可能で、解答がすぐに出るような事柄は、人生のほんの一部でしょう。残りの大部分は、わけが分からないまま、興味や尊敬の念を抱いて、生涯かけて何かを摑みとるものです。それまでは耐え続けなければならないのです。私が思い出すのは、第二章で述べたビオンの言葉です。ネガティブ・ケイパビリティを持つには、記憶・理解・欲望が邪魔をするとビオンは断言します。

現代の教育は、到達目標という欲望があるために、時間に追われながら、詰め込み記憶を奨励しつつ、とりあえず理解させようとします。ネガティブ・ケイパビリティが育つべくもありません。

〔帚木蓬生《ははきぎほうせい》『ネガティブ・ケイパビリティ　答えの出ない事態に耐える力』（朝日新聞出版）による〕

（注）1　『ヒトラーの防具』……筆者の著書である小説。
2　鷹揚さ……ゆったりとして威厳があること。小さなことにこだわらないで、おっとりしているさま。
3　坩堝……種々のものが混じり合っている状態や場所。
4　狭窄……すぼまってせまいこと。

問一　［ ① ］・［ ② ］に当てはまる言葉として適切なものをそれぞれ次の中から選び、記号で答えなさい。

ア　たとえば　**イ**　なぜなら　**ウ**　あるいは
エ　むしろ　**オ**　しかも

問二　傍線部1「江戸時代、武士の子弟が小さい頃から、返り点をつけただけの漢籍を内容がよく分からないまま素読させられた」とあるが、このことの意義を筆者はどのように考えているか。最も適切なものを次の中から選び、記号で答えなさい。

ア　繰り返し声に出して読むことで音としての情報が耳に入り、書かれていることを鮮明に理解することができる。
イ　音読という学びの基礎的な部分をおろそかにしないことで、その後の発展的な学習をより素早く習得することができる。
ウ　書かれていることについて完全な理解に至らなくても、音読し漢文に触れていく中でその素養を会得することができる。
エ　同じ動作を何度も反復して行う訓練を続けるため、諦めずに学びに向き合う粘り強さを身につけることができる。

問三　傍線部2「教える側」とあるが、その姿勢として最も適切なものを次の中から選び、記号で答えなさい。

ア　教えながらも共に学ぶ
イ　先を見据えて誘導する
ウ　目標到達まで叱咤激励《しったげきれい》する
エ　わからない問題を生徒に考えさせる

問四　傍線部3「今日の学校での教育がどこか教育の本質から逸脱している」とあるが、その理由として最も適切なものを次の中から選び、記号で答えなさい。

ア　試験という形式に固執していることで、学習者が本来の能力を発揮できないから。

ます。無限の可能性を秘めているはずの教育が、ちっぽけなものになっていきます。もう素養とか、たしなみでもなくなってしまいます。

この教育の場では、そもそも解決のできない問題など、眼中から消え去っています。いや、たとえ解決できても、即答できないものは、教えの対象にはなりません。

教育者のほうが、教育の先に広がっている無限の可能性を忘れ去っているので、教育される側は、閉塞感ばかりを感じとってしまいがちです。学習の面白さではなく、白々しさばかりを感じて、学びへの興味を失うのです。

【　A　】

学べば学ぶほど、未知の世界が広がっていく。学習すればするほど、その道がどこまでも続いているのが分かる。あれが峠だと思って坂を登りつめても、またその後ろに、もうひとつ高い山が見える。そこで登るのをやめてもいいのですが、見たからにはあの峰に辿《たど》りついてみたい。それが人の心の常であり、学びの力でしょう。つまり、答えの出ない問題を探し続ける挑戦こそが教育の真髄でしょう。

【　B　】

教育の現場が視野狭窄に陥っているため、親はそれ以上に視野が狭くなっています。学校の課題だけを早くこなすように、子供に強制しがちです。早くやりなさい、ぐずぐずしないで宿題を先にしなさい。これが口癖になります。

【　C　】

学習と言えば、学校の課題、塾の課題をこなすことだと、早合点《はやがてん》してしまいがちです。世の中には、もっと他に学ぶべきものがあるのに、親はそれを子供に伝えるのさえも忘れてしまいます。

【　D　】

星の美しさ、朝日や夕日の荘厳さ、木々の芽ぶきの季節のすこやかさ、花々の名前や木々を飛び交う鳥の姿と鳴き声も、まず大人の感受性はとらえられなくなっています。子供に伝えられるはずがありません。

【　E　】

まして、音楽や美術には、問題設定もその解決もありません。むしろ、解決できない宙ぶらりんの状態で、その芸術家が何とかして自分なりの仮の解答をさし出したのが芸術だからです。芸術には、問題解決という課題が課せられていないので、学習がまだその本質を失っていません。見た者、聞いた者は、何かを感じ、生の喜びを実感します。人生の無限の深さに感動するのかもしれません。

詩もそうでしょう。詩はそもそも、何かを解決するため、結着をつけるために書かれるものではありません。音のつながり、意味の連関を味わい、感動するものです。

孔子の言行を集録した『論語』は、およそ三分の一が芸術論になっているそうです。論じられているのは、絵画、詩、演劇、音楽で、真の人間になるためには、芸術を学ばねばならないと強調されていると言います。

おそらくそれは、わけの分からないもの、解決不能なものを尊び、注視し、興味をもって味わっていく態度を養成するためなのかもしれません。崇高なもの、魂に触れるものというのは、ほとんど論理を超

の集まりで、北アフリカのアラブ系の人やアフリカからの黒人、それに東南アジアの旧フランス領からの移民も多く、人種の(注3)坩堝《るつぼ》と言っていい町でした。

そのとき家に来た長男のクラスメートは、大半がアラブ系の子弟でした。驚いたのは、そのうちのひとりが、大人顔負けの背丈をしていたからです。普通なら、小学六年か中学生の体格です。不思議に思って訊《き》くと、覚えが悪いので、一年生を何年かやっているという返答でした。悪びれもせず、明るく答えたので二度驚いたくらいです。

そうかマルセイユの小学校は、落第があるのだと［Ⅰ］。日本でなら子供が落第させられたとなれば、親が学校に乗り込んでいくでしょう。

学習の速度が遅い者は、その学年を何度でも繰り返す。考えてみれば、これが当然のやり方です。それぞれ、人によって学習速度に差が出るのは当然です。早く覚えてトントン拍子で進級したあと、頓挫する学生もいれば、スタートは遅くても、いったんのみ込んでしまえば、あとは学習が円滑に進んで、追い越す子もいるでしょう。

本来、教育というのはそれが本当のあり方ではないでしょうか。ところが、今日の教育は画一的です。横並びで一年一年を足並揃《そろ》えて、上級学年に上がっていく体制になっています。

その結果、採用されたのが到達目標とその達成度です。その到達目標も、個々人に合った目標ではありません。あくまで一年毎《ごと》の建前としての到達目標です。私は学校教育が到達目標を設定したときから、学校が変質したような気がします。

小学一年はこれこれ、小学三年はこれこれという具合に、目標が決められると、必ず落ちこぼれが出ます。市民マラソンと同じで、遅れた走者は車が拾っていきます。何時間も道路を封鎖できないからです。

4車に拾われた子供はどうなるのでしょうか。次の年のマラソンでも、やはり車に拾われて、とうとう小学校を卒業するまで、毎年車に拾われる六年間を過ごします。中学校でどうなるかは、もう自明です。これでは、学校が苦業の場となる子供が出ても仕方がありません。

ところてん式の進級と進学に輪をかけているのが、試験です。この試験突破こそが、学習の最終目標と化してしまうと、たしなみ、素養としての教育ではなくなります。問題解決のための学習、勉強になってしまうのです。

こうした教育の現場に働いているのは、教える側の思惑です。もっと端的に言えば「欲望」です。教える側が、一定の物差しを用いて教え、生徒を導くのです。物差しが基準ですから、そこから逸したさまざまな事柄は、切り捨てられます。何よりも、教える側が、問題を狭く設定してしまっています。そのほうが「解答」を手早く教えられるからです。

しかしここには、何かが決定的に抜け落ちています。世の中には、そう簡単には解決できない問題が満ち満ちているという事実が、伝達されていないのです。前述したように、むしろ人が生きていくうえでは、解決できる問題よりも解決できない問題のほうが、何倍も多いのです。

そこでは教える側も、教えられる側も(注4)視野狭窄《きょうさく》に陥ってしまってい

ものを平易化してしまう傾向が生まれます。単純な問題なら解決も早いからです。このときの問題は、複雑さをそぎ落としているので、現実の世界から遊離したものになりがちです。言い換えると、問題を設定した土俵自体、現実を踏まえていないケースが出てきます。こうなると解答は、そもそも机上の空論になります。

　教育とは、本来、もっと未知なものへの畏怖を伴うものであるべきでしょう。この世で知られていることより、知られていないことのほうが多いはずだからです。

　1江戸時代、武士の子弟が小さい頃から、返り点をつけただけの漢籍を内容がよく分からないまま素読させられたのは、現在の教育とは正反対の極にあります。

　子供は何のために素読をするのか、まず分かりません。ただ声を出すだけで、意味も分からないままです。しかし何十回と繰り返していくうちに、漢文独特の抑揚が身についてきます。漢字の並びからぼんやり意味が摑《つか》めるようにもなります。

　この教育には、2教える側も教えられる側にも、分からないことへのいらだちがありません。分からなくてもいいのです。子供は、言われるがままに何回も音読を繰り返します。つっかえつっかえ読んでいたものが、いつの間にかすらすらと読めるようになります。

　一方の教える側も、手取り足取りは教えません。ゆっくり構えています。その漢籍が自分にまだ理解できないような、深い内容を含んでいるのかもしれません。教える内容を、教える者自身が充分に分かっていない可能性もあります。それでも教える素材に敬愛の念をいだいているのは確かです。子供に音読させながら、自分もその文章の背後にある真実を見極めようとしているのかもしれません。

　ここには、そもそも土俵としての問題設定がありません。ひたすら音読して学ぶだけです。さらに言えば、学びの先にあるものも、判然としません。簡単に言えば、素養でしょうか。たしなみです。現代風な表現では教養です。

　素養や教養、あるいはたしなみは、問題に対して早急に解答を出すことではありません。むしろ反対かもしれません。解決できない問題があっても、じっくり耐えて、熟慮するのが教養でしょう。

　そうなると、3今日の学校での教育がどこか教育の本質から逸脱しているのが分かります。

　もう三十年以上も前、私は精神医学を学ぶために南仏《なんふつ》のマルセイユに住んでいました。恩師のムーラン先生が、かつての自分の自宅兼診療所を無料で貸してくれたので、かなり広い家でした。私たちの住まいは建物の二階全体を占めていて、ベランダから中庭に降りて行く階段があり、その中庭も、私たち一家の占有物になっていました。このたたずまいは、(注1)『ヒトラーの防具』で、主人公が住む家として描出しています。

　長男は小学一年、次男は幼稚園に通っていたのです。フランス語が分からなくても、どうせ一年生ですから、必要になったら、その場で覚えればいいというくらい、学校の方針はゆるやかでした。

　そもそも、就学のために近くの小学校に行ったその日から、「はいそれでは、お子さんを預ります」だったのです。この(注2)鷹揚《おうよう》さと大胆さには、度肝を抜かれました。

　あるとき、長男が友人を家に連れて来ました。マルセイユは多人種

【国語】（五〇分）〈満点：一〇〇点〉

一　次の各問いに答えなさい。

問一　次の**1**～**5**の傍線部の**漢字**の読みを平仮名で書きなさい。

1　選手の士気を**鼓舞**する。

2　**曖昧**な説明でごまかす。

3　新しい**足袋**を買う。

4　**健**やかな子供の寝顔。

5　送別の宴を**催**す。

問二　次の**1**～**5**の傍線部の**カタカナ**を漢字に直して書きなさい。

1　彼はチームの**コンカン**をなす人物だ。

2　貧困地域では**キガ**に苦しむ人が多い。

3　食卓を囲んで**ダンショウ**する。

4　ぞうきんで教室の床を**フ**く。

5　川面に釣り糸を**タ**らす。

二　次の文章を読んで、後の問いに答えなさい。なお、問いに字数指定がある場合は、句読点なども一字分に数えること。（本文を一部改変した箇所がある。）

教育は一見すると、分かっている事柄を、一方的に伝授すればすむことのように思えます。

保育園や幼稚園の勉強や遊戯にしてもそうです。保育士や先生がすべてをお膳立てして、幼児はそれに乗っかっていけばいいのです。

小学校はどうでしょうか。学科は増え、漢字や計算を学習し、動植物、星、世の中の仕組みも、教えてもらえます。

中学では、勉強の幅が広がり、深さも増します。覚えることだらけです。期末テストや実力テストが節目節目に実施されて、記憶したものを素早く吐き出す訓練を受けます。

高校になると、商業高校でも工業高校でも、坐学《ざがく》と実学で習い覚えなければならない事柄は、朝から夕方までびっしり詰まっています。普通高校では、それこそ受験に向けての知識の詰め込みと、頻繁に行われる試験での敏速な吐き出しを覚えさせられます。

そうした幼稚園から大学に至るまでの教育に共通しているのは、問題の設定とそれに対する解答に尽きます。

その教育が目ざしているのは、本書の冒頭で述べたポジティブ・ケイパビリティの養成です。平たい言い方をすれば、問題解決のための教育です。［　①　］、問題解決に時間を費やしては、賞讃《しょうさん》されません。なるべくなら電光石火の解決が推賞されます。この「早く早く」は学校だけでなく、家庭にも浸透しています。わが子に対して、「早く早く」を母親がひと言も口にしない日はないのではないでしょうか。

「早く早く」を耳にするたび私は、九十歳の高齢者に、息子と娘が「早く早く」と急《せ》かす光景が重なります。足元もおぼつかない高齢者に、「早く早く」と言うのは、「早く死ね」と言うのと同じだからです。ここに迅速さの落とし穴があります。

問題解決が余りに強調されると、まず問題設定のときに、問題その

2024年度

解　答　と　解　説

《2024年度の配点は解答欄に掲載してあります。》

＜数学解答＞

1　問1　212　　問2　$a=3$，$b=-4$　　問3　$-\frac{7}{2}$　　問4　$(x+5)(x-3)$
　問5　$13-3\sqrt{3}$　　問6　$x=\frac{11\pm\sqrt{41}}{20}$

2　問1　10個　　問2　$0\leqq y\leqq 12$　　問3　$a=9$　　問4　$\frac{1}{3}$　　問5　21度

3　問1　$a=\frac{1}{2}$　　問2　$y=x+4$　　問3　$\left(-\frac{4}{5},\ \frac{16}{5}\right)$，$\left(-\frac{16}{5},\ \frac{4}{5}\right)$

4　問1　4：9　　問2　1：2　　問3　$\frac{8}{25}$倍

5　問1　$8\sqrt{3}$cm　　問2　$\frac{256\sqrt{3}}{3}$cm³　　問3　$4\sqrt{2}$cm

○配点○

各5点×20(1問2，3問3各完答)　　計100点

＜数学解説＞

1　(数・式の計算，連立方程式，式の値，因数分解，平方根，2次方程式)

問1　$-5\times(-4)^3-(-2^2)\times(-3^3)=-5\times(-64)-(-4)\times(-27)=320-108=212$

問2　$a+2b=-\frac{19+b}{3}$は両辺を3倍して$3a+6b=-19-b$　　$3a+7b=-19$…①　　$2a-b=\frac{23-a}{2}$は両辺を2倍して$4a-2b=23-a$　　$5a-2b=23$…②　　①×2は$6a+14b=-38$　　②×7は$35a-14b=161$　　①×2＋②×7は$41a=123$　　$a=3$　　②に代入すると$15-2b=23$　　$-2b=8$　　$b=-4$

問3　乗除の計算では，上下(分子，分母)をはっきりさせてから計算する。$\left(-\frac{1}{2}x^2y\right)^2\times\frac{8}{5}xy^4\div\left(-\frac{7}{5}x^3y^4\right)=\frac{x^4y^2}{4}\times\frac{8xy^4}{5}\div\left(-\frac{7x^3y^4}{5}\right)=-\frac{x^4y^2\times8xy^4\times5}{4\times5\times7x^3y^4}=-\frac{8\times5x^5y^6}{4\times5\times7x^3y^4}=-\frac{2}{7}x^2y^2=-\frac{2}{7}\times2^2\times\left(-\frac{7}{4}\right)^2=-\frac{2\times4\times7\times7}{7\times4\times4}=-\frac{7}{2}$

問4　$(2x-3)(x-4)-(x+3)(x-3)+13(x-2)-10=2x^2-8x-3x+12-(x^2-9)+13x-26-10=2x^2-11x+12-x^2+9+13x-36=x^2+2x-15=(x+5)(x-3)$

問5　$(\sqrt{108}-\sqrt{75})(\sqrt{27}-5)+(\sqrt{3}+1)^2=(6\sqrt{3}-5\sqrt{3})(3\sqrt{3}-5)+(3+2\sqrt{3}+1)=\sqrt{3}(3\sqrt{3}-5)+4+2\sqrt{3}=9-5\sqrt{3}+4+2\sqrt{3}=13-3\sqrt{3}$

基本　問6　$10x^2-11x+2=0$　　解の公式を利用する。　　$x=\frac{-(-11)\pm\sqrt{(-11)^2-4\times10\times2}}{2\times10}=\frac{11\pm\sqrt{41}}{20}$

2　(平方根，2乗に比例する関数の変域，2次方程式の解，確率，円周角の定理)

問1　$-3\sqrt{2}<n<\sqrt{30}$　　$-\sqrt{25}<-\sqrt{18}<-\sqrt{16}$　　$-5<-3\sqrt{2}<-4$　　$\sqrt{25}<\sqrt{30}<\sqrt{36}$　　$5<\sqrt{30}<6$　　したがって$-3\sqrt{2}<n<\sqrt{30}$を満たす整数nは-4から5までの10個

基本　問2　変域の問題は，グラフの形を思い浮かべながら考える。$y=\frac{1}{3}x^2$のグラフは上に開いた放物線のグラフなので，$-6\leqq x\leqq 3$の範囲でy座標が1番小さいのは$x=0$のときで$y=0$　　y座標が1番大きいのは$x=-6$のときで$y=\frac{1}{3}\times(-6)^2=12$。　yの変域は$0\leqq y\leqq 12$

問3　$x=-4$が$x^2+a(x-2)+a^2+3a-70=0$…①の解なので，代入すると$(-4)^2+a\times(-4-2)+a^2$

$+3a-70=0$　$16-6a+a^2+3a-70=0$　$a^2-3a-54=0$　$(a+6)(a-9)=0$　$a=-6$または$a=9$　$a=-6$を①に代入すると$x^2-6(x-2)+(-6)^2+3\times(-6)-70=0$　$x^2-6x+12+36-18-70=0$　$x^2-6x-40=0$　$(x+4)(x-10)=0$　$x=-4,\ 10$　これは異なる2つの負の解をもつ，という条件を満たさない。$a=9$を①に代入すると$x^2+9(x-2)+9^2+3\times9-70=0$　$x^2+9x-18+81+27-70=0$　$x^2+9x+20=0$　$(x+4)(x+5)=0$　$x=-4,\ -5$　こちらは条件を満たす。したがって$a=9$

問4　大小2つのさいころの目の出方は全部で$6\times6=36$通り。この中で，出た目の数の差の2乗が9以上になるのは(大の目，小の目)=(1，4)，(1，5)，(1，6)，(2，5)，(2，6)，(3，6)，(4，1)，(5，1)，(5，2)，(6，1)，(6，2)，(6，3)の12通り。したがってその確率は$\dfrac{12}{36}=\dfrac{1}{3}$

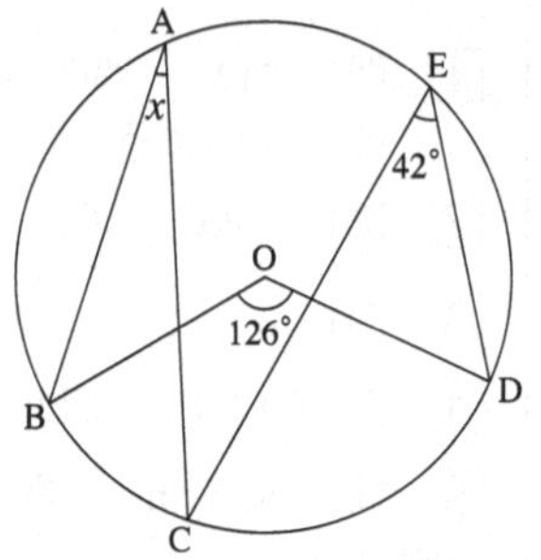

問5　右図のように点に名前をつける。また，OCを結ぶ。$\overset{\frown}{BC}$に対する円周角の定理により，$\angle BOC=2\angle BAC=2x$　$\overset{\frown}{CD}$に対する円周角の定理により，$\angle COD=2\angle CED=2\times42=84$　$\angle BOD$について$2x+84=126$　$2x=42$　$x=21$度

3 (図形と関数・グラフの融合問題)

問1　A$(-2,\ 2)$が$y=ax^2$上にあるので，$(-2)^2\times a=2$　$a=\dfrac{1}{2}$　放物線の式は$y=\dfrac{1}{2}x^2$となる。

問2　Bは放物線上の点なので，$y=\dfrac{1}{2}\times4^2=8$　B$(4,\ 8)$　直線ℓの式を$y=ax+b$とすると，Aを通ることから$-2a+b=2$…①　Bを通ることから$4a+b=8$…②　②−①は$6a=6$　$a=1$　①に代入すると$-2+b=2$　$b=4$　直線ℓの式は$y=x+4$

やや難　問3　Cは放物線上の点なので，$y=\dfrac{1}{2}\times(-6)^2=18$　C$(-6,\ 18)$　直線CDは直線ℓと平行なので傾きが等しく$y=x+n$とおけるが，Cを通ることから$-6+n=18$　$n=24$　直線CDの式は$y=x+24$となる。これとy軸の交点がDなのでD$(0,\ 24)$である。直線ℓとy軸の交点をEとするとE$(0,\ 4)$　$\triangle AOB=\triangle AOE+\triangle BOE=\dfrac{1}{2}\times4\times2+\dfrac{1}{2}\times4\times4=12$　点Pのx座標をpとおき，$\triangle DAP=12$となるPを探せばよい。　①　PがAより左にあるとき，$\triangle DAP=\triangle DPE-\triangle DAE=\dfrac{1}{2}\times(24-4)\times(-p)-\dfrac{1}{2}\times(24-4)\times2=12$　$-10p-20=12$　$-10p=32$　$p=-\dfrac{16}{5}$　$y=-\dfrac{16}{5}+4=\dfrac{4}{5}$　P$\left(-\dfrac{16}{5},\ \dfrac{4}{5}\right)$　②　PがAより右にあるとき，$\triangle DAP=\triangle DAE-\triangle DPE=\dfrac{1}{2}\times(24-4)\times2-\dfrac{1}{2}\times(24-4)\times(-p)=12$　$20+10p=12$　$10p=-8$　$p=-\dfrac{4}{5}$　$y=-\dfrac{4}{5}+4=\dfrac{16}{5}$　P$\left(-\dfrac{4}{5},\ \dfrac{16}{5}\right)$　以上，点Pの座標は2つ考えられる。

4 (平面図形，相似)

問1　AB∥DCより錯角は等しいので$\angle GBH=\angle GCD$，$\angle GHB=\angle GDC$　2組の角がそれぞれ等しいので$\triangle BGH\backsim\triangle CGD$　$BH=\dfrac{1}{2}\times BF=\dfrac{1}{2}\times4=2$，$CD=BA=5$より，$BG:CG=BH:CD=2:5$　$BG=2a$とおくと，$CG=5a$　BC∥ADより同位角は等しいので$\angle FBG=\angle FAE$，$\angle FGB=\angle FEA$　2組の角がそれぞれ等しいので$\triangle FBG\backsim\triangle FAE$　$BG:AE=FB:FA=4:9$

重要　問2　$2a:AE=4:9$　$AE=\dfrac{9}{2}a$　$ED=AD-AE=BC-AE=2a+5a-\dfrac{9}{2}a=\dfrac{5}{2}a$　$ED:GC=\dfrac{5}{2}a:5a=1:2$

問3　$\triangle BGH\backsim\triangle CGD$で辺の比$BG:CG=2:5$であることから面積の比は$4:25$　$\triangle BGH=4S$とすると，$\triangle CGD=25S$　$\triangle CGD$と$\triangle DEG$は高さが等しい三角形なので，面積の比は底辺の比に等しく，$ED:GC=1:2$より$\triangle DEG:\triangle CGD=1:2$　$\triangle DEG=\dfrac{25}{2}S$となる。$\triangle BGH\div\triangle DEG=4S\div\dfrac{25}{2}S=\dfrac{8}{25}$倍

5　**（空間図形，三平方の定理）**

問1　△ABCは角度30度，60度，90度　辺の比$1:2:\sqrt{3}$　の直角三角形　$AC=8\times\sqrt{3}=8\sqrt{3}$cm，$BC=16$cm

重要　問2　底面△ABC，高さBFの三角錐と考えればよい。$\frac{1}{2}\times AB\times AC\times BF\times\frac{1}{3}=\frac{1}{2}\times8\times8\sqrt{3}\times8\times\frac{1}{3}=\frac{256\sqrt{3}}{3}$cm^3

やや難　問3　問2で考えた三角錐を，底面を△AFCとして考えると，問3で求めるべき垂線の長さは，三角錐の高さにあたる。その高さをhとする。△ABFが直角二等辺三角形であることから$AF=8\sqrt{2}$，△BFCは$BF=8$，$BC=16$より三平方の定理によって$CF=8\sqrt{5}$　したがって，△AFCは$AF^2+AC^2=(8\sqrt{2})^2+(8\sqrt{3})^2=320$　$CF^2=(8\sqrt{5})^2=320$となり，$AF^2+AC^2=CF^2$　△AFCは∠A＝90度の直角三角形　$\triangle AFC=\frac{1}{2}\times8\sqrt{2}\times8\sqrt{3}=32\sqrt{6}$　三角錐B－AFC$=32\sqrt{6}\times h\times\frac{1}{3}=\frac{256\sqrt{3}}{3}$　$h=4\sqrt{2}$cm

★ワンポイントアドバイス★

出題範囲，出題形式とも昨年と同様なので，過去問研究は大切になるだろう。標準的なレベルの典型問題を，正確に解けるように練習しておこう。

＜英語解答＞

1　リスニング問題解答省略

2　問1　ウ　問2　ア　問3　イ　問4　ア　問5　(1)　×　(2)　○　(3)　○　(4)　×

3　問1　ウ　問2　opened more hospitals　問3　イ→ウ→ア　問4　(1)　○　(2)　×　(3)　×　(4)　○　(5)　×　(6)　○

4　問1　ア　問2　alone　問3　ウ　問4　11：10　問5　イ，エ

5　問1　(アメリカ)　D　(イタリア)　C　問2　(1)　イ　(2)　エ　(3)　イ

6　(1)　during　(2)　November　(3)　won’t　(4)　taught　(5)　how　(6)　help

7　(1)　エ　(2)　イ　(3)　ウ　(4)　ア　(5)　ウ　(6)　ウ　(7)　イ　(8)　ア　(9)　ウ

8　(1)　A　オ　B　ア　(2)　A　ア　B　エ　(3)　A　エ　B　オ　(4)　A　オ　B　ウ　(5)　A　エ　B　オ　(6)　A　オ　B　エ

9　Bob has played [has been playing] baseball for more than ten years.

○配点○

3　問3，問4・7　各1点×18　他　各2点×41(8各完答)　計100点

＜英語解説＞

1　リスニング問題解説省略。

重要　**2**　**（長文読解・物語文：語句補充，要旨把握，内容吟味）**

（全訳）　今日の世界で最も偉大なセールスウーマンは，自分のことを少女と呼ばれても気にしな

い。それは，マルキタ・アンドルーズは7歳の時からガールスカウトのクッキーを売り，80,000ドル以上を生み出したからだ。

放課後一軒一軒まわり，内気だったマルキタは13歳の時に販売の秘訣を発見し，クッキー販売の精力家に自身を変貌させた。

マルキタの母は，マルキタが8歳の時に夫が彼女らを去った後，ニューヨークでウェイトレスとして働いた。マルキタと彼女の母は世界を旅する夢を持っていた。

そのため，13歳の時にマルキタがガールスカウトの雑誌で，最も多くのクッキーを売ったスカウトが二人分の世界一周旅行の全費用を獲得すると読んだ時，彼女はできるだけ多くのガールスカウトクッキーを売ることを決心した－世界で誰よりも多く。

しかし，単なる願望だけでは十分ではない。夢を①実現させるためには，マルキタは計画が必要だと知っていた。

「いつも正しい服装を，あなたのプロフェッショナルな服を着なさい」と彼女の叔母は助言した。「ビジネスを行う時は，ビジネスをしているような服装をしなさい。ガールスカウトの制服を着なさい。人々のアパートの建物に4時半や6時半，特に金曜の夜に行く時は，大きな注文を求めなさい。買ってくれるかどうかに関わらず，いつも笑顔で，いつも親切に。そして，彼らにあなたのクッキーを買ってもらうように頼むのではなく，投資してもらうように頼みなさい。」

世界一周の旅を欲していた他のスカウトもたくさんいた。計画を持っていた他のスカウトもたくさんいた。しかし，マルキタだけが毎日学校の後に制服を着て，人々に彼女の夢に投資してもらうように尋ね続ける準備ができていた。「こんにちは。私には夢があります。私は私と私の母のために世界一周の旅を獲得するために，ガールスカウトのクッキーを販売しています」と彼女はドアで言った。「②一ダースか二ダースのクッキーに投資していただけますか？」

マルキタはその年3,526箱のガールスカウトクッキーを販売し，世界一周の旅を勝ち取った。それ以来，彼女は42,000箱以上のガールスカウトクッキーを販売し，全国の販売大会で話し，彼女の冒険についてのディズニー映画に出演し，「How to Sell More Cookies, Condos, Cadillacs, Computers... and Everything Else」というベストセラーの共著者になっている。

そして，誰もが何かを売っている。「あなたは毎日自分自身を売っています — 学校で，あなたの上司に，あなたが出会う新しい人々に」と14歳のマルキタは言った。「私の母はウェイトレスです：彼女は日替わりスペシャルを売っています。票を得ようとしている市長や大統領も売っています。私のお気に入りの教師の一人はMrs. Chapinでした。彼女は地理を面白くして，それはまさに売ることです。私はどこにでも販売を見ています。販売は全世界の一部です」

ある時，生放送でプロデューサーはマルキタに彼女の最も難しい販売挑戦を与えることにした。マルキタは番組の別のゲストにガールスカウトのクッキーを売るように頼まれた。「一ダースか二ダースのガールスカウトのクッキーに投資していただけますか？」と彼女は尋ねた。

「ガールスカウトのクッキー？！　私はガールスカウトのクッキーを買いません！」と彼は答えた。「私は連邦刑務所長です。私は毎晩2,000人の囚人を寝かせています」

冷静にマルキタはすぐに答えた。「所長，これらのクッキーをいくつか持って行ったら，もしかしたら怒ったり悪いことを考えたりしなくなるかもしれません。そして所長，これらのクッキーをあなたの2,000人の囚人全員に持ち帰るのが良い考えだと思います」

マルキタはお願いをした。

所長は小切手を書いた。

問1　come true「夢や願いが実現する」

問2　マルキタはドアをノックして，人々にガールスカウトクッキーへの投資を依頼していた。

問3　13歳の時，マルキタはガールスカウトクッキーを売って世界一周旅行を獲得した。

問4　マルキタの叔母は，ビジネスを行う際にはプロフェッショナルな服装をするよう助言している。これは，マルキタが人々に接する際にガールスカウトの制服を着ることを意味している。

問5　(1)「マルキタは生涯で8万箱以上のガールスカウトクッキーを売った」第8段落第2文参照。マルキタは生涯で8万箱以上ではなく，42,000箱以上のクッキーを販売した。　(2)「マルキタは販売の秘訣を見つける前は，とても内気な少女だった」第2段落第1文参照。内気だった少女が販売の秘訣を見つけたため適切。　(3)「『販売』とは，商品を売ることだけではなく，人々に何かに興味を持たせることでもある」第9段落参照。教師が地理を興味深くすることも販売であるので適切。　(4)「テレビ番組でマルキタは，非常に怒っていたゲストにクッキーを売ることに失敗した」最終文参照。実際，彼女はそのゲストから小切手を受け取ったので不適切。

3　**(長文読解・説明文：語句補充，指示語，文整序，要旨把握，内容吟味)**

(全訳)　ギリシャでは，何世紀も前に，病人は神殿へ行った。そこでは男性も女性も彼らの世話をした。もちろん，彼らは現代の薬を持っていなかった①ので，彼らは花やその他のものを使って薬を作った。ギリシャ人はまた，良い食事とたくさんの休息が医療の重要な部分であることを知っていた。ある男性，ヒポクラテスは病気の原因に非常に興味を持っていた。彼は紀元前5世紀のギリシャに住んでおり，世界で医療を研究した最初の人々の一人だった。

宗教は常に看護の歴史において非常に重要な役割を果たしてきた。病人の世話はイエス・キリストの教えの一つだった。ローマ皇帝のコンスタンティン大帝が4世紀にキリスト教徒になったとき，彼はすべての病院がキリスト教の病院でなければならないと決めた。

世界で最初のキリスト教の病院の一つが，約370年にカッパドキア(現在のトルコの一部)に建設された。看護師は病院に住み，貧しい人々，病人，そして非常に老いた人々を助けた。他のキリスト教の病院がヨーロッパに建設された。フランスでは，リヨンのオテル・デューが542年に，パリのオテル・デューが660年に開設された。

中世には，キリスト教会がより多くの病院を開き，イスラム教徒も②そうした。12世紀には，イスラム教徒はバグダッド，ダマスカス，またスペインのコルドバに病院を開設した。これらの病院は，当時の他の病院とは異なり，どの国や宗教の患者も助けた。

戦争も看護の歴史において重要だった。約紀元前100年，ローマ人は負傷した兵士のための病院を建設し始めた。彼らは再び戦うために彼らを健康で強くする必要があった。11世紀と12世紀には，ヨーロッパと中東でキリスト教徒とイスラム教徒が戦争していたので，兵士を世話するための病院が建設された。③これらの病院の看護師は騎士であった。たとえば，聖ヨハネの騎士団が1099年に中東に病院を建設し，そこで約2,000人の世話をした。そして今日では騎士はいないが，聖ヨハネ救急隊という組織がまだ存在している。彼らは，たとえば，サッカーの試合のように，多くの人々が一か所にいるときに医療で助ける。

基本　問1　空所の前が理由で，後が結果になっていることから判断する。

基本　問2　直前の動詞 opened more hospitals を指しており，イスラム教徒もキリスト教徒同様，病院を作った。

重要　問3　文整序は「過去→現在」の順になる。また，冠詞に注目し，knights→the knights の順になる。

問4　(1)「ギリシャではずっと昔に病気の人々が神殿で看護されていた」第1段落第1文参照。ギリシャでは何世紀も前に病人は神殿に行っていたので適切。　(2)「ローマ皇帝コンスタンティン大帝の前に，世界で誰も医療を研究していなかった」第1段落最終文参照。ヒポクラテスが紀元前5世紀に世界で医療を研究した最初の人の一人だったので不適切。　(3)「看護の発展は宗教とは無関係である」 第2段落第1文参照。宗教は看護の歴史において重要な役割を果たしてきたので不適切。 (4) 「カッパドキアの病院に住む看護師は，貧しい人々を助けた」 第3段落第2文参照。カッパドキアの看護師は，貧しい人々，病人，老いた人々を助けたので適切。 (5) 「12世紀のすべての病院で，あらゆる国や宗教の患者が助けられた」 第4段落最終文参照。あらゆる国や宗教の患者を助けたのはイスラム教徒が作った病院なので不適切。 (6) 「戦争からの負傷兵を治療するために2,000年以上前に病院が建設され始めた」 最終段落第2文参照。約紀元前100年に負傷した兵士のための病院の建設が始まったので適切。

基本 **4** **(会話文)**

（全訳） ナオト　：やぁ，フレッド！君にここで会って驚いたよ。

フレッド：こんにちはナオト！おはよう。本当に驚いたよ。会えて嬉しいよ。君はどこに行くの？

ナオト　：ロンドンに行くんだ。フレッドは？

フレッド：僕はニューヨークに行くよ。日本に来てから初めての帰郷だ。友達と会って，「MOMA」のような有名な美術館を訪れる予定だよ。

ナオト　：「MOMA」？それって何？

フレッド：「The Museum of Modern Art」のことだよ。たくさんの有名な現代美術を見ることができるんだ。

ナオト　：なるほど。君は学校の美術部にいるから，きっと楽しいだろうね。

フレッド：うん。アメリカを離れてからほぼ1年になるから，家族や友達とパーティーをする予定だよ。とても会いたかったんだ。

ナオト　：それは素晴らしいね。ニューヨークに行ったことがないよ。いつか行ってみたいな。

フレッド：うん，絶対に行くべきだよ。ニューヨークではミュージカルショーも見られるよ。演劇部にいる君はきっと楽しめるよ。

ナオト　：素敵だね。ところで，①どの便に乗るの？

フレッド：10時40分の便だね。20分遅れているから，出発まで1時間以上あるよ。ロンドンでは何をするの？

ナオト　：ロンドンではスプリングイングリッシュキャンプに参加するんだ。英語を上達させたいからね。来週，家族と一緒にロンドンの有名なスポットを訪れるツアーにも参加するよ。その後，パリに移動して，3日間ショッピングや観光を楽しむ予定だよ。

フレッド：素晴らしい計画だね。ヨーロッパにはどのくらい滞在するの？

ナオト　：2週間滞在するよ。

フレッド：なるほど。ナオト，君の家族はどこにいるの？今朝は②一人でロンドンに行くの？

ナオト　：そうだよ。②一人で旅行することにワクワクしているよ。他の家族は来週日本を出発するんだ。僕が英語キャンプに参加するから。3月16日の夜には姉，母，父が合流するよ。あ，行く時間だ。ゲートを探してるんだ。ゲート23にどうやって行けばいいかわからないんだ。

フレッド：ゲート23？ロンドン行きの便がゲート23から出ることはないよ。今日は天候が悪いため，多くの便の時刻とゲートが変更されている。大丈夫，手伝うよ。

ナオト　：ありがとう，フレッド。チケットには出発時刻が10時30分と書いてあるんだ。

フレッド：OK。フライト情報を見よう。君のフライトは40分遅れているし，ゲートも変更されている。僕たちのゲートはとても近いから，一緒に行こう。

ナオト　：本当にありがとう，フレッド。

問1　この後の部分で乗る便について答えていることから判断する。

問2　他の家族は来週合流すると述べられていることから，「一人で」旅をするとわかる。

問3　フレッドが乗る飛行機は10：40が定刻であることから，SKZ142だとわかる。

問4　フレッドの最後の発言から，ナオトの乗る飛行機は40分遅れていることがわかる。したがって，出発時刻は11：10である。

問5　ア　「フレッドは人生で初めてニューヨークに行き，友達と一緒にいくつかの場所を訪れる」フレッドは帰郷するためにニューヨークきに行くので不適切。　イ　「フレッドは友達と博物館を訪れ，パーティーをする」 友達と博物館を訪れ，パーティーをする予定であると述べているので適切。　ウ　「ナオトとフレッドは日本の学校で同じクラブに所属している」 フレッドは美術部，ナオトは演劇部なので不適切。　エ　「今日は天気が良くないので，ナオトは別のゲートに行かなければならない」 ナオトが乗る便は悪天候のため40分遅れて，ゲートも変更されているので適切。　オ　「ナオトとフレッドは飛行時間が同じなので，一緒にゲートに行くことに決めた」 ゲートが近いので一緒に行くことにしたため不適切。

基本 5 (会話文)

(全訳)　ヨシ　：次の日曜日は何時に会う？

アラン：11時にメキシコのダンスを見たいんだ。パシフィックセンターの入り口で10：45に会うのはどう？どうやってそこに行くの？

ヨシ　：バスで行くよ。約20分かかるから，家の近くで10：25にバスに乗らないと。メキシコのダンスはどこで見れるの？

アラン：レッドステージで行われるよ。同じ時間に，中国のダンスがブルーステージで演じられるよ。次は何を見たい？

ヨシ　：アメリカのブースに行きたいな。ブースはどこにあるの？

アラン：メキシコのダンスを見た後，南のドアから出て左に曲がると，フランスのブースを見た直後に見つけられるよ。アメリカのブースでは何ができるの？

ヨシ　：最新のアメリカンファッションについて学び，アメリカの食べ物を食べることができるよ。

アラン：素晴らしいね！そこでランチしよう！イタリアのブースにも行きたいな。ピザが好きだし，イタリアの古い建物の写真を見られるよ。

ヨシ　：そこに行くのは簡単だね。ブルーステージの北のドアの向かいにあるよ。ピザも食べたいなぁ。

アラン：それはいいね！イタリアンブースの後，中国のブースに行かない？素晴らしい中国の麺を食べて，歴史的な写真を見ることができるよ。

ヨシ　：いいね。麺は僕のお気に入りだけど，食べ過ぎてしまって中国の麺を食べられなくなるかもしれないって心配してるんだ。とにかく，国際フェスティバルが待ち遠しいよ！

問1　アメリカのブースはレッドステージの南のドアを出て左に曲がり，フランスのブースを見た直後に見つけることができるのでD，イタリアのブースはブルーステージの北のドアの向かいにあるのでCである。

問2　(1)　メキシコのダンスが11時に始まるので，10：45はメキシコのダンスが始まる15分前である。　(2)　イタリアのブースでは，古い建物の写真を見ることができる。　(3)　ヨシは他のブースでたくさんの食べ物を食べることになるため，中国の麺を食べられないかもしれないと心配している。

基本 6 （語句補充問題：前置詞，不定詞，単語，熟語）

(1) during the winter vacation「冬休みの間に」

(2) 10月の後に来る月なので「11月」である。

(3) たくさんのするべき宿題があるので明日のパーティーに参加できないとわかる。したがって，未来の文の否定である won't が適切である。

(4) 昨年の話なので，teach の過去形 taught が適切である。

(5) how to get to～「～への行き方」

(6) help yourself to～「～を自由に取って食べる」

7 （語句補充問題：接続詞，命令文，不定詞，受動態，前置詞，仮定法）

(1) <命令文，or ~>「…しなさい，さもないと～」

(2) has が用いられているので，単数として扱う each が適切である。

(3) 禁止の命令文は<don't + 動詞の原形>となる。

(4) <ask + 人 + to ~>「人に～するように頼む」

(5) be known to ～「～に知られている」

(6) <make + 人 + 原形>「人に～させる」

(7) 「10分後です」と答えていることから How soon「どのくらいすぐに」が適切。

(8) with ～「～を持った」

(9) <I wish + 主語 + 過去形>「～ならいいのに」

重要 8 （語句整序問題：前置詞，比較，動名詞，関係代名詞，間接疑問文，接続詞）

(1) This suitcase is large enough for (the business trip.) enough は形容詞の後ろに置いて修飾する。

(2) (George) left his smartphone on the table when he went (running.) when ～「～とき」という文になる。go running「走りに行く」

(3) (Steven) is a much better singer than (Mick.) <much + 比較級>「ずっと～」

(4) (I) finished reading the book which my sister gave (me.) which my sister gave me は前の名詞を修飾する目的格の関係代名詞である。

(5) (I don't know) how I should answer that question(.) 間接疑問文は<how + 主語 +(助)動詞>の語順になる。

(6) (Is) it true that John lost his wallet (on his way to school?) it はthat 以下を指し示す形式主語である。

やや難 9 （和文英訳）

「10年以上プレーをしている」と動作の継続を表しているので，現在完了の継続用法を用いた has played か現在完了進行形を用いた has been playing を用いればよい。

★ワンポイントアドバイス★

リスニング問題，長文読解問題，英文法に関する問題，英作文問題とさまざまな力が問われている。過去問を繰り返し解いて，出題傾向に慣れるようにしたい。

＜国語解答＞

一　問一　1　こぶ　2　あいまい　3　たび　4　すこ(やかな)　5　もよお(す)
　　問二　1　根幹　2　飢餓　3　談笑　4　拭(く)　5　垂(らす)
二　問一　①　オ　②　エ　問二　ウ　問三　ア　問四　イ　問五　エ　問六　ウ
　　問七　E　問八　ア・オ
三　問一　自分たちの～ための原理　問二　ア　問三　(1)　オ　(2)　ウ
　　問四　①　市民が外敵や領主と対抗する　②　自治　③　領主と家臣団を守る
　　④　支配　問五　イ　問六　エ
四　問一　ア　問二　2　ウ　5　イ　問三　ア　問四　4　ア　6　ウ　問五　ウ
　　問六　たわぶれに　問七　ウ　問八　エ

○配点○

一　各1点×10　二　各3点×10　三　各3点×10　四　各3点×10　計100点

＜国語解説＞

一　**(漢字の読み書き)**

問一　1「鼓舞」とは，大いに励まし気持ちを奮いたたせること。　2「曖昧」とは，ここでは態度や物事がはっきりしないこと。　3「足袋」とは，和装の際に足に直接履く衣類の一種。
4「健やか」とは，からだが丈夫で元気なさま。心身が健全であるさま。　5「催す」とは，ここでは人を集めて行事などを行うこと。

問二　1「根幹」とは，ここでは物事の大もと，中心となるもの。　2「飢餓」とは，長期間にわたり十分に食べられず，栄養不足となり，生存と社会的な生活が困難になっている状態。
3「談笑」とは，打ち解けて楽しく語り合うこと。　4「拭く」とは，紙や布などで物の表面をこすり，汚れや水分などを取り去ってきれいにすること。　5「垂らす」とは，ここではぶらさげること。

二　**(論説文－接続語の問題，内容吟味，文脈把握，脱語補充，文章構成，大意)**

問一　①　空欄の前に，「問題解決のための教育」とあり，空欄の後には，「問題解決に時間を費やしては」とあるので，前述の事柄を受けて，さらに別の事柄を加えるときに用いる「しかも」を入れるのが適当。　②　空欄の後にある，「そこ」とは「論理を超越した宙ぶらりんのところ」を指す。人生とは問題がすぐに解決するようなものではなく，論理的には説明し難しく，時間をかけるものであるとしている。よって，二つを比べて，一方を肯定的に捉えているので，「むしろ」を入れるのが適当。

問二　傍線部の後に，江戸時代の漢文の素読の意義について，「子供は何のために素読をするのか，まず分かりません。ただ声を出すだけで，意味も分からないままです。しかし何十回と繰り返していくうちに，漢文独特の抑揚が身についてきます。漢字の並びからぼんやり意味が掴めるようになります」と述べていることに着目する。

問三　傍線部の後に，「教える側も，手取り足取りは教えません。(中略)子供に音読させながら，自分もその文章の背後にある真実を見極めようとしているのかもしれません」とあり，漢文を教える方も，子供と一緒に学ぶ姿勢を持つことが記されている。

問四　傍線部の前に，「問題解決が余りに強調されると，まず問題設定のときに，問題そのものを平易化してしまう傾向が生まれます。単純な問題なら解決も早いからです。このときの問題は，複雑さをそぎ落としているので，現実の世界から遊離したものになりがちです。(中略)こうなると解答は，そもそも机上の空論になります」とあり，単純な問題設定によって，そこで導き出される解答は無益なものになるとしている。

問五　筆者のマルセイユでの体験を説明した後，フランスで行われている教育について，「それが本当のあり方ではないでしょうか」と述べていることから，小学校でも落第のあるフランスの教育について肯定的な姿勢を示している。

問六　ここでいう車とは傍線部の前に，「小学一年はこれこれ，小学三年はこれこれという具合に，目標が決められると，必ず落ちこぼれが出ます。市民マラソンと同じで，遅れた走者は車が拾っていきます」とあることに起因している。つまり，成長の度合いが遅い子供であったとしても，各学年によって学ぶことは決まっているため，そのまま捨て置かれて進級を繰り返し，やがては学校の卒業を迎えてしまうということである。

問七　入れる文の中に，「美術館」とあることに注目する。空欄の後で，美術について触れているのは，【E】の後，「まして，音楽や美術には，問題設定もその解決もありません」という箇所だけである。

重要　問八　本文の中，「教育の現場に働いているのは，教える側の思惑です。もっと端的に言えば『欲望』です。教える側が，一定の物差しを用いて教え，生徒を導くのです。(中略)何よりも，教える側が，問題を狭く設定してしまっています。そのほうが『解答』を手早く教えられるからです」とあり，早さを求める余り，ある基準に偏った問題解決方法だけを現場では教えているとしているので，アが適当。また，本文の中，「問題設定が可能で，解答がすぐに出るような事柄は，人生のほんの一部でしょう。残りの大部分は，わけが分からないまま，興味や尊敬の念を抱いて，生涯かけて何かを掴みとるものです」とあり，それらのことを教えることこそが教育の本来の姿であると筆者は指摘しているので，オが適当。

三　(論説文－内容吟味，文脈把握，脱文・脱語補充，大意)

問一　傍線部の後に，「『対外的独占』は自分たちの職業の範囲を守り，また，互いに互いの仕事を荒らさず，共存するための原理として確立していた」と，「『対外的独占』の原理」について説明している。

問二　傍線部の後に，「共同体の仲間同士の相互扶助と親睦の組織でもあった。(中略)組合員の出生から埋葬までのすべてを共にする，相互扶助の組織でもあった」と，ギルドが持つ性質について述べている。

問三　(1)　傍線部の後に，「ギルドは『国家全体から完全に分離』され，『諸社会』として『社会』を構成していた。ギルド＝『諸社会』の集合体が中世の市民社会であり，それは国家とも分離されていたという意味だ。(中略)近代市民社会も国家から分離された領域であり，そこでの『諸社会』は労働組合や経営者団体である。この『国家全体から完全に分離』された労使自治の空間で約束事をとり交わす。ここが近代的な労働組合の主戦場となる」と，ギルドと近代市民社会の共通点を挙げている。　(2)　傍線部の後に，「自由都市の市民社会は国家から分離されていても，政治的な性格をもっていた。(中略)これが近代の市民社会との大きな違いだ」として，ギルドと近代市民社会の違いは政治へ参加することにあるとしている。

問四　①　中世ヨーロッパにおける城壁について，傍線部の後に，「城壁は領主が築いたのではなく，市民が外敵や領主と対抗するためにつくったものだ」と作成目的を明かしている。　②　城壁の内にはいくつも門があり，また絞首台に吊された死体があったとしても，そこに住む市民にとっては，「裁判権を含む自治を，都市の市民みずからが有している証」であり，誇りに感じていたのである。　③　中世日本における城壁について，傍線部の後に，「城垣は領主と家臣団を守るためにこそあった」と，その意義を述べている。④　またその直後に，「日本ではそびえ立つ城は支配の象徴であり，都市も農村も支配が一元的におよぶ領域」として，城そのものが人民を支配する象徴であるとしている。

問五　傍線部の後に，阿部謹也氏の組合より「職業倫理や対人関係の倫理が日常的生活規範として形成されていった」という主張や，増田四郎氏の「時代の転換に即応して，つねに新しい共同体または団結の原理を見いだしていった点に，私たちはデモクラシーの定着する基板を読み取らなければならない」という主張を引用していることに着目する。

重要　問六　本文の最後に，ギルドがなかった日本においては，「職業別労働組合を確立する上での困難な土壌となり，職業別組合の未確立は産業別組合を日本で創り出すマイナスの条件となった」と指摘しつつも，「幕末維新，自由民権運動，大正デモクラシー，敗戦と戦後の改革」という岐路は存在したと筆者は主張している。

四　**(古文－語句の意味，心情，文脈把握，仮名遣い，文学史)**

〈口語訳〉　翌朝になって，「用事があるため今夜は行くことができない。いま明日明後日の内に来るよ。」などと(兼家が)言うので，(私はそれを)本心とは思わないが，私の機嫌が直るかもしれないと思っているのだろう，あるいはまた，今度の訪問が最後であるだろうかと，様子を見ていると，だんだんと日数ばかり経っていく。そうだと思うと，以前よりもいっそう物悲しい気になる。しみじみ思い続けることは，やはりどうにかして思い通りに死んでしまいたいと思うのだが，ただこの一人いる道綱のことを思うと，とても悲しくなる。一人前にして，安心できる妻と結婚させなどすれば，死ぬのも気が楽だと思ったが，(道綱は)どのような気持ちでこの世を生きていくことだろう，と思うと，とても死にきれない。(あの子に)「どうしようか。出家して，執着を断ち切れるかと試してみようかと思う」と話すと，まだ深い事情は分からないのだが，とてもしゃくりあげておいおいと泣いて，「そうおなりになったら，私も法師になってしまいます。何を生きがいにして，世間の人たちと交流して暮らしましょうか」と言って，また激しく泣けば，私も涙をこらえきれないが，悲しさのあまり，冗談にしてしまおうとして，「では(法師になったら)鷹飼はどうなさるの」と言うと，おもむろに立ち上がり走って行って，置いていた鷹を放してしまった。見ていた人たちも涙をこらえきれない。

問一　「つとめて」とは，早朝や翌朝を表す。

問二　2 「やうやう」とはだんだんと，しだいに，やっとという意味。　5 「形を変ふ」とは剃髪して，出家すること。

問三　「用事があるため今夜は行くことができない。いま明日明後日の内に来るよ。」と兼家は言ったが，数日経っても現れないことを物悲しんでいる。

問四　4　数日経っても現れない兼家への物悲しさから，いっそうのこと死んでしまいたいと筆者は思っている。　6　兼家の思いから出家しようかと道綱に話すと，道綱は泣きながら，「そうおなりになったら，私も法師になってしまいます。何を生きがいにして，世間の人たちと交流して暮しましょうか」と言ってより激しく泣いた。

問五　「まろ」とは一人称の代名詞であり，この発言は道綱によるものである。

問六　語頭以外の「は・ひ・ふ・へ・ほ」は，「ワ・イ・ウ・エ・オ」となる。

問七　作者が「では(法師になったら)鷹飼はどうなさるの」と言うと，道綱は立ち上がり走って行って，置いていた鷹を放してしまった。つまり飼っていた鷹を手放してでも，母である作者とともに出家するという決意を示したことに対して，見ていた人たちも涙をこらえきれなかったのである。

問八　『土佐日記』は，平安時代に成立した日本最古の日記文学の一つ。紀貫之が土佐国から京に帰る最中に起きた出来事について諧謔を交えて綴ったもの。

★ワンポイントアドバイス★

普段から新聞や新書などで論理的文章に読み慣れておくことがポイントだ。古文は基本的な語句や文法をきちんと確認しておこう！

2023年度

★★★★★★★★★★★★★★★★★★★★★★★★

入　試　問　題

2023年度

横浜翠陵高等学校入試問題

【数　学】（50分）〈満点：100点〉

1　次の各問いに答えなさい。

問1. $5\times(-3)^2-3\times(-2^2)$を計算しなさい。

問2. 連立方程式$\begin{cases}11x+2y=5\\0.3x+0.1y=1\end{cases}$を解きなさい。

問3. $x=-\frac{1}{2}$，$y=\frac{2}{5}$のとき，$\left(-\frac{4}{3}x\right)^2\times\frac{3}{8}x^2y^3\div\left(-\frac{2}{5}x^3y\right)$の値を求めなさい。

問4. $(x+3)^2-5(x+3)-50$を因数分解しなさい。

問5. $(2\sqrt{3}+1)(2\sqrt{3}-1)-(\sqrt{3}+2\sqrt{2})^2$を計算しなさい。

問6. 2次方程式$5x^2-7x+2=0$を解きなさい。

2　次の各問いに答えなさい。

問1. $\sqrt{\frac{540}{n}}$が自然数となるような最小の自然数nの値を求めなさい。

問2. 関数$y=ax^2$と関数$y=-3x+5$は，xの値が-2から4まで変化するときの変化の割合が等しい。このとき，aの値を求めなさい。

問3. xの2次方程式$x^2+a(x-1)+a^2-57=0$は異なる2つの正の解をもち，その1つが3である。このとき，aの値を求めなさい。

問4. 大小2個のさいころを同時に投げたとき，出た目の数の和が7以上になる確率を求めなさい。

問5. 次の図において，四角形ABCDは平行四辺形である。$\angle x$の大きさを求めなさい。

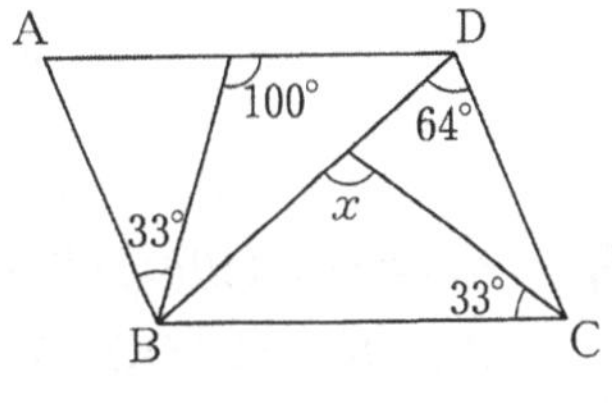

3 図のように，関数$y=ax^2$……①と関数$y=-\frac{1}{2}x^2$……②のグラフがある。点Aの座標は（-1，2），点Bのx座標は2である。このとき，次の各問いに答えなさい。

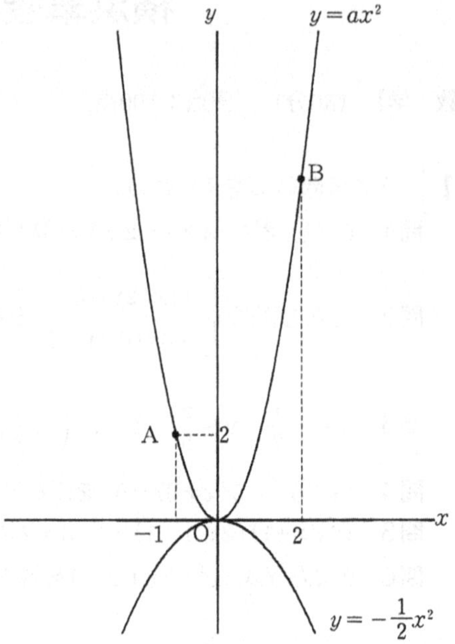

問1． aの値を求めなさい。

問2． 直線ABの方程式を求めなさい。

問3． $t>2$とする。直線$x=t$と直線ABとの交点をC，直線$x=t$と②のグラフとの交点をD，直線$x=t+2$と直線ABとの交点をEとする。△CDEの面積が34であるとき，tの値を求めなさい。

4 図のように，AB＝8，CD＝10，AB∥CDである台形ABCDがある。対角線ACとBDの交点をEとする。このとき，次の各問いに答えなさい。

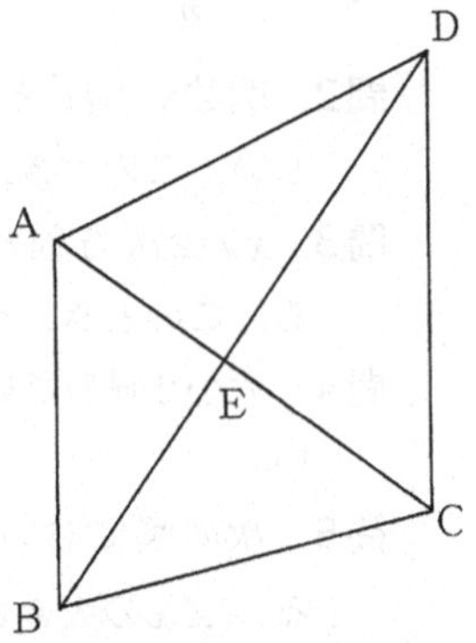

問1． BE：EDを最も簡単な整数の比で表しなさい。

問2． 線分BD上に△ABFの面積が△ADFの面積の4倍になるように点Fをとり，直線AFと辺CDの交点をGとする。線分DGの長さを求めなさい。

問3． **問2**のとき，△BECの面積は△AFDの面積の何倍か求めなさい。

5 図のような1辺の長さが12である正四面体OABCがある。点P，Q，Rをそれぞれ辺OA，OB，OC上に，OQ＝6，∠OPQ＝∠OPR＝90°となるようにとるとき，次の各問いに答えなさい。

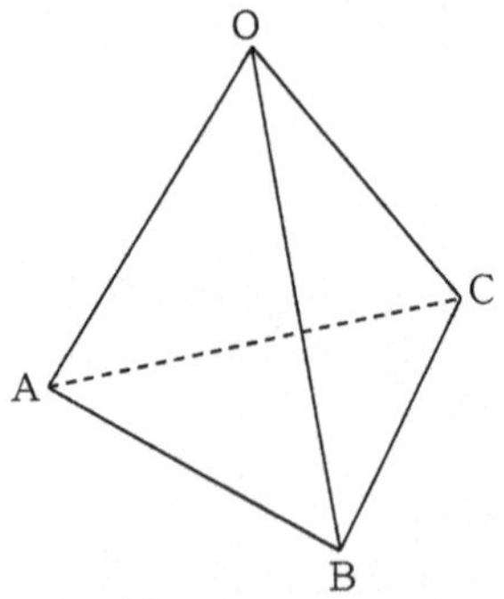

問1． 線分PQの長さを求めなさい。

問2． △PQRの面積を求めなさい。

問3． 点Pから平面OQRに下ろした垂線の長さを求めなさい。

【英　語】（60分）〈満点：100点〉

1　〈リスニングテスト〉対話と応答を聞き，最も適切な応答を1, 2, 3の中からそれぞれ一つ選びなさい。答えは全て解答用紙に記入しなさい。対話と応答は二度，放送されます。はじめに例題を聞き，解答の書き方を確認しなさい。

例題解答	3

上のように解答欄には数字を書きなさい。

※リスニングテストの放送台本は非公表です。

2　次の英文を読んで，あとの問いに答えなさい。

The first time our family was invited to dinner in the U.S., we *embarrassed ourselves while eating *celery. We moved to this country from China, and during our ①early days here we had a hard time with American table manners.

In China we never ate any kind of vegetables uncooked, so the raw celery caught us unprepared.

We were invited to dinner by our neighbors, *the Gleasons. As our family of four sat *stiffly on the sofa, Mrs. Gleason offered us a glass tray filled with raw celery. My mother picked up one of the green *stalks, and my father did the same. Then I picked up a stalk and finally my brother did, too. I carefully checked the celery and *bit into it. It was good. It was more than just good. It was（　②　）.

There was only one problem: long *strings ran through the length of the stalk, and they got caught in my teeth. Back in China, I always pulled the strings out when I helped my mother in the kitchen.

I pulled the strings out of my stalk. *Z-z-zip, z-z-zip. My brother watched and did the same thing. Z-z-zip, z-z-zip, z-z-zip. To my left, my parents were taking care of their own stalks. Z-z-zip, z-z-zip, z-z-zip.

Suddenly I realized that there was complete silence except for our zipping. When I looked up, I saw that ③the eyes of everyone in the room were on our family. Mr. and Mrs. Gleason, their daughter Meg, and their neighbors — they were all watching us as we busily pulled the strings out of our celery.

That wasn't the end of it. Mrs. Gleason announced that dinner was served, and invited us to the dining table. It was covered with dishes of food, but we couldn't see any chairs around the table. So we carried over some dining chairs and sat down. All the other guests were just standing there. Mrs. Gleason came over and *whispered to us, "Mr. and Mrs. Lin, this is a *buffet dinner. You ④help yourselves to some food and eat it in the living room".

Our family quickly returned to the sofa. After that, I was too embarrassed to return to the dining table. I started eating potato salad little by little on my dish.

(注) *embarrassed ourselves　恥ずかしい思いをした　*celery　セロリ　*the Gleasons　グレソン一家
*stiffly　ぎこちなく　*stalk 茎　*bit　噛みついた　*strings　筋
*z-z-zip　[ビュッ]という音　*whispered ささやいた　*buffet　ビュッフェスタイルの

問1　下線部①の内容として適切なものを一つ選び，記号で答えなさい。
ア　中国に引っ越したばかりのころ
イ　アメリカに引っ越したばかりのころ
ウ　中国で野菜を食べていなかったころ
エ　アメリカから急いで引っ越したころ

問2　(　②　)に入る語(句)として適切なものを一つ選び，記号で答えなさい。
ア　sour　イ　the worst　ウ　very hard　エ　delicious

問3　下線部③の理由として適切なものを一つ選び，記号で答えなさい。
ア　The author's family was looking at everyone in the room and learned how to eat celery.
イ　The Gleasons and their neighbors were enjoying eating their celery.
ウ　Everyone was surprised to see that the author's family pulled the strings out of the celery.
エ　The celery was so good that everyone thanked the author's family.

問4　下線部④の意味として適切なものを一つ選び，記号で答えなさい。
ア　食べ物を自分で取りに行く
イ　食べ物を取ることを手助けする
ウ　食べ物を分け合う
エ　食べ物を恵まれない人に与える

問5　本文の内容と一致するものには○，一致しないものには×と答えなさい。
(1)　The author's family embarrassed themselves when they were in China.
(2)　The author's family never ate raw vegetables in China.
(3)　The author's parents invited the Gleasons to the author's family's house and had dinner together.
(4)　Everyone in the author's family tried pulling the strings of their celery out.
(5)　The author's family and all the other guests carried chairs to the dinner table, sat down and had dinner.
(6)　After Mrs. Gleason whispered to the author's family, the author could not return to the dining table.

3

次の英文を読んで，あとの問いに答えなさい。

In Singapore, at tourist spots or in areas people live, you'll see orange or yellow bicycles — here, there and almost everywhere.

These bikes belong to bicycle-sharing companies. The three main companies are *oBike*, *Mobike* and *ofo*. These companies *offer shared bikes in at least twelve countries. For example, *ofo* has 10 million bikes in more than 250 cities around the world. *Mobike* started a service in Sapporo.

To use a shared bicycle, you need to download the company's *app to your smartphone. When you find a bike, you use the app to *unlock it by entering the bike's number or scanning its QR code. You can ride to anywhere you want. You use the app to end the ride, and you have to lock the bike you've used. You can also use the app to look for bikes you can use soon.

In many cases, users must pay a *refundable deposit of about 50 Singaporean dollars (¥4,000) to start using shared bikes. The cost of each ride is different from company to company. It may be 50 cents (¥40) for 15 minutes, or 50 cents to ride all day. Some companies offer discounts or free weekend rides. There are many services users can choose.

These services are different from traditional bike-sharing systems. For example, users don't need to return these bicycles to *specific spots. In other words, users can leave them anywhere they like for the next rider to use. You can imagine how convenient this is, but it has had some bad points. Some bikes end up in strange places. You have seen many bikes blocking the sidewalks. Even more bikes are left out in the sun and rain. (　①　), the bikes are very useful for some people but they are not for others.

The companies say that they have tried to solve ②the problem. They've promised to remove bikes which block the sidewalks.

*Unfortunately, the situation is not improving. It has been more than a year since these companies started their bicycle-sharing services, but shared bikes are still parked in places that block people who are trying to walk on sidewalks.

*The Land Transport authorities now ask the companies to introduce a new technology called "*geofencing*" to *make sure that bikes are parked in *correct areas. Users may lose their points if they don't return the bikes to specific spots. If they lose all their points, they will not be able to use the shared bikes.

Maybe, everyone can also play a part in improving bike sharing in their area, for example, by helping to move bikes blocking people.

(注) *offier ～　～を提供する　　*app　アプリ　　*unlock　鍵を開ける
*refundable deposit　払い戻し可能な預け金　　*specific　特定の
*Unfortunately　不運にも　　*The Land Transport authorities　国土交通省職員
*make sure ～　～を確かめる　　*correct　正しい

問1　本文で述べられているシェア自転車システムが従来のものと違う点はどこか，適切なものを一つ選び，記号で答えなさい。

ア　世界中でサービスが提供されている点
イ　好きな場所に返却でき，元の場所に戻す必要がない点
ウ　運営会社は壊れた自転車を１日以内に完全に撤去する必要がある点
エ　全ての国でシェア自転車の色が定められている点

問2　（　①　）に入れるのに適切な語(句)を一つ選び，記号で答えなさい。

ア　Besides
イ　For example
ウ　In short
エ　However

問3　下線部②が指す内容として適切なものを一つ選び，記号で答えなさい。

ア　Some people have to stop walking because the bikes often block the sidewalk.
イ　Users must leave their bikes behind for the next rider to use.
ウ　It costs too much for people to use a bike to go to a far place.
エ　Some companies usually give users discount codes, but users cannot use them.

問4　本文の内容と一致するものには○，一致しないものには×と答えなさい。

（1）　If we see orange or yellow bicycles in Singapore, all the bicycles are from one company.
（2）　*Ofo* has 10 million shared bikes in more than 250 cities and *Mobike* has shared bikes in Japan.
（3）　If you want to ride a shared bike, you enter the bike's number on your smartphone.
（4）　Every shared-bike user has to pay 50 Singaporean dollars to start using the bike for an entire day.
（5）　Under the system "*geofencing*," shared bikes must be parked in specially marked areas.

4　次の記事【Article】を読み，それに関する表【Chart】を見て，あとの問いに答えなさい。

【Article】

Andrew Carnegie was born in 1835 in Scotland. He was from a poor family. When he was thirteen, his family moved to the United States. They wanted a better life.

The Carnegie family lived in Pittsburg, Pennsylvania. Andrew started to work right away. He got a job in a factory. He was a good worker, but he didn't like the job. Later, he changed his job. He worked at the Pennsylvania Railroad Company. Everybody there liked Andrew. He did many different jobs. His salary got higher every year.

In his free time, Andrew loved to read. He lived near *Colonel James Anderson. Colonel Anderson was a rich man with many books. He let young boys use his library for free. In those days, the United States did not have free public libraries. Andrew read as much as possible. He read *throughout his life. He always thought that reading was very important.

Andrew learned a lot at the company. He realized that the railroad was very important for big countries. He had an idea to start a railroad business. He saved all his money and opened the business. He was thirty years old.

First his company made bridges for the railroads. It was called Keystone Bridge Company. Ten years later, they started making steel at his company. The Carnegie Steel Company became the largest company in the United States. They made steel for bridges, machines, and many other things. People called Carnegie the "Steel King." Soon he was the richest man in the world.

Carnegie liked to make money. But he believed it was very important to help other people. In 1901, he sold his company for $480 million. He started to give away his money to make new libraries and colleges all over the United States. He built 2,811 libraries. Carnegie also gave a lot of money to people who worked for peace. In 1903 he gave $1.5 million to build a Peace Palace in the Netherlands.

Andrew Carnegie died in 1919. He was eighty-four years old. During his life, he gave away nearly all of his money. He gave away over $350 million for education and peace. There are colleges, libraries, hospitals, and parks named after Andrew Carnegie. He has helped millions of people all over the world to study and learn.

(注) *Colonel　大佐　　*throughout～　～の間じゅう

【Chart】

Year	Events in Andrew's life
1835	He was born in Scotland.
1848	His family moved to the United States.
1848	①
1853	He changed his job.
1865	He started his business.
1875	②
1901	③
1903	He gave his money to build a Peace Palace.
1919	He died at the age of eighty four.

問１　【Chart】内の①～③に入る出来事として適切なものを一つずつ選び，記号で答えなさい。

ア　He started to work in a factory.

イ　He sold his company.

ウ　His company made steel.

エ　He made all his money for education.

問２　本文の内容と一致するよう，下線部に入る適切なものを一つ選び，記号で答えなさい。

（１）　Andrew loved ＿＿＿＿＿＿.

ア　to read books throughout his life

イ　to work for the factory in Pittsburg before he started to work at the railroad company

ウ　to visit public libraries with other boys

（２）　Andrew not only liked to make money, but also ＿＿＿＿＿＿.

ア　spent all of his money on a railroad which was very important

イ　gave his money for making libraries and colleges

ウ　left a lot of money to his family

5 次は，中学生のNaoto君と留学生のFred君が学校の遠足で水族館(Aquarium)に行き，入り口(Gate)で話している場面です。二人の会話を読み，水族館の資料である案内【Guide】と地図【Map】を見て，あとの問いに答えなさい。

【Guide】

*Entrance Fees (one person)

	Number of people	
	1 ～ 29	30 ～
Adults	600 yen	400 yen
Students (19 －　years old)	400 yen	100 yen
Students (12 － 18 years old)	200 yen	100 yen
Children (6 － 11 years old)	100 yen	50 yen
Children (　－ 5 years old)	—	—

Hours (Aquarium opens 9：00 ～ 17：00)

Dolphin show	10：00 13：00
Meeting Baby Penguins	10：00 ～ 16：00

【Map】

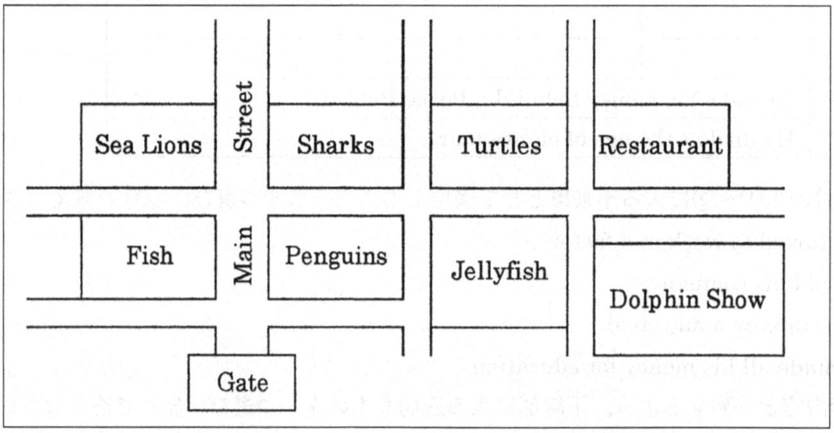

(注)　*Entrance Fees　入場料

Fred　：Naoto, you look happy.

Naoto：Yes. I like watching fish and sea animals ! Fred, do you like them, too ?

Fred　：Yes. I heard that there is a really nice dolphin show here. My host mother told me that yesterday. I want to see it today. Do you want to see it, too ?

Naoto：Of course ! But at this aquarium, we can see it only twice a day. It's 11 a.m. now. The first one has already finished. The second one starts in the [①], so let's go to see the show at 1 p.m.

Fred　：OK. [②]

Naoto：Let's look at the map. We should walk along Main Street and turn right at the second corner. Then, we should turn right at the second corner. We will see the place on our [③].

Fred　：I see. Well, how much is the entrance fee ? Is it 100 yen ?

Naoto：No, it's 200 yen. Our class has [④] thirty students.

Fred　：OK. Now, let's go in.

問1　会話と水族館の資料を参考に，[①]に適切な英単語を一語で答えなさい。

問2　[②]に入る最も適切なものを一つ選び，記号で答えなさい。

ア　What do you want to see ?

イ　How can we get there ?

ウ　How soon does it start ?

エ　Where can we see turtles ?

問3　会話と水族館の資料を参考に，[③]に適切な英単語を一語で答えなさい。

問4　[④]に入る最も適切なものを一つ選び，記号で答えなさい。

ア　more than

イ　less than

ウ　as many as

エ　as much as

6　Tanaka君は学校の文化祭のクラス責任者です。クラスで揃いの帽子を作ることになり，業者のWangさんに値段の確認をしています。二人の会話を読み，下の表の（ ① ）（ ② ）に入る適切な数字を答えなさい。

Tanaka：Hello. I'm just wondering if I can order the school festival caps. We want to make our original caps.

Wang　：OK, sure. The price will be different depending on the sizes. For example, our minimum order for the small size is 10 caps and that will be ¥20,000.

Tanaka：Can't I order less than 10 ?

Wang　：Sure, you can, but the price won't change.

Tanaka：I see.

Wang　：Well, let me tell you a little bit more about our price system. If you want to order more than 10, you can increase your order by 5 caps for ¥9,000.

Tanaka：That means if I order 15 small caps, the payment will be ¥29,000, right ?

Wang　：Exactly. If you want to order the medium size, the first 10 caps will be ¥21,000. For large the first 10 will be ¥22,000. As you may see now, the price of the first 10 caps will be different depending on the sizes, but after that the price system will be the same as the small size.

Tanaka：OK. Thank you very much for your information.

サイズ	人数	支払い金額
S	15	¥29,000
M	23	¥(①)
L	7	¥(②)

7 次の英文が成り立つように，( )内のアルファベットで始まる適切な一語を答えなさい。

(1) A：You are making a fruit salad, aren't you ? Can I help you ?
B：Thank you. Will you (p　　　) me the lemon ?
A：Alright. Here you are.

(2) A：I'm looking forward to seeing a beautiful sunset from the mountain.
B：Me, too. Let's (c　　　) to the top.

(3) A：I enjoyed Mr. Sato's PE class.
B：What did you enjoy most ?
A：I enjoyed playing (s　　　) most. I like kicking a ball and running with my classmates.

8 次の( )内に入る語(句)として最も適切なものを一つずつ選び，記号で答えなさい。

(1) (　　) Tom sent a present to Kate yet ?
ア Did　イ Does　ウ Has　エ Have

(2) Mary sometimes tells (　　)
ア an interesting story us　イ to us an interesting story
ウ us an interesting story　エ an interesting us story

(3) "How (　　) have you been in Yokohama ?"—"For five years."
ア far　イ long　ウ much　エ often

(4) (　　) to finish this homework in one hour.
ア I was impossible　イ I couldn't
ウ It was impossible for me　エ It was impossible of me

(5) The teacher was pleased (　　) the fine weather.
ア of　イ in　ウ with　エ on

(6) Do you know how (　　) this question ?
ア to answer　イ answering　ウ answer　エ do you answer

(7) There is (　　) in the glass.
ア two waters　イ a little water　ウ a few water　エ a few waters

(8) I know the man (　　) pictures over there.
ア which is taking　イ who is taken　ウ taken　エ taking

(9) Tom spoke so fast that no one (　　) understand the story.
ア can　イ cannot　ウ could　エ couldn't

9 次の英文が完成するように，**ア～カ**までを並べ替えて(　)の中に入れ，[A]と[B]に入る語(句)を記号で答えなさい。ただし，文頭の文字も小文字になっている。

(1) (____ ____ [A] ____ [B] ____) for me.

ア the dog is　　イ work　　ウ hard
エ of　　オ care　　カ taking

(2) The song (____ ____ [A] ____ [B] ____) song.

ア was singing　　イ favorite　　ウ my
エ is　　オ which　　カ Mike

(3) (____ ____ [A] ____ [B] ____) in the U.K. lived 100 years ago.

ア how　　イ show　　ウ this book
エ you　　オ will　　カ people

(4) I ([A] ____ ____ ____ [B] ____)it is used around the world.

ア because　　イ that　　ウ studying English
エ is　　オ know　　カ important

(5) (____ ____ [A] ____ [B] ____) here.

ア longer　　イ stay　　ウ I
エ Ken　　オ wish　　カ could

(6) Don't (____ [A] ____ [B] ____ ____) home.

ア buy cheese　　イ you　　ウ before
エ to　　オ forget　　カ come

10 次の日本語を英語に直しなさい。ただし，(　)内の指示に従って答えること。

もう一杯コーヒーをいかがですか。(like と coffee を用いて，7語で答える)

ア 翁が立札に書かれてた命令を勝手に書きかえていたこと。
イ 立札を置いた翁に対して人々の不満が高まっていること。
ウ 翁も人々も立札に書かれた内容を誤って捉えていること。
エ 翁が立札の立てられた場所で得意げに見物していたこと。

問五 傍線部8「申しければ」とあるが、翁の発言の内容として**適切でないもの**を次の中から一つ選び、記号で答えなさい。

ア 昔から賀茂祭をどうにかして見物したいと願っていた。
イ 自分の孫が賀茂祭に参加するのを見たいと強く思った。
ウ 人が多くいる中で賀茂祭を見ることを避けようとした。
エ 陽成院が賀茂祭を見物するという内容は書かなかった。

問六 傍線部9「肝太きわざ」とあるが、その説明として最も適切なものを次の中から選び、記号で答えなさい。

ア 陽成院の寛大な対応　**イ** 陽成院の勇気ある選択
ウ 翁の堂々とした行動　**エ** 翁の入念な準備

問七 □ に当てはまる言葉として最も適切なものを次の中から選び、記号で答えなさい。

ア をかし　**イ** をかしく
ウ をかしき　**エ** をかしけれ

「陽成院《やうぜいゐん》、物御覧《ごらん》ぜむとて立てられたるなめり」とて、人寄らざりけるほどに、時になりて《祭の行列の時間になって、》、この翁、浅葱《あさぎ》かみしも着たり《うすい藍色の服を着た。》。3扇《あふぎ》ひらきつかひて、したり顔なる4気色《けしき》にて、物を見けり。人々、目をたてけり《目を奪われてしまった。》。

陽成院、5このことを聞こしめして、件《くだん》の翁を召して、（注4）院司《ゐんじ》にて6問はせられければ、「歳《とし》八十になりて、見物の志《こころざし》、さらに侍《はべ》らぬが、今年、孫にて候ふ男の、（注5）内蔵寮《くらづかさ》の小使《せうし》にて、祭を渡り候ふが、あまりに見まほしくて、ただ見候はむには、人に踏み殺されぬべくおぼえて、7やすく見候はむために、札をば立てて侍る。ただし、院の御覧ぜむ由《よし》は、まつたく書き候はず」と8申しければ、「さもあること」とて、御沙汰《さた》なくて、ゆりにけり《許された。》。

これ、9肝太《きもふと》きわざなれども、かなしく支度《したく》しえたりけるこそ、□。

（『十訓抄』による）

（注）
1　舎人……天皇、貴族の家に仕える雑人。
2　賀茂祭……上賀茂神社、下鴨神社の祭。
3　一条東洞院……現在の京都御所西北部の一帯。
4　院司……上皇の御所に仕えた役人。
5　内蔵寮……宮中の財物を管理する役所。

問一　傍線部1「寄るべからず」・4「気色」・7「やすく」のこの文章における意味として適切なものをそれぞれ後の選択肢の中から選び、記号で答えなさい。

1「寄るべからず」
ア　寄ってはいけない　**イ**　寄るはずがない
ウ　寄るまでもない　**エ**　寄るつもりはない

4「気色」
ア　気分　**イ**　人柄　**ウ**　様子　**エ**　容姿

7「やすく」
ア　簡単に　**イ**　安心して
ウ　用心して　**エ**　密かに

問二　傍線部2「知らず」・6「問はせられければ」の主語として適切なものをそれぞれ次の中から選び、記号で答えなさい。
ア　翁　**イ**　人　**ウ**　陽成院　**エ**　孫にて候ふ男

問三　傍線部3「ひらきつかひて」をすべて現代仮名遣いに直して、平仮名で答えなさい。

問四　傍線部5「このこと」とあるが、その内容として最も適切なものを次の中から選び、記号で答えなさい。

問六　傍線部４「多数での意思決定が、必ずしも集合知を生むとは限りません」とあるが、その理由として最も適切なものを次の中から選び、記号で答えなさい。

ア　個人の物事に対する評価は他者の行動選択に左右されることがあるから。

イ　客観的な判断を下せる個人が集団の中に属していないことがあるから。

ウ　複数で導き出される結論には個人の意見が反映されないことがあるから。

エ　互いを認め合えず意見が衝突したまま議論が停滞することがあるから。

問七　傍線部５「情報カスケード」について以下の問いに答えなさい。

(1)　情報カスケードがもたらす可能性のあるエラーは、ミツバチの場合何か。具体的に述べられた部分を本文中から十字で抜き出して答えなさい。

(2)　筆者は、(1)の状況がミツバチの場合は起こりづらいと考えているが、その理由として最も適切なものを次の中から選び、記号で答えなさい。

ア　ミツバチは他のハチの行動や選択に一切依存しないから。

イ　ミツバチは自分の下した判断だけを信じて評価するから。

ウ　ミツバチは個人が「宣伝」した選択肢を集団で検証するから。

エ　ミツバチは人間ほど詳細な情報交換を行うことができないから。

問八　[A] に共通して当てはまる言葉を本文中から一語で抜き出して答えなさい。

問九　本文で述べられている内容として最も適切なものを次の中から選び、記号で答えなさい。

ア　ある運動のパターンを駆使して正確な情報伝達を行うミツバチには、他の生物にはないすぐれた知性が備わっている。

イ　個々の異なる意見を集団の考えとして統一するのに最適な方法は、感情論を排除し公正さを追求した多数決である。

ウ　人とミツバチでは「合意」に至るまでの経緯に大きな違いがあるが、個人の意見が尊重される点は同じである。

エ　言語能力は人間社会の中で重要な役割を果たしているが、集団での意思決定においては他の手段でも代替できる。

四

次の文章を読んで、後の問いに答えなさい。

昔、西八条《にしはちでう》(注1)の舎人《とねり》なりける翁《おきな》、(注2)賀茂祭の日、(注3)一条東洞院《いちでうひがしとうゐん》の辺に、

西八条辺りに舎人の老人が住んでいたが、

ここは翁が見物せむずる所なり

人、[1]寄るべからず

といふ札《ふだ》を、暁《あかつき》より立てたりければ、人、かの翁が所為《しょゐ》とは[2]知らず、

を訪れても、訪問先の質が良くないと判断した場合、そのハチは帰還後にあまり熱心に宣伝を行いません。8の字ダンスはごく短いものになり、まだ飛び立っていない他のハチたちの目に入る機会も少なくなります。それによって、たまたま生じたエラー（先に飛び立った複数のハチが偶然に良くない場所しか訪れなかったというエラー）が、情報カスケードのように群れ全体に次々に連鎖していくプロセスにストップがかかります。

このように、「行動の同調」と「評価の独立性」をうまく組み合わせた行動の仕組みによって、コロニー全体としての優れた遂行が生まれるようです。このミツバチの行動の仕組みは、次に見るように、ヒトの社会行動の特徴を考えるうえで、非常に重要なポイントになります。

〔亀田達也『モラルの起源―実験社会科学からの問い』（岩波書店）による〕

（注）1　系統樹……動植物の系統が枝分かれするようすを、樹木の幹や枝の形に似せた図であらわしたもの。

2　閾値……反応や変化を起こすのに必要な、刺激やエネルギーの最小値。

問一　傍線部1「集団での意思決定」とあるが、筆者の考える「集団での意思決定」とは何かを説明した一文を本文中から抜き出し、最初の五字を答えなさい。

問二　［①］に当てはまる言葉として最も適切なものを次の中から選び、記号で答えなさい。

ア　多角的　**イ**　部分的　**ウ**　巨視的　**エ**　間接的

問三　傍線部2「仕組みの細部におけるいくつかの違い」とあるが、その説明として最も適切なものを次の中から選び、記号で答えなさい。

ア　ミツバチは生まれつき本能の中で「投票」を行うが、ヒトは後天的に得た知恵によって集団行動をとる。

イ　ミツバチは「投票」する際に具体的なルールを設けないが、ヒトは規律の中で会議を進める秩序を求める。

ウ　ミツバチは集団の中で意見を表明できる者を限定させるが、ヒトは各個人の役割を明確にせず話し合う。

エ　ミツバチは複数の選択肢を吟味することをしないが、ヒトはいくつかの候補を比較したうえで検討する。

問四　傍線部3「8の字ダンスは人間での投票や意見表明に相当するのです」とあるが、その説明として最も適切なものを次の中から選び、記号で答えなさい。

ア　ダンスを色々と使い分けることで、他のハチに向かって具体的な指示を出しているということ。

イ　ダンスの長さと熱心さに差をつけることで、他のハチに自分の判断を主張しているということ。

ウ　ダンスの内容をその時々に応じて変えることで、他のハチの行動を誘導しているということ。

エ　ダンスに独自性を加えることで、他のハチへの高度な情報伝達を可能にしているということ。

問五　［Ｉ］に当てはまる言葉として最も適切なものを次の中から選び、記号で答えなさい。

ア　さらに　**イ**　そして　**ウ**　しかし　**エ**　つまり

題にならない、単純で小さい脳（マイクロブレイン）しかもっていません。

［I］驚くべきことに、ミツバチが探索委員会として集団で下す意思決定では、候補の中で客観的にもっとも良い（もっとも質の高い）巣を、非常に高い確率で正しく選択できることを、行動生態学者のシーリーらは、一連の巧妙な実験によって明らかにしています。

ミツバチの巣探し行動には、集合知（collective intelligence）が見られるのです。集合知とは、「三人寄れば文殊の知恵」のように、個体のレベルでは見られない優れた知性が、群れや集団のレベルで新たに生まれる集合現象を意味します。

しかし、4多数での意思決定が、必ずしも集合知を生むとは限りません。たとえば、現代社会の人間集団でよく見られる一時的な流行現象のことを考えてみましょう。

優れているとか美味しいという評判につられて、本当はあまり優れていない商品が雪だるま式に売れてしまい、しばらく経って冷静になって振り返ると「あの流行はいったい何だったのか」と不思議に思う、などという例は、決して稀《まれ》なものではないでしょう。人気が人気を呼ぶ（不人気が不人気を呼ぶ）という仕組みだけでは、集合知は生まれないのです。ミツバチのコロニーでも同様の雪だるま現象が発生し、質の悪い巣が選ばれる可能性がありそうです。

株式市場ではしばしば、自分のもっている情報よりも、ほかの人の行動を情報源として優先して、それがつぎつぎと全体に広がっていく連鎖現象が見られます。このような現象は、経済学で5「情報カスケード」と呼ばれ（カスケードとは階段状に連なった滝のことです）、現在いろいろな分野で関心が寄せられています。情報カスケードが生み出す可能性のあるエラーの連鎖を、ミツバチの集団意思決定はどのように防いでいるのでしょうか。

政治学者のリストらによる最近の理論研究から、ミツバチがエラーの連鎖を防ぐメカニズムについて、鋭い洞察が得られています。リストらの研究は、エージェント・シミュレーションと呼ばれる技法を用いています。これは、さまざまな行動の仕組み（アルゴリズム）をもつ行為者（エージェント）をコンピュータの中に作り出し相互作用させることで、どのようなパターンが集団レベルで生まれるかを調べる、コンピュータ・シミュレーションの技法です。

さて、このシミュレーションから、次のような行動の仕組みが、集合知を生み出すことが理論的に明らかになりました。

まず、行為者であるミツバチは、ほかのハチたちの示す行動に「［A］」する必要があります。8の字ダンスで帰還したほかのハチたちが熱心に宣伝する巣の候補地ほど、まだ飛び立っていないハチが訪問しやすくなるパターンは、まさにこの［A］条件を満たしています。

しかし、集合知が生じるためには、同時にもう一つの条件を満たさなければなりません。それは、訪れた候補地についての「評価」は、ほかのハチたちの影響を受けずに「完全に独立に行われる」という条件です。つまり、ほかのハチたちの宣伝に影響されて（＝同調して）訪れた候補地であっても、その候補地が巣としてどれだけ良いかに関する評価は、自分の目だけを信じて行うということです。

こうした評価の独立性があれば、ほかのハチに同調してある候補地

て検討します。

私たちが、家族で相談しながら新しい住まいを探したり、担当の部署などが話し合って会社の移転先を探すのと同じように、ミツバチもまたほかの個体と情報を共有しながら、コロニー全体にとっての新しい巣（引越し先）を探します。生物種としてのヒトとミツバチは、進《しん》化《か》(注1)の系統樹のうえでは遠く離れているものの、集団意思決定場面での行動の組み立て方（仕組み）は、［①］に見ると驚くほどよく似通っています。しかし、[2]仕組みの細部におけるいくつかの違いが、ミツバチの集団意思決定とヒトの集団意思決定の間で決定的な違いを生み出す可能性があります。

初夏になると、ミツバチのコロニーは分蜂と呼ばれる行動を見せることがあります。コロニーの個体数が増えすぎると、女王は働きバチの三分の二ほどを連れて新しい巣を求めて移動し、娘の新女王が残りの働きバチとともに、元の巣に残留します。巣を離れた一万匹近いハチたちは、近くの木の枝などに仮の宿であるアゴヒゲ状の塊を作り、その中から数百匹のハチたちが、いわば「探索委員会」として新たな巣の候補地を探しに飛び回ります。

これらのハチたちは仮の宿に帰還後、自分が見つけた候補地について、8の字ダンス（waggle dance）によって、ほかの探索委員に情報を伝達します。読者の皆さんは、高校の生物の授業で、ミツバチが身体を震わせながら8の字のような動きをし、ダンスの方向と太陽が作る角度によって、蜜のありかや巣の候補地の方向をほかのハチたちに伝えるという話を聞いたことがあるかもしれません。しかし、重要なのは方向だけではありません。このときのダンスの長さと熱心さは、見つけた巣の候補地をそのハチがどの程度良いと知覚したかを反映しています。候補地の質が良いほど、ミツバチのダンスは長く熱心なものになります。[3]8の字ダンスは人間での投票や意見表明に相当するのです。

まだ飛び立っていないハチは、帰還したハチたちのダンスによる「宣伝」を見て自分が探索する方向を決めるので、熱心に宣伝される巣の候補地ほど、多くのハチたちが次に訪問しやすくなります。このように、自分がどこに行くべきかを他のハチたちの宣伝に応じて決める行動の仕組みは、人気が人気を呼ぶ社会的な増幅プロセス（正のフィードバック）を通じて、探索委員会の間に次第に「合意」を生み出します。

そしてその合意がある境界を超えると（すなわち、ある候補地へ訪問したハチの数が(注2)閾《いき》値を超えると）、アゴヒゲ状の仮の宿に留まっていたコロニー全体が新しい巣に引越しをします。人間では、たとえば「三分の二以上の賛成による多数決」などといったルールで集団の意思を決定しますが、ミツバチの場合、閾値を超えることがそれに相当するのです。

では、実際、この決定は理に適《かな》ったものなのでしょうか。

私たちが会社の移転先を検討する場合、いくつもの候補を調べて比較したうえで、自分が最適と思う選択肢への支持を表明するでしょう。しかし、個々のミツバチが探索のために訪れる候補地は、ほとんどの場合にせいぜい一つか二つです。いくつもの巣の候補地を訪れ、比較したうえで自分が最適と考える候補地を選んで宣伝しているわけではないのです。しかもミツバチは、霊長類と比較したらまったく問比べ、学びやすいものであると思われたから。

ウ　簡単な内容でも、「学ぶ」という行為を通してエリート教育を受けている人たちと同じ感覚を持てたから。

エ　実際の生活に直接役立つ知識を得ることは、自身にとって有益なものであると感じることができたから。

問八　傍線部6「朱子学が重要な働きをしている」とあるが、その説明として最も適切なものを次の中から選び、記号で答えなさい。

ア　自国よりも西欧の学問の方が容易と思わせたこと。

イ　努力することの意義を人々に浸透させたこと。

ウ　自然科学的思考を受容する素地を作ったこと。

エ　国家の方針が正しいことを人々に周知させたこと。

問九　次の文章は本文中のどこかに入る。これが入る直後の段落を本文中の段落番号（①～⑲）で答えなさい。

> この段階的・因果律的推論を朱子は弟子たちに徹底して教えた。朱子学において最も重要な概念である〈理〉の理解もそうした追求によって可能であるから、窮理（理を窮む）でもある。

問十　儒教の開祖（創始した人物）を次の中から選び、記号で答えなさい。

ア　孔子　　**イ**　孟子　　**ウ**　老子　　**エ**　荘子

三　**次の文章を読んで、後の問いに答えなさい。なお、問いに字数指定がある場合は、句読点なども一字分に数えること。（本文を一部改変した箇所がある。）**

社会性昆虫が「集団での意思決定」[1]を行うという事実が、近年、生物学や、人工知能の研究を含む情報科学の分野で大きな注目を集めています。

私たちは、会社の会議、いろいろな委員会や裁判員制度、ひいては議会に至るまで、集団での意思決定の仕組みを、人間だけのもつ専売特許のように考えがちです。言語をもつ人間だからこそ、話し合って皆で決めることができるとする見方です。この意味で、言語をもたないハチやアリが集団意思決定を行うという話は、ただの喩《たと》え話にすぎないと思われるかもしれません。

しかし、ヒト以外の動物種においても、動物たちの示す特定の身体姿勢や運動のパターン、発声の仕方などが投票や意見表明と同じ機能をもつことが、近年の生物学の研究から明らかにされています。こうしたかたちでのメンバーの「投票」は、多数決などの「集団決定ルール」を通じて、巣場所の選択や移動の開始など、群れ全体での統一的な行動にまとめられます。言語能力はとても重要ではあるものの、集団意思決定を行うための必要条件ではありません。

つまるところ、集団意思決定とは、個々のメンバーの意思（「餌場Aに移動したい」、「この巣からそろそろ別の場所に引越したい」などの意思）を、群れ全体の行動選択にまとめあげる集約の仕組みに過ぎません。この意味での集団意思決定は、人間に固有ではなく、社会性昆虫のほかにも、魚類、鳥類、食肉類、霊長類などにおいてかなり広く認められます。

具体例として、ミツバチのコロニー（群れ）での巣探し行動につい

4　祖述……師や先人の説を受けついで、述べること。

5　因果律……すべての現象には原因があり、同じ条件のもとでは必ず同じ現象が起こるという原理。

問一　傍線部1「儒教における教育重視」とあるが、儒教において「教育」とはどのようなものであると考えられていたか。それが述べられている一文を本文中から抜き出し、最初の五字を答えなさい。

問二　傍線部2「嬰児讃歌」の内容として最も適切なものを次の中から選び、記号で答えなさい。

ア　嬰児の奔放さをたしなめること。

イ　嬰児の純粋さを至上のものとすること。

ウ　嬰児の素朴さを洗練させること。

エ　嬰児の未熟さを理想のものとすること。

問三　傍線部3「中国社会の要求」とあるが、その説明として最も適切なものを次の中から選び、記号で答えなさい。

ア　共同体の大半を占める農民たちに道徳的行動を学ばせることで、国家の基盤を強固なものとすること。

イ　地方に散在する農民たちにしきたりを学ばせることで、共同体の一員としての自覚を持たせること。

ウ　法律よりも慣習が重要視される地方の農民たちに道徳を学ばせることで、法の重要性を意識させること。

エ　満足な教育を受けることができない農民たちに簡単な礼を学ばせることで、法教育の機会とすること。

問四　［Ⅰ］に当てはまる言葉として最も適切なものを次の中から選び、記号で答えなさい。

ア　さて　**イ**　ところが　**ウ**　たとえば　**エ**　だから

問五　［Ａ］に当てはまる言葉として最も適切なものを次の中から選び、記号で答えなさい。

ア　独立　**イ**　区別　**ウ**　整理　**エ**　並行

問六　傍線部4「個性の強調、個性を伸ばすなどという胡散臭い理想主義を儒教は取らない」とあるが、その理由として最も適切なものを次の中から選び、記号で答えなさい。

ア　儒教は出発点である先人の思想を保持することを重視し、奇抜な考えを拒絶するから。

イ　儒教は時間に淘汰《とうた》されずに存在する先人の教えを尊重し、斬新な発想を軽視するから。

ウ　儒教は実学的な知識の習得を目的としており、研究による学際的な知識は必要としないから。

エ　儒教は近代的な発想そのものを否定しており、生活からかけ離れた発想は良しとしないから。

問七　傍線部5「『読み書き・そろばん』を教える実学の儒教的伝統が、大衆教育の普及の原動力となっていた」とあるが、その理由として最も適切なものを次の中から選び、記号で答えなさい。

ア　エリート教育に対する反発が高まり、難度の高くない分野を学ぶことが望ましいとされた時代だったから。

イ　教養を重視する西欧の初等教育における難度の高い数学に

幸せなのである。それを理想主義的に教養教育風に無理やりエリート教育まがいのものを押しつけたり、個性を伸ばす教育をするなどと称して、大衆から無い知恵や感情をしぼるのは、大衆にとって迷惑以外のなにものでもない。

⑮ 5「読み書き・そろばん」を教える実学の儒教的伝統が、大衆教育の普及の原動力となっていたのであり、儒教文化圏ではエリート教育の普及などはなかった。エリート教育は文字どおり一部分（例えば科挙の受験勉強）であった。これに反し、多くの人を対象とする大衆教育の成果が、今日、商業・工業において現われつつあるのだろう。もっとも最近では、大衆には大衆教育をすればよいのに、わざわざエリート教育（教養重視教育）をしようと無理なこと（国・数・社・理・英の難度の高いものを教えることなど）をしつつあって、大衆はかえって迷惑を蒙《こうむ》り、おかしくなってきている。

⑯ 最後に、工業発展と儒教教育との関係を一言つけ加えておこう。6朱子学が重要な働きをしている。近世の儒教は朱子学が主流である。朱子学が、それを学んだ人は道学先生とからかわれたりするほどの固苦しい倫理道徳を人々に吹きこんだ(注5)ことは事実である。しかし、その学問的方法は、実は因果律的（自然科学的）なのである。

⑰ 本来儒教は、努力すれば聖人（理想的人間）に必ず成れるとする。その大原則に沿って、朱子は、聖人に至る過程を示す。その過程は、全体的に言えば道徳的完成をめざすものであるが、その途中に、「格物致知」という段階がある。これは「物〔の真理〕に格《いた》り、知〔識〕を致《いた》す（得る）」といった意味であるが、要するに、知識段階においては論理的に因果律的に順を追って窮《きわ》めてゆくということである。もっとも、知識を越えて知恵を知る段階では、直覚というジャンプが起るが。

⑱ こうした追求、段階的・論理的・因果律的推論の訓練を、朱子学を通じて東北アジア人はしていた。すなわち、西欧の近代自然科学が流入したとき、その自然科学的思考を理解できる基盤がすでにあったのである。だからこそ、いわゆる物理学（physics）を初期は窮理学とか格物学とか理学とかと訳していたのである。例えば、『窮理問答』『格物入門』『理学初歩直訳』といった書名の教科書が、明治時代、旧制中学校や旧制高等学校で使われていた。おそらく理科とか理学部という「理」のついた名称もこれと関係があるだろう。

⑲ 朱子学が思考方法として主張した「格物致知」「窮理」は、自然科学の因果律的思考に近い。だから、儒教において道徳的人間の完成という目的を削った場合、朱子学的訓練を受けた東北アジア人は、比較的容易に物理学をはじめとする自然科学の世界に飛びこむことができたのである。

〔加地伸《のぶ》行『儒教とは何か』（中央公論新社）による〕

（注）1 嬰児……生まれて間もない子ども。
2 朱子……中国南宋の儒学者である朱熹《き》のこと。
3 ユークリッド幾何学……ユークリッドは古代ギリシャの数学者で、幾何学は、図形などの性質を研究する数学の一部門。

いる。身分の差別と職種とを［A］させている。しかし東北アジア人特に日本人にそのような観念は少ない。だから、必要とあれば、みなが一致協力して掃除(労働)をする。つまりは全員が同一作業（職種）をする。また、掃除は整理整頓という習慣づけの形成に役立つ。現代の工場における共同作業や整理整頓や品質管理の厳密さはおそらく同一線上においてつながっているであろう。

⑨ このように、道徳教育を重視する一方、その知識教育においても特色がある。日本で「読み書き・そろばん」ということばに表わされているように、東北アジアの初等教育では実学を重んじる。なぜなら儒教では身近なことを学ぶことを重視するからである。それは今日においても生きている。例えば、小学校の算数の応用問題（文章題）と言われる分野がそれである。

⑩ 算数で比例・百分比を教えたあと、ただちに応用問題というものを出す。そのときよく出される例題は、商品を例にとっての利益率とか、利率計算である。「原価二百円で仕入れたものに二割の利益をつけて定価としたが、売れなかったので三十円値引にして売ったら、いくら儲《もう》けたか」といった調子の問題である。こういう実学的な、いわゆる応用問題を出して算数の訓練をするのは、おそらく儒教文化圏の学校だけであろう。これでは東北アジア人が経済に強いはずである。子どものときから利益計算にしっかり達者なのである。東北アジアの経済発展の背後で、小学生諸君もがんばっているのである。

⑪ ギリシア以来、知的ゲームとして(注3)ユークリッド幾何学を愛好する西欧人の数学観とは、根本的に異なっている。十進法であるから計算のしやすい東北アジアの算教と、論理で推しつめる西欧の幾何学との相違について、どちらが上とか下とか、そのような価値づけはあまり意味がない。ただ、発想や性格形成に大きな相違を与えるであろうことは確実である。この実学重視は算数だけではない。他の教科においても見られる。

⑫ また、儒教では、学問をすることの目標は博学である（目的は聖人と成ることであるが）。具体的に言えば、詩文を作るために古典のことばをしっかりと学習し、たくさん覚えることであった。暗誦《しょう》重視である。その結果、博学となる。しかも、古典という聖人のことばを理解《りかい》し(注4)祖述することが大切なのであって、個性を現わし新奇《き》なことを創作するのは邪道であった。いわゆる「〔聖人のことばを〕述べて〔も、新奇なことは〕作らず」（「述而《じ》不作」『論語』述而篇）である。

⑬ とすれば、独創よりも模倣が、或《ある》いは模範となる型に自分を嵌《は》めてゆくことが感覚となってゆくのは当然であった。あえて言えば、[4]個性の強調、個性を伸ばすなどという胡散臭《うさんくさ》い理想主義を儒教は取らないのである。

⑭ だから儒教ではエリート教育と大衆教育とという二分をする。知識方面での大衆教育とは「読み書き・そろばん」の徹底である。しっかりと実学を身につけることが大衆にとって

た理由からだった。当然、その内容・課程・制度、さらに教科書など、教育に関するさまざまな問題が儒教の歴史とともに常に論じられてきた。そこで、代表的な教科書の一つとして、宋代の大思想家、(注2)朱子が編んだとされる『小学』を引いてみよう。

④『小学』は、四書五経を含む儒教古典の文章や、歴史上の人物のエピソードを抜き出して集めたもので、学習の手はじめであると同時に、儒教の概説書でもあった。ただし、それらの古典は、知識人が読む本であっても、庶民には縁が遠かった。『小学』は、子どものための簡約版だったが、庶民にはやはり程度が高すぎ、村塾に通った庶民の子どもは、定型的な教訓を三字一句に盛りこんだ『三字経』などの通俗教科書を読んだであろう。朱子は、まずこの『小学』を学習して、それから『大学』『中庸』『孟《もう》子』『論語』の四書を経たのち、『易経』『書経』『詩経』『礼記』『春秋左氏伝』の五経に進むという教育課程を示した。

⑤『小学』は、二部に分れ、その内篇《へん》は、儒教古典からいろいろと抜き書きしている。例えば、具体的に、子どものしつけについて記す。朝、ニワトリの声で起きると、洗顔・うがいをして衣服をあらため、寝床を整頓したのち、家の内外を掃除すること、外出のときは、親に必ず行き先を告げ、帰宅したら報告を欠かさない、年長者と同道するときは少し退いて歩くこと、など日常の作法について細かに述べ、社会的マナー、すなわち礼を子どもに教える。また『小学』の外篇は、歴史上の人物のエピソードを集めて、それを通じて人間としての見識や在りかたを養うことができるように作られている。

⑥子どもの教育に当たって儒教が礼を教えることを第一にしたのは、3中国社会の要求でもあった。中国は秦の始皇帝以来、官僚機構が発達した中央集権国家ではあったが、組織として整っていたのは、皇帝以下、県知事クラスくらいまでだった。それから下は、実際には、地方の有力者や血のつながった者たちが集まった共同体が、自治的機能を果していた。これらの地縁血縁共同体において、第一に尊重されたのは慣習だった。慣習とは、言いかえれば礼（道徳）のことである。中国人の圧倒的多数は農民であり、これらの共同体の基盤は農村にあった。こうした理由から、農村における慣習としての礼について学習することが、中国の子どもにとって、なによりも大切なことだったのである。この礼を守ることがすなわち道徳を守ることであった。

⑦ Ⅰ 、こうした教育を見てみると、知識教育もさることながら、道徳教育ということが儒教の教育観において大きな位置を占めている。その好例は、例えば上述の掃除である。今日、小・中・高校において生徒が義務として掃除をするのは、おそらく儒教文化圏における学校のみではなかろうか。

⑧この掃除という習慣は、東北アジア人の労働観にもつながっている。学校では、知識層の子弟であろうと、庶民の子弟であろうといっしょになって平等に掃除（労働）をする。インドのカースト制では、掃除は低い階層のすべきこととなって

【国語】〈五〇分〉〈満点：一〇〇点〉

一 次の各問いに答えなさい。

問一 次の1～5の傍線部の漢字の読みを平仮名で書きなさい。

1 大気が汚染される。

2 肥沃な土壌に恵まれる。

3 行方をくらます。

4 蔑むような笑い方。

5 商店街が廃れる。

問二 次の1～5の傍線部のカタカナを漢字に直して書きなさい。

1 ジュウナンな身のこなし。

2 ハクヒョウを踏む思い。

3 ヘキガが描かれている洞窟。

4 二人分の米をタく。

5 先生のお話をウカガう。

二 次の文章を読んで、後の問いに答えなさい。なお、問いに字数指定がある場合は、句読点なども一字分に数えること。また、①～⑲は段落番号を表す。（本文を一部改変した箇所がある。）

① 儒教文化圏の工業や経済の発展の理由の一つとして、儒教における教育重視がよく挙げられている。それは正しい。しかし、儒教がなぜ教育を重視するのか、またその教育がめざしてきたものとは何か、といったことを理解しなければ、単なる「教育重視」という見かたに終り、ただそれだけでは他の文化圏における教育重視との相違が分らないことになる。儒教における教育重視には、やはり儒教的理由があったのである。それは何か。

② 中国には儒教以外の思想も存在してきた。その代表が老荘思想であることは言うまでもない。例えば『老子』では、とりわけ（注1）嬰《えい》児の無邪気さを最高の善とした。大人は虚飾をまとっているが、嬰児には虚飾がなく、自然そのものであると言う。『老子』のこうした子ども観は、彼らの〈自然・無為〉重視の思想に基づいている。老荘は、儒教が〈人工・人為〉を重視したことを徹底的に批判し、逆に自然を尊重した。儒教の立場では、自然的世界は未開・野蛮なものであり、人間の手が加わった人工・人為的世界（それは礼の世界）こそがすぐれたものだった。だから、人々に聖人の作った礼を「教」え、道徳による「感」化をしてゆき、その華やかな「文」の恩恵を与えてゆくこと、つまり「教化・感化・文化」してゆくことが大切である、と儒教は主張したのである。逆に老荘は、儒教のもつ人工的性格、人為性を批判したからこそ、嬰児讃《さん》歌のような考えかたを取ることになった。

③ だから儒教のもとでは、子どもは人工・人為的世界の恩恵を与えるべき存在と考えられた。具体的に言えば、子どもは教育されなければならない、ということである。儒教にとって、教育とは、自然のままの動物的状態から脱して、人間の作った文化を享受できる社会性がある状態に変えることを意味した。前六世紀頃に思想としての儒教が成立して以来、一貫して子どもの教育の必要性が主張されてきたのは、こうし

MEMO

大切なことはメモしておこうネ！

2023年度

解 答 と 解 説

《2023年度の配点は解答欄に掲載してあります。》

＜数学解答＞

1 問1 57 問2 $x=-3$, $y=19$ 問3 $\frac{2}{15}$ 問4 $(x+8)(x-7)$ 問5 $-4\sqrt{6}$
問6 $x=1$, $\frac{2}{5}$

2 問1 $n=15$ 問2 $a=-\frac{3}{2}$ 問3 $a=-8$ 問4 $\frac{7}{12}$ 問5 98度

3 問1 $a=2$ 問2 $y=2x+4$ 問3 $t=6$

4 問1 4：5 問2 2 問3 $\frac{25}{9}$倍

5 問1 $3\sqrt{3}$ 問2 $9\sqrt{2}$ 問3 $\sqrt{6}$

○配点○

各5点×20 計100点

＜数学解説＞

1 （数・文字の計算，連立方程式，式の値，因数分解，2次方程式）

問1 $5\times(-3)^2-3\times(-2^2)=5\times9-3\times(-4)=45+12=57$

問2 $11x+2y=5$…① $0.3x+0.1y=1$は両辺を10倍して$3x+y=10$，さらに両辺を2倍して$6x+2y=20$…② ①－②より $5x=-15$ $x=-3$，①に代入すると $-33+2y=5$ $2y=38$ $y=19$

問3 $x=-\frac{1}{2}$，$y=\frac{2}{5}$のとき，$\left(-\frac{4}{3}x\right)^2\times\frac{3}{8}x^2y^3\div\left(-\frac{2}{5}x^3y\right)=\frac{16x^2}{9}\times\frac{3x^2y^3}{8}\div\left(-\frac{2x^3y}{5}\right)=-\frac{16x^2\times3x^2y^3\times5}{9\times8\times2x^3y}=-\frac{16\times3\times5x^4y^3}{9\times8\times2x^3y}=-\frac{5}{3}xy^2=-\frac{5}{3}\times\left(-\frac{1}{2}\right)\times\frac{4}{25}=\frac{5\times1\times4}{3\times2\times25}=\frac{2}{15}$

問4 $x+3=\mathrm{A}$とおくと$(x+3)^2-5(x+3)-50=\mathrm{A}^2-5\mathrm{A}-50=(\mathrm{A}+5)(\mathrm{A}-10)=(x+3+5)(x+3-10)=(x+8)(x-7)$

問5 $(2\sqrt{3}+1)(2\sqrt{3}-1)-(\sqrt{3}+2\sqrt{2})^2=(2\sqrt{3})^2-1^2-\{(\sqrt{3})^2+2\times\sqrt{3}\times2\sqrt{2}+(2\sqrt{2})^2\}=12-1-(3+4\sqrt{6}+8)=11-11-4\sqrt{6}=-4\sqrt{6}$

問6 $5x^2-7x+2=0$ $(x-1)(5x-2)=0$ $x=1$, $\frac{2}{5}$

2 （平方根，変化の割合，2次方程式，確率，角度）

問1 $540=2^2\times3^3\times5$なので，$\sqrt{\frac{540}{n}}=6\sqrt{\frac{3\times5}{n}}$ これが自然数となる最小の自然数nは$n=15$

問2 $y=-3x+5$の変化の割合はxの係数と等しく-3，$y=ax^2$は$x=-2$のとき$y=4a$，$x=4$のとき$y=16a$ なので，xが-2から4まで変化するときの変化の割合は，$\frac{16a-4a}{4-(-2)}=\frac{12a}{6}=2a$ これが等しいので，$2a=-3$ $a=-\frac{3}{2}$

問3 $x^2+a(x-1)+a^2-57=0$の1つの解が3なので代入すると，$9+2a+a^2-57=0$ $a^2+2a-48=0$ $(a-6)(a+8)=0$ $a=6$, -8 $a=6$とすると方程式は，$x^2+6(x-1)+36-57=0$ $x^2+6x-27=0$ $(x+9)(x-3)=0$ $x=-9$, 3 $x=-9$は負の解なので題意に

適さない。$a=-8$のとき方程式は$x^2-8(x-1)+64-57=0$　$x^2-8x+8+7=0$　$x^2-8x+15=0$　$(x-3)(x-5)=0$　$x=3,\ 5$　2つの解は正の解となる。

問4　2個のさいころの出た目の数の和が7になるのは(大のさいころの目，小のさいころの目)＝(1, 6)，(2, 5)，(3, 4)，(4, 3)，(5, 2)，(6, 1)，8になるのは(2, 6)，(3, 5)，(4, 4)，(5, 3)，(6, 2)，9になるのは(3, 6)，(4, 5)，(5, 4)，(6, 3)，10になるのは(4, 6)，(5, 5)，(6, 4)，11になるのは(5, 6)，(6, 5)，12になるのは(6, 6)　全部で$6+5+4+3+2+1=21$(通り)。その確率は$\frac{21}{36}=\frac{7}{12}$

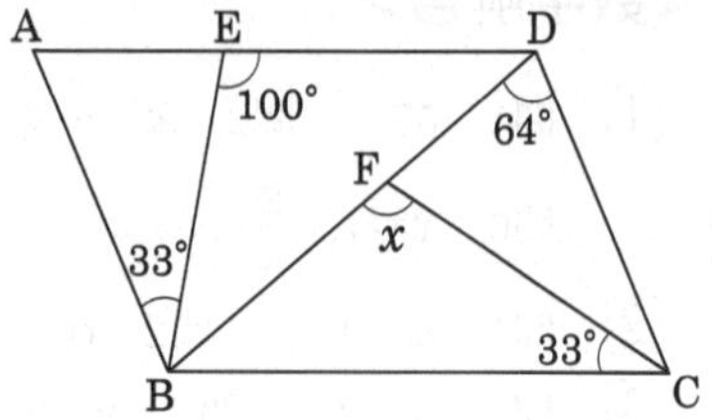

問5　右図のように点E，Fをおく。AB//DCより錯角は等しいので∠ABD＝∠BDC＝64°　∠EBD＝64°－33°＝31°　△EBDで∠EDB＝180°－100°－31°＝49°　AD//BCより錯角は等しいので∠FBC＝∠EDB＝49°　△FBCで∠x＝180°－33°－49°＝98°

3　(図形と関数・グラフの融合問題)

問1　A$(-1,\ 2)$が$y=ax^2$上の点なので，$a\times(-1)^2=2$　$a=2$

問2　Bは①上の点で$x=2$なので，$y=2\times2^2=8$　B$(2,\ 8)$　直線ABの方程式を$y=mx+n$とおくと，Aを通ることから$-m+n=2$…③，Bを通ることから$2m+n=8$…④　④－③より$3m=6$　$m=2$　③に代入すると$-2+n=2$　$n=4$　直線ABの式は$y=2x+4$

問3　$x=t$と$y=2x+4$の交点がCなのでC$(t,\ 2t+4)$，$x=t$と$y=-\frac{1}{2}x^2$の交点がDなので，D$\left(t,\ -\frac{1}{2}t^2\right)$，Eは$x=t+2$と$y=2x+4$の交点なので$y=2(t+2)+4=2t+8$　E$(t+2,\ 2t+8)$

△CDE$=\frac{1}{2}\times\left\{(2t+4)-\left(-\frac{1}{2}t^2\right)\right\}\times(t+2-t)=\frac{1}{2}\left(2t+4+\frac{1}{2}t^2\right)\times2=\frac{1}{2}t^2+2t+4=34$　$t^2+4t-60=0$　$(t+10)(t-6)=0$　$t>2$より$t=6$

4　(平面図形，相似，長さ，面積)

問1　AB//DCより錯角は等しいので∠EAB＝∠ECD，∠EBA＝∠EDC　2組の角がそれぞれ等しいので△EAB∽△ECD　対応する辺の比は等しいのでBE：ED＝AB：DC＝8：10＝4：5

問2　△ABFの底辺をBF，△ADFの底辺をFDとすると，2つの三角形は高さが共通な三角形なので，面積の比と底辺の比は等しく，BF：FD＝△ABF：△ADF＝4：1　AB//DCより錯角は等しいので∠FAB＝∠FGD，∠FBA＝∠FDG　2組の角がそれぞれ等しいので△FAB∽△FGD　対応する辺の比は等しいのでAB：DG＝BF：DF＝4：1　8：DG＝4：1　DG＝2

問3　△AFD＝Sとおくと，△ABF＝4S，△ABD＝5S，AE：CE＝8：10＝4：5より△ABD：△CBD＝4：5　5S：△CBD＝4：5より△CBD$=\frac{25\mathrm{S}}{4}$　BE：ED＝4：5より　△BEC：△CBD＝4：9　△BEC：$\frac{25\mathrm{S}}{4}$＝4：9　△BEC$=\frac{25}{9}$S

5　(空間図形の計量，三平方の定理)

問1　△OPQは∠POQ＝60度，∠OPQ＝90度，∠OQP＝30度の直角三角形。辺の比は$1:2:\sqrt{3}$なので，OQ＝6よりOP＝3，PQ$=3\sqrt{3}$

問2　△OPRは∠POR＝60度，∠OPR＝90度，∠ORP＝30度の直角三角形。辺の比は$1:2:\sqrt{3}$なので，OP＝3よりOR＝6，PR$=3\sqrt{3}$　OQ＝OR＝6で∠QOR＝60度なので△OQRは正三角形，QR＝OQ＝6　△PQRはPQ＝PRの二等辺三角形なのでQRの中点をMとし，PMを結ぶとPM⊥QR　△PQMは直角三角形なので三平方の定理より$\mathrm{PM}^2=\mathrm{PQ}^2-\mathrm{QM}^2=27-9=18$　PM$=3\sqrt{2}$　△PQR$=\frac{1}{2}\times6\times3\sqrt{2}=9\sqrt{2}$

問3　三角錐O－PQRの体積を考える。求めるものは△OQRを底面と考えた時の高さであり，これをhとおく。$\triangle OQR=\frac{1}{2}\times QR\times OM=\frac{1}{2}\times 6\times 3\sqrt{3}=9\sqrt{3}$　O−PQRの体積$=9\sqrt{3}\times h\times\frac{1}{3}=3\sqrt{3}h$　同じ立体を，底面△PQR，高さOPと考えると，$9\sqrt{2}\times 3\times\frac{1}{3}=9\sqrt{2}$　よって，$3\sqrt{3}h=9\sqrt{2}$　$h=\sqrt{6}$

★ワンポイントアドバイス★

過去問研究をしたり，問題集を使ったりして，標準的で典型的な問題にたくさんふれておきたい。考え方がわかった，ではなく，正しい答えに確実にたどりつけるよう，力をつけておこう。

＜英語解答＞

[1] リスニング問題解答省略

[2] 問1 イ　問2 エ　問3 ウ　問4 ア　問5 (1) ×　(2) ○　(3) ×　(4) ○　(5) ×　(6) ○

[3] 問1 イ　問2 ウ　問3 ア　問4 (1) ×　(2) ○　(3) ○　(4) ×　(5) ○

[4] 問1 ① ア　② ウ　③ イ　問2 (1) ア　(2) イ

[5] 問1 afternoon　問2 イ　問3 left　問4 イ

[6] ① 48,000　② 22,000

[7] (1) pass　(2) climb　(3) soccer

[8] (1) ウ　(2) ウ　(3) イ　(4) ウ　(5) ウ　(6) ア　(7) イ　(8) エ　(9) ウ

[9] (1) A エ　B ウ　(2) A ア　B ウ　(3) A イ　B ア　(4) A オ　B カ　(5) A エ　B イ　(6) A エ　B ウ

[10] Would you like another cup (glass) of coffee?

○配点○

[7]・[8] 各1点×12　他 各2点×44　計100点

＜英語解説＞

[1] リスニング問題解説省略。

重要 [2] **(長文読解・物語文：語句補充，語句解釈，熟語，内容吟味)**

(全訳)　私たちの家族が初めてアメリカで夕食に招待されたとき，私たちはセロリを食べながら恥ずかしい思いをした。私たちは中国からこの国に引っ越してきたが，①私たちがここに来た当初はアメリカのテーブルマナーに苦労した。

中国では，未調理の野菜を食べたことがなかったので，生のセロリは準備ができていない私たちを捕らえた。

私たちは隣人のグレソン一家から夕食に招待された。私たち4人家族がソファにぎこちなく座っていると，グレソン夫人が生のセロリでいっぱいのガラストレイを私たちに持ってきてくれた。私の母は緑色の茎の1つをつまみあげ，そして父は同じことをした。それから私は茎をつまみあげ，そして弟[兄]もそうした。セロリを注意深くチェックして噛んだ。よかった。それはただよいだけではなかった。②美味しかった。

唯一の問題があった：長い筋が茎の長さに通っていて，それが私の歯に引っかかった。中国に戻ると，台所で母を手伝うとき，私はいつも筋を抜いていた。

私は茎から筋を引き抜いた。ビュッ，ビュッ。弟[兄]も見て，同じことをした。ビュッ，ビュッ，ビュッ。私の左側では，両親が茎の処理をしていた。ビュッ，ビュッ，ビュッ。

突然，私はビュッという音を除いて完全な沈黙があることに気づいた。見上げると，③部屋にいるみんなの目が私たち家族に向けられていた。グレソン夫妻，娘のメグ，そして近所の人たちは，私たちが忙しくセロリから筋を引き抜くのを見ていた。

それで終わりではなかった。グレソン夫人は夕食が出されたといい，私たちをダイニングテーブルに招いた。料理の皿で覆われていたが，テーブルの周りに椅子は見えなかった。そこで，ダイニングチェアを何脚か持って座った。他のすべての客はただそこに立っていた。グレソン夫人がやって来て「リン夫妻，これはビュッフェスタイルの夕食です。④食べ物を自由に取って，リビングでそれを食べます」

私たちの家族はすぐにソファに戻った。その後，恥ずかしくてダイニングテーブルに戻れなかった。私はポテトサラダを少しずつお皿にのせて食べ始めた。

問1　early days「初期，間もない頃」という意味なので，中国からアメリカに引っ越してきたばかりの頃だとわかる。

問2　前の部分に，more than just good とあるので美味しかったのだとわかる。

問3　部屋にいるみんなは，私たち家族がセロリの筋を取っている様子を見ていたのである。

問4　help oneself to ~「～を自由に取って食べる」

問5　(1)「筆者の家族は，中国にいたときに恥ずかしい思いをした」 第1段落第1文参照。アメリカで恥ずかしい思いをしたので不適切。　(2)「筆者の家族は中国で1度も生野菜を食べたことがない」 第2段落参照。調理されていない野菜を中国で食べたことがないので適切。　(3)「筆者の両親はグレソン一家を家に招き，一緒に夕食を食べた」 第3段落第1文参照。グレソン一家に招かれたので不適切。　(4)「筆者の家族は皆セロリから筋を抜いてみた」 第5段落参照。それぞれがセロリの筋を抜いているので適切。　(5)「筆者の家族と他の客はダイニングテーブルに椅子を持ってきて，座って夕食を食べた」 第7段落第5文参照。他の客は皆立っていたので不適切。　(6)「グレソン夫人が筆者の家族にささやいた後，筆者はダイニングテーブルに戻れなかった」 第8段落第2文参照。恥ずかしすぎてダイニングテーブルに戻れなかったので適切。

重要　3　(長文読解・説明文：語句補充，指示語，要旨把握，内容吟味)

(全訳)　シンガポールでは，観光地や人々が住んでいる地域で，オレンジ色または黄色の自転車を目にする－あちこち，そしてほとんどどこでも目にする。

これらの自転車は自転車シェアリング会社に属している。3つの主要企業は，*oBike*, *Mobike*, *ofo*だ。これらの企業は，少なくとも12か国でシェア自転車を提供する。たとえば*ofo*は世界250以上の都市に1,000万台の自転車を持っている。*Mobike*が札幌でサービスを開始した。

シェア自転車を利用するには，会社のアプリをスマートフォンにダウンロードする必要がある。自転車を見つけたら，アプリを使用して，自転車の番号を入力するか，QRコードをスキャンしてロックを解除する。どこへでも乗ることができる。アプリを使用して乗車を終了し，使用した自転車をロックする必要がある。このアプリを使用して，すぐに使用できる自転車を探すこともできる。

多くの場合，ユーザーはシェア自転車の使用を開始するために，約50シンガポールドル(4,000円)の返金可能な保証金を支払う必要がある。各乗車の費用は会社によって異なる。15分で50セント(40円)，一日中乗って50セントかもしれない。一部の企業は，割引や週末の無料乗車を提供している。ユーザーが選択できるサービスはたくさんある。

これらのサービスは，従来の自転車シェアリングシステムとは異なる。たとえば，ユーザーはこれらの自転車を特定の場所に戻す必要はない。言い換えれば，ユーザーは次の利用者が使用するために好きな場所に残すことができる。これがどれほど便利か想像できるが，いくつかの悪い点があった。一部の自転車は奇妙な場所にたどり着く。あなたは歩道をふさいでいる多くの自転車を見てきた。さらに多くの自転車が太陽と雨の中で取り残されている。①要するに，自転車は一部の人にとっては非常に便利だが，他の人には向いていない。

企業は，②問題を解決しようとしたと言っている。歩道を塞いでいる自転車を取り除くことを約束した。

残念ながら，状況は改善されていない。自転車シェアリングサービスを開始してから1年以上が経ったが，歩道を歩こうとする人の邪魔になる場所にシェア自転車が駐車されている。

国土交通省職員は現在，自転車が正しい場所に駐車されていることを確認するために「*ジオフェンシング*」と呼ばれる新技術を導入するよう企業に求めている。ユーザーは，自転車を特定の場所に戻さないと，ポイントを失う可能性がある。すべてのポイントを失うと，シェア自転車を使用できなくなる。

たぶん，誰もが，例えば，人々をブロックしている自転車を動かすのを手伝うことによって，自分の地域での自転車シェアリングの改善にも役割を果たすことができる。

問1　第5段落参照。自転車を特定の場所に戻す必要がない点が従来のものと異なっている。

問2　in short 「要するに」

問3　問題点については，前の段落に書かれている「自転車が歩道をふさいでいる」点である。

問4　(1) 「もしシンガポールでオレンジや黄色の自転車を見たら，全ての自転車は1つの会社のものである」 第2段落参照。シェア自転車は複数の会社が行なっているので不適切。 (2) 「*ofo* は250以上の都市で1000万台のシェア自転車があり，*Mobike* は日本にシェア自転車を持っている」 第2段落参照。*ofo* は250以上の都市で1000万台のシェア自転車があり，*Mobike* は札幌でサービスを始めたので適切。 (3) 「もしシェア自転車に乗りたい場合は，スマートフォンに自転車の番号を入力する」第3段落第2文参照。ロックを解除するために自転車の番号を入力するので適切。 (4) 「1日中シェア自転車を使い始めるために，全てのユーザーは50シンガポールドルを支払わなければならない」 第4段落第2文参照。費用は企業によって異なるので不適切。 (5) 「*ジオフェンシング*のシステム下では，シェア自転車は特別にマークされた場所に駐車されなければならない」 第8段落参照。*ジオフェンシング*のシステムでは，特定の場所に戻さなければならないため適切。

4 (長文読解問題・説明文：要旨把握)

(全訳) 【記事】アンドリュー・カーネギーは1835年にスコットランドで生まれた。彼は貧しい家庭の出身だ。13歳のとき，家族はアメリカに引っ越した。彼らはより良い生活を望んでいた。

カーネギー家はペンシルベニア州ピッツバーグに住んでいた。アンドリューはすぐに働き始めた。彼は工場で仕事を得た。良い労働者だったが，その仕事が好きではなかった。その後、彼は転職した。ペンシルベニア鉄道会社で働いていた。そこにいる誰もがアンドリューが好きだった。彼は多くの異なる仕事をした。彼の給料は毎年高くなった。

余暇には，アンドリューは読書をすることが大好きだった。ジェームズ・アンダーソン大佐の近くに住んでいた。アンダーソン大佐は多くの本を持った金持ちだった。彼は若い男の子に彼の図書館を無料で使わせた。当時，アメリカには無料の公共図書館がなかった。アンドリューはできるだけ多くを読んだ。彼は生涯を通じて読書をした。読書が非常に重要であるといつも考えていた。

アンドリューは会社で多くのことを学んだ。彼は鉄道が大国にとって非常に重要であることに気づいた。彼は鉄道事業を始めるという考えを持っていた。すべてのお金を節約し，事業を開始した。30歳だった。

最初に彼の会社は鉄道のための橋を作った。それはキーストーンブリッジカンパニーと呼ばれていた。10年後，彼らは彼の会社で鉄を作り始めた。カーネギースチールカンパニーはアメリカ最大の会社になった。彼らは橋，機械，その他多くのもののために鉄を作った。人々はカーネギーを「鉄鋼王」と呼んだ。彼は世界で最も裕福な男だった。

カーネギーはお金を稼ぐのが好きだった。しかし，彼は他の人々を助けることが非常に重要であると信じていた。1901年，彼は会社を4億8000万ドルで売却した。彼は全米に新しい図書館や大学を作るためにお金を配り始めた。彼は2811の図書館を建設した。カーネギーはまた，平和のために働いた人々にたくさんのお金を与えた。1903年に彼はオランダに平和宮殿を建設するために150万ドルを与えた。

アンドリュー・カーネギーは1919年に亡くなった。彼は84歳だった。人生の間に，彼はお金のほとんどすべてを配った。彼は教育と平和のために3億5000万ドル以上を寄付した。アンドリュー・カーネギーにちなんで名付けられた大学，図書館，病院，公園がある。彼は世界中の何百万人もの人々が勉強し，学ぶのを助けてきた。

問1　①　第2段落第2文参照。「すぐに働き始めた」とある。　②　第5段落第3文参照。「鉄を作り始めた」とある。　③　第6段落第3文参照。1901年に「会社を売却した」とある。

問2　(1)　第3段落第1文参照。アンドリューは読書が大好きであった。　(2)　第6段落第2文参照。アンドリューは他の人々を助けるために図書館や大学を作るためのお金を与えた。

基本 5 （会話文）

（全訳） Fred : Naoto，幸せそうだね。

Naoto: うん。魚や海の動物を見るのが好きなんだ！　Fred，君も好き？

Fred: うん。ここには本当に素敵なイルカショーがあると聞いたんだ。僕のホストマザーは昨日僕にそう言っていたよ。今日は見たいな。君も見たいかな？

Naoto: もちろん！　でも，この水族館では，一日に二回しか見ることができないよ。今は午前11時だね。最初はすでに終わっているよ。2回目は①午後に始まるから，午後1時にショーを見に行こうよ。

Fred: わかった。②どうすればそこにたどり着くことができるの？

Naoto: 地図を見てみよう。メインストリートに沿って歩き，2番目の角を右折する必要があるね。次に，2番目の角で右折する必要があるよ。③左側に見えるようだね。

Fred: なるほど。さて，入場料はいくら？　100円かな？

Naoto: いえ，200円だよ。僕たちのクラスの生徒は30人④未満だよ。

Fred: わかったよ。さあ，入ろう。

問1　2回目のイルカショーは午後1時なので，in the afternoon 「午後」が適切。

問2　この後で地図を見ながら，場所を確認していることから判断できる。

問3　イルカショーは，メインストリートに沿って歩き，2番目の角を右折し，次に，2番目の角で右折すると「左側」にある。

問4　入場料が200円なので，人数が1～29人だとわかる。less than ～「～未満」

6 (会話文)

Tanaka: こんにちは。学園祭の帽子を注文できるかどうか疑問に思っています。オリジナルの帽子を作りたいのですが。

Wang: わかりました。値段はサイズによって異なります。例えば，Sサイズの最低注文数は10個で，20,000円になります。

Tanaka: 10個未満では注文できますか？

Wang: もちろんできますが，値段は変わりません。

Tanaka: わかりました。

Wang: さて，私たちの価格システムについてもう少しお話ししましょう。10個を超えて注文する場合は，5個増やして9,000円で注文できます。

Tanaka: つまり，Sサイズの帽子を15個注文すると，29,000円になりますよね？

Wang: その通りです。Mサイズを注文する場合は，最初の10個で21,000円となります。Lサイズの場合，最初の10個は22,000円になります。ご覧のとおり，最初の10個の帽子の価格はサイズによって異なりますが，それ以降の価格システムはSサイズと同じになります。

Tanaka: わかりました。情報をありがとうございます。

① Mサイズは最初の10個が21,000円で，それ以降5個につき9,000円かかるので，21,000＋9,000＋9,000＋9,000＝48,000円

② Lサイズは最初の10個が22,000円である。

基本 **7** (単語)

(1) <pass ＋人＋物>「人に物を渡す」

(2) climb to the top 「頂上まで登る」

(3) kicking a ball から soccer だと判断できる。

8 (語句補充問題：現在完了，不定詞，受動態，分詞，接続詞)

(1) <Have ＋主語＋過去分詞>で現在完了の文になる。

(2) <tell ＋人＋物>「人に物を言う(教える)」

(3) How long で期間を尋ねる文になる。

(4) <It is impossible for 人 to～>「人が～することは不可能だ」

(5) be pleased with ～ 「～に喜ぶ」

(6) how to ～ 「～の仕方，方法」

(7) water は数えられない名詞であるため，「少しある」と表現するときには a little を用いる。

(8) taking pictures over there は前の名詞を修飾する分詞の形容詞的用法である。

(9) <so ~ that 主語 can't…>「とても～なので…できない」

重要 **9** (語句整序問題：動名詞，関係代名詞，間接疑問文，接続詞，仮定法，接続詞)

(1) Taking care of the dog is hard work (for me.) taking care of the dog は動名詞で，英文の主語になっている。

(2) (The song) which Mike was singing is my favorite (song.) which Mike was singing は前の名詞を修飾する目的格の関係代名詞である。

(3) This book will show you how people (in the U.K. lived 100 years ago.) 間接疑問文は<how 主語＋動詞>の語順になる。

(4) (I) know that studying English is important because (it is used around the world.) <I know that 主語＋動詞>「～ということを知っている」

(5) I wish Ken could stay longer (here.) <I wish 主語＋過去形～>「～ならいいのに」という仮定法の文になる。

(6) (Don't) forget to buy cheese before you come (home.) forget to ～「～することを忘れる」

やや難 10 **(和文英訳)**

「～をいかがですか」とものを勧める場合には Would you like ～？を用いる。また，「もう一杯の～」は another cup of ～ という表現にする。

★ワンポイントアドバイス★

読解量，問題数ともに非常に多くなっている。問題自体は基本的なものが多いため，過去問や問題集を用いて，素早く解けるように練習をしたい。

<国語解答>

一 問一 1 おせん　2 ひよく　3 ゆくえ　4 さげす(む)　5 すた(れる)
問二 1 柔軟　2 薄氷　3 壁画　4 炊(く)　5 伺(う)

二 問一 儒教にとっ　問二 イ　問三 ア　問四 ア　問五 エ　問六 イ
問七 エ　問八 ウ　問九 ⑱　問十 ア

三 問一 つまるとこ　問二 ウ　問三 エ　問四 イ　問五 ウ　問六 ア
問七 (1) 質の悪い巣が選ばれる　(2) イ　問八 同調　問九 エ

四 問一 1 ア　4 ウ　7 イ　問二 2 イ　6 ウ　問三 ひらきつかいて
問四 エ　問五 ア　問六 ウ　問七 エ

○配点○

一 各1点×10　二～四 各3点×30　計100点

<国語解説>

一 **(漢字の読み書き)**

問一 1「汚染」とは混入物が自然環境に入って，良くない変化を引き起こす原因となること。 2「肥沃」とは土地が肥えていて，農作物がよくできること。 3「行方をくらます」とは，ある場所から姿を消して逃げること。 4「蔑む」とは，他人を自分より能力・人格の劣るもの，価値の低いものとみなすこと。 5「廃れる」とは，盛んだったものが衰えること。

問二 1「柔軟」とはやわらかく，しなやかなさま。 2「薄氷を踏む」とは，極めて危険なことに臨むこと。 3「壁画」とは，建築物や洞窟の壁・天井などに描かれた絵画。 4「炊く」とは，煮て食べられるようにすること。 5「伺う」とは，聞く・尋ねる・訪問するなどの謙譲語。

二 **(論説文－内容吟味，接続語の問題，脱語補充，文脈把握，文章構成，文学史)**

問一 ②段落で，儒教の教えと老荘思想を比較した後，③段落で「儒教にとって，教育とは，自然のままの動物的状態から脱して，人間の作った文化を享受できる社会性がある状態に変えることを意味した。」と，儒教における「教育」について述べている。

問二　「讃歌」とは，ほめたたえる気持ちを表す歌である。この文章内で，歌はないが，②段落で，「『老子』では，とりわけ嬰児の無邪気さを最高の善とした」と，嬰児の素直で悪気のなさを最高の善として，ほめたたえている。

問三　傍線部の後に，中国の地方では血縁者による共同体が自治機能を果たしており，それらの人たちが最も重要視したのは慣習だったとある。よって，「慣習としての礼について学習することが，中国の子どもにとって，なによりも大切なことだった」とされる。

問四　空欄の前で，中国の地方における道徳重視を述べ，空欄の後では道徳教育が儒教の教育観で大きな位置を占めていた，と前述の事柄を受けて，後に続けていることから「さて」が適当。

問五　インドのカースト制では，掃除ができる身分が決まっているように，身分と職種が一体化されている。

問六　⑫段落で，儒教では古典を暗誦することが重視されており，また「古典という聖人のことばを理解し祖述することが大切なのであって，個性を現わし新奇なことを創作するのは邪道であった」としている。

問七　⑭段落で，儒教では大衆教育である「読み書き・そろばん」の徹底によって，実学を身につけることが大衆の幸せであったと，筆者は主張している。

問八　⑯段落で，朱子学の学問の方法は，「因果律的(自然科学的)」なものであったとしている。それは聖人になる過程において，知識段階では「論理的に因果律的に順を追って窮めてゆくということ」としている。

重要　問九　脱文の中に，「段階的・因果律的推論を朱子は」とあることから，朱子学が述べられている⑯～⑲段落に絞られ，またその内容を説明しているのは⑰・⑱段落であろう。そして「窮理」と朱子学の中で重要な概念であり「理」を窮めるという内容から，「窮める」ことが述べられている，⑰段落の後，⑱段落の前に入れるのが適当。

問十　儒教とは，孔子の教説を中心として成立した儒家の実践的倫理思想とその教学の総称。

三　(論説文－内容吟味，脱文・脱語補充，接続語の問題，文脈把握，大意)

問一　傍線部の後に，「つまるところ，集団意思決定とは，個々のメンバーの意思(『餌場Aに移動したい』，『この巣からそろそろ別の場所に引越したい』などの意思)を，群れ全体の行動選択にまとめあげる集約の仕組みに過ぎません。」と集団意思決定とは何かについて説明している。

問二　空欄の後に，「しかし，仕組みの細部におけるいくつかの違い」とあることから，「細部」とは逆の意味を持つ言葉を入れるのが適当。「巨視的」とは，事物を全体的に観察すること。

問三　傍線部の後に，「私たちが会社の移転先を検討する場合，いくつもの候補を調べて比較したうえで，自分が最適と思う選択肢への支持を表明するでしょう。しかし，個々のミツバチが探索のために訪れる候補地は，ほとんどの場合にせいぜい一つか二つです。いくつもの巣の候補地を訪れ，比較したうえで自分が最適と考える候補地を選んで宣伝しているわけではないのです」と人間とミツバチによる，集団意思決定の細部の違いについて述べている。

問四　傍線部の前に，8の字ダンスの「長さと熱心さは，見つけた巣の候補地をそのハチがどの程度良いと知覚したかを反映しています。候補地の質が良いほど，ミツバチのダンスは長く熱心なものになります」と示し，ミツバチの習性を説明している。

問五　空欄の前に，ミツバチは小さい脳しか持っていないとあり，空欄の後には，ミツバチが集団意思決定において，客観的に最も良い巣を高確率で選定できるとあることから，逆接の接続語が入る。

問六　空欄の後に，他の人の評判につられて，流行が作られることを例に挙げ，個人の評価が他者によって作られることがあるとしている。

重要　問七　(1)　傍線部の前に，「ミツバチのコロニーでも同様の雪だるま現象が発生し，質の悪い巣が選ばれる可能性がありそうです」と，ミツバチによる誤った情報伝達によって，引き起こされる悪い結果を述べている。　(2)　集合知が生じるための条件の一つとして，ほかのハチたちの影響を受けずに『完全に独立に行われる』ということがあるとする。つまり，他のハチによって宣伝された巣の候補地であっても，それに対する評価は「自分の目だけを信じて行う」のである。

問八　巣に残ったハチは，新たな巣の候補地を見てきたハチの8の字ダンスに「同調」することによって，その新たな巣に訪問しやすくなるのである。

重要　問九　集団意思決定はヒトが話す言語だけで行う仕組みではなく，動物種においても「身体姿勢や運動のパターン，発声の仕方など」でも可能であると筆者は主張している。

四　(古文－語句の意味，文脈把握，仮名遣い，内容吟味，脱語補充)

〈口語訳〉　昔，西八条辺りに舎人の老人が住んでいたが，賀茂祭の日，一条東洞院の辺りに，

「ここは老人(私)が見物する予定の場所である。

他の人は，(ここへ)寄ってはならない」

という立て札を，早朝から立てておいたので，人々は，その老人の仕業とは知らず，「陽成院が，(祭りを)見物なさろうとしてお立てになったのであろう」と思って，人々が(そこには)寄らずにいる内に，祭りの行列の時間になって，この老人が，うすい藍色の服を着た。扇を開いてあおぎながら，うまくいったという様子で，見物していた。人々は，目を奪われてしまった。

陽成院が，このことをお聞きになって，例の老人を召して，院の役人に(事情を)お訊かせになった所，「(私は)歳も八十になりまして，(今さら)見物しようなどという気持ちは，さらさらございませんが，今年，孫であります男が，内蔵寮の小使として，祭を(行列の一員として)通りますのが，あまりにも見たくなりまして，ただ見物しようとしましても，人々に踏み殺されそうだと思いまして，安心して見物したいがために，札を立てました。ただし，陽成院が御覧になるということは，全く書いておりません」と申しあげたので，(陽成院は)「そういうこともあるであろう」と，御処分もなく，お許しになった。

これは，大胆な所業ではあるが，(翁が)いじらしく準備してやってのけたことは，面白いことだ。

問一　1「べから」は命令の助動詞「べし」の未然形，また「ず」は打消の助動詞「ず」の終止形。　4「気色」とは，様子，表情，兆候，機嫌，意向を表す。　7「やすく」はク活用形容詞「安し」の連用形で，平穏だ，気軽だという意味。

問二　2　老人の仕業と知らなかったのは，人々である。　6　老人を召して，院の役人に問わせたのは，後陽院である。

問三　語頭以外の「は・ひ・ふ・へ・ほ」は，「ワ・イ・ウ・エ・オ」となる。

問四　立て札をたてて席を確保していた老人は，祭りの行列の時間になって，うすい藍色の服を着て，扇を開いてあおぎながら，見物していたということを聞いたのである。

重要　問五　今年，孫が内蔵寮の小使として，祭の行列の一員で通るのを見たいと思ったのであり，「昔から」ではないのでアが誤り。

問六　「肝太し」とは，度胸があり堂々としている，勇気があるという意味。また「わざ」とは，行い，ことの次第，技術を表す。

問七　「こそ」は係助詞であり，文の末尾を已然形とする。よって，「をかし」の已然形である「をかしけれ」が適当。

★ワンポイントアドバイス★

普段から新聞や新書などで論理的文章に読み慣れておくことがポイントだ。古文は基本的な語句や文法をきちんと確認しておこう！

2022年度

★★★★★★★★★★★★★★★★★★★★★★★★★

入　試　問　題

2022
年
度

2022年度

横浜翠陵高等学校入試問題

【数　学】（50分）〈満点：100点〉

1　次の各問いに答えなさい。

問1． $-(-3)^2\times(-2)+(-2^3)$ を計算しなさい。

問2． $64^2+2\times64\times36+36^2$ を計算しなさい。

問3． $(\sqrt{5}+\sqrt{3})(\sqrt{5}-\sqrt{3})-\dfrac{10}{\sqrt{2}}+\sqrt{40}\times\sqrt{5}$ を計算しなさい。

問4． $a=-\dfrac{1}{2}$，$b=4$ のとき，$(-4ab)^2\div\left(-\dfrac{8}{3}a^2b^3\right)\times\dfrac{2}{3}a^3b^2$ の値を求めなさい。

問5． 連立方程式 $\begin{cases}\dfrac{4x-5}{3}-\dfrac{2x+3}{2}=-\dfrac{7}{6}y\\ 0.2x+1.3y=3.7\end{cases}$ を解きなさい。

問6． 2次方程式 $x^2-7x+7=0$ を解きなさい。

2　次の各問いに答えなさい。

問1． $\sqrt{504n}$ が自然数となるような最小の自然数 n の値を求めなさい。

問2． 関数 $y=-2x^2$ について，x の変域が $-3\leqq x\leqq 2$ のとき，y の変域を求めなさい。

問3． 大小2つのさいころを同時に投げるとき，出た目の数の積が12の倍数となる確率を求めなさい。

問4． x の2次方程式 $x^2-ax+6a=0$ の解の1つが3であるとき，もう1つの解を求めなさい。

問5． 次の図において，点Oは半円の中心である。$\angle x$ の大きさを求めなさい。

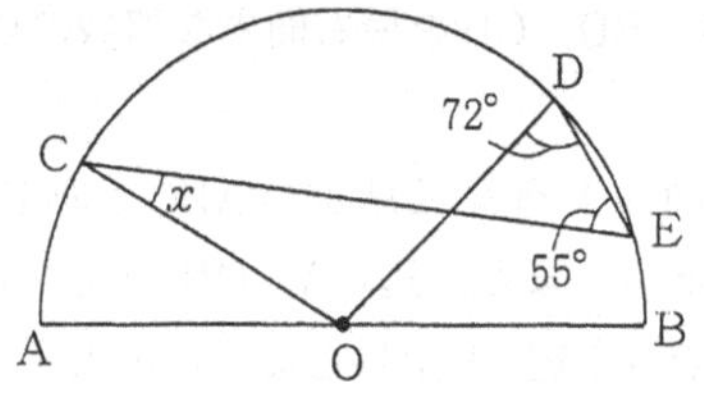

3 図のように放物線 $y=ax^2$ 上に3点A，B，Cがあり，点Bの座標は(3，3)，点A，点Cの x 座標はそれぞれ－6，9である。直線ABと x 軸との交点をD，直線ACと x 軸との交点をEとする。このとき，次の各問いに答えなさい。

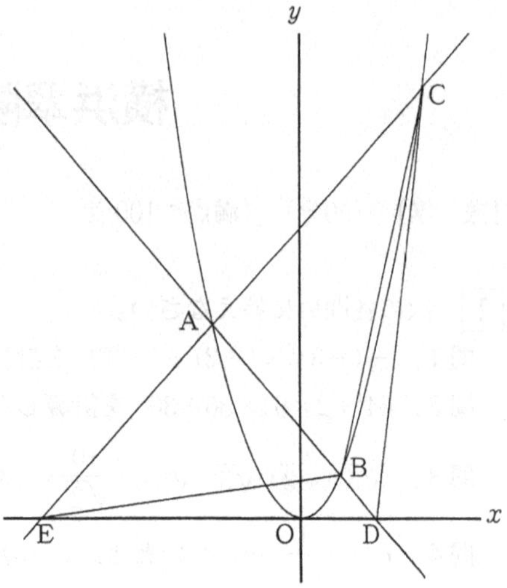

問1． a の値を求めなさい。

問2． 直線ABの方程式を求めなさい。

問3． △ABEと△BCDの面積の比を最も簡単な整数の比で表しなさい。

4 図のように，AB＝2，∠ABC＝60°の平行四辺形ABCDにおいて，辺BC上に∠BAE＝90°となるような点Eをとると EC＝5となる。また，辺AD上にAF：FD＝2：1となるような点Fをとり，対角線BDとAE，FCとの交点をそれぞれG，Hとする。このとき，次の各問いに答えなさい。

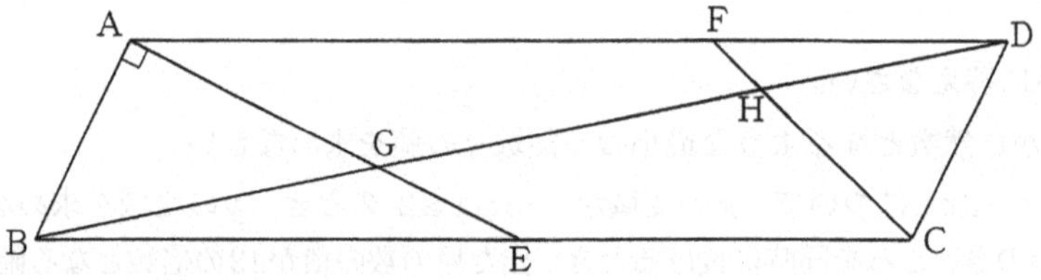

問1． BEの長さを求めなさい。

問2． BG：GDを最も簡単な整数の比で表しなさい。

問3． BD：GHを最も簡単な整数の比で表しなさい。

5 図のような三角錐O-ABCがあり，∠OAB＝∠OAC＝∠CAB＝90°，OA＝5，AB＝3，BC＝4である。また，辺OA，OB，OCの中点をそれぞれ点D，E，Fとし，AG：GB＝1：9となるような点Gを辺AB上にとる。このとき，次の各問いに答えなさい。

問1． ACの長さを求めなさい。

問2． △DEFの面積を求めなさい。

問3． 3点E，F，Gを含む平面で三角錐O-ABCを切断したとき，頂点Aを含む方の立体の体積を求めなさい。

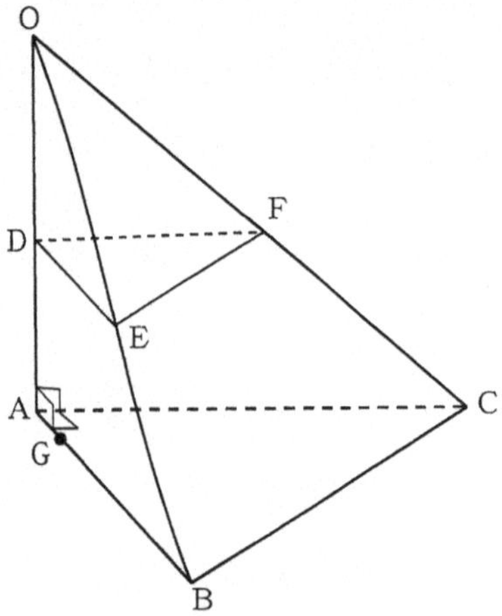

【英　語】（60分）〈満点：100点〉

1　〈リスニングテスト〉対話と応答を聞き，最も適切な応答を1，2，3の中からそれぞれ一つ選びなさい。答えは全て解答用紙に記入しなさい。対話と応答は二度，放送されます。はじめに例題を聞き，解答の書き方を確認しなさい。

例題解答	3

上のように解答欄には数字を書きなさい。

※リスニングテストの放送台本は非公表です。

2　はじめに〔SITUATION（状況）〕を読んで対話の背景を確認しなさい。続いてAndy（アンディ）とKazuki（和樹）の対話文を読んで，あとの問いに答えなさい。

〔SITUATION〕

Andy is an exchange student from the United States. He is staying with Kazuki's family in Yokohama. Kazuki's family has a pet dog, Taro. He's little and cute, and everyone in the family loves him. Andy has never had a pet before, but he likes dogs very much. He has wanted to have a pet for a long time, so he is happy to spend time with Taro.

Today Kazuki and Andy are going to visit Kazuki's grandmother. She lives far from Kazuki's house, so they are going to go by train. They are going to leave home soon.

Andy　：Kazuki, shall we take Taro?

Kazuki：Of course. Grandmother [　①　], so she'll be happy. Taro! (Taro comes up to Kazuki.) Get into this *cage. (Taro gets into the cage.) OK, good boy!

Andy　：Why did you do that?

Kazuki：On trains, we must carry our pets in cages. That's a rule.

Andy　：Really? In my country, we can get on trains with our pets. We don't have to carry them in cages. Our pet is a member of our family, right?

Kazuki：Of course, I think so, too. I love Taro, and he's a member of our family. But some people on trains *hate dogs. We should not forget about ②that.

Andy　：OK. I can understand that. Now, let's go, Kazuki and Taro!

（注）　*cage　（動物用の）かご　　*hate　～を嫌う

問1．[　①　]に当てはまるものを一つ選び，記号で答えなさい。

ア　likes cats better than dogs　　　イ　loves Taro

ウ　doesn't like Taro very much　　　エ　doesn't love dogs

問2．下線部②thatが示す内容として適切なもの一つ選び，記号で答えなさい。

ア　ペットをかごに入れる必要はないこと。

イ　電車の中には犬が嫌いな人もいること。

ウ　日本には日本の法律があること。

エ　ペットは家族の一員だということ。

問３．英文の内容と一致するものには○，一致しないものには×と答えなさい。
(1) アンディはアメリカで犬を飼っている。
(2) 和樹の祖母の家は，和樹の家の近くにある。
(3) アンディも和樹もペットは家族の一員だと思っている。
(4) 和樹は今回，タロウを祖母の家に連れていくのをやめた。

3 A，Bの資料と対話文をそれぞれ読んで，質問に対する答えとして最も適切なものを一つずつ選び，記号で答えなさい。

A

CLASS SCHEDULE

	Monday	Tuesday	Wednesday	Thursday	Friday
1	Social Studies	Japanese	English	Social Studies	Science
2	P.E.	Math	Math	Japanese	Social Studies
3	Japanese	Music	Science	Math	Math
4	Science	Science	P.E.	Music	Japanese
	LUNCH TIME				
5	English	Social Studies	Japanese	Home Economics	English
6	Music	English	Music	Home Economics	P.E.

(Risa and Paul are talking about their class schedule.)

Risa：This is the schedule for this week.

Paul：What is it like?

Risa：Well, [①] is the hardest day for me.

Paul：What do you mean?

Risa：We have Math, Science, and English in the morning. I'm not good at these three subjects.

Paul：I see. I'm looking forward to [②]. I like singing and social studies. Also, we can enjoy cooking.

問１．質問：Which is the best for the blanks, [①] and [②]?

ア [①]：Wednesday [②]：Monday
イ [①]：Wednesday [②]：Thursday
ウ [①]：Friday [②]：Monday
エ [①]：Friday [②]：Thursday

B

Map

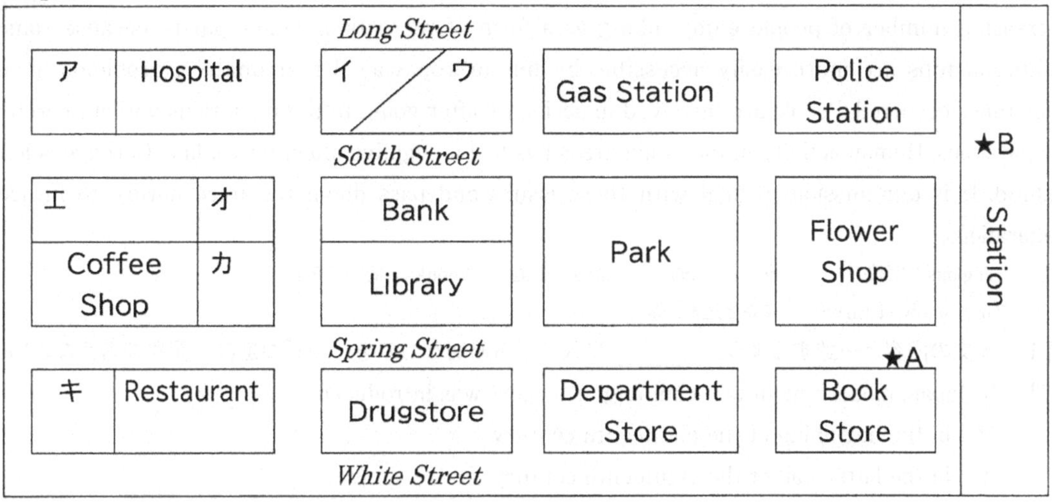

Dialog 1 (You are at the Book Store ★A.)

You : Excuse me. Where's the post office, please?

Clerk : Okay. Go straight along Spring Street. Turn right at the third corner. You can see a library and a bank. Turn left at the first corner. Walk along the street for about two minutes. Then the post office is on your right.

You : Thank you.

Dialog 2 (You are at the Station ★B.)

You : Excuse me. How can I get to the supermarket?

Station staff : Go straight on South Street and turn left at the second corner. Then turn right at the next corner. Walk two blocks, and you can see the supermarket on your left.

You : Thank you.

問2．質問：According to **Dialog 1**, where is the post office? Choose one from **ア** to **キ**.

問3．質問：According to **Dialog 2**, where is the supermarket? Choose one from **ア** to **キ**.

4 次の英文を読んで，あとの問いに答えなさい。

Many people now enjoy mountain climbing as a kind of sport. However, a long time ago, people hiked in the mountains for hunting, walked for *religious reasons, and marched in wars. It is said that hiking for the simple *purpose of enjoying nature started in Europe in the 14th century. They say that climbing Mount Blanc, the highest peak in Europe, opened a new era of modern mountain climbing in the latter half of the 18th century.

In Japan, mountain *paths were taken by *monks for religious practices; soldiers marched along them; miners used them when looking for minerals; and hunters walked the trails with guns looking for animals. From the 19th century, many people began to practice mountain climbing because it was thought to be holy, so a kind of religious group called *koh* climbed mountains such as Mt. Fuji and Mt. Ontake. Then, Westerners who came to Japan in the latter half of that century introduced the concept of modern mountain climbing as an enjoyable sport.

While some expert climbers want to reach the tops of extremely challenging mountains, an increasing number of people enjoy hiking as a form of recreation. That's partly because some mountain tops are more easily accessible by bus or ropeway. Unfortunately, problems have sometimes occurred. People are *involved in accidents after going to the mountains without careful preparations. Human activity in mountain areas has had a negative effect on wildlife. Garbage is left behind. It is our mission to deal with these issues and pass down the pure nature to future generations.

（注） *religious　宗教の　　*purpose　目的　　*paths　小道　　*monks　僧，修道士
　*(be) involved (in)～　～に巻き込まれる

問1．本文の内容と一致するよう，________に入る最も適切なものを一つずつ選び，記号で答えなさい。

(1) In Japan, modern mountain climbing as a sport was introduced ________.
　ア　in the beginning of the eighteenth century
　イ　in the latter half of the eighteenth century
　ウ　in the beginning of the nineteenth century
　エ　in the latter half of the nineteenth century

(2) Today, many people hike for fun because ________.
　ア　they can follow the guides called *koh*
　イ　they have easy access to hiking goods
　ウ　they can take a bus or use the ropeway to visit the tops of mountains easily
　エ　they don't need to prepare for the climbing thanks to the experts

(3) As the number of people who climb mountains increases, ________.
　ア　environmental problems happen
　イ　there are more wild plants and animals
　ウ　the pure nature will be protected only by climbing experts
　エ　mountain climbing skills are passed down to future generations

問2．本文の内容と一致するものを二つ選び，記号で答えなさい。
　ア　Mountain climbing started as a fun sport.
　イ　People in Europe began hiking for enjoyment in the 14th century.
　ウ　There were some special paths only for miners.
　エ　Mountain climbing can be dangerous if people don't prepare for it carefully.
　オ　The reasons for mountain climbing have not changed throughout history.

5　次の英文を読んで，あとの問いに答えなさい。

It is estimated that there are about 500,000 earthquakes around the world each year. Most are so mild that they are only recorded on scientific instruments. Only about 100,000 can be felt by humans. Of these, only about 19 a year cause serious damage. Scientists have been trying to predict when and where earthquakes will happen, but it is impossible to give an exact date of a future earthquake so far.

Earthquakes are the shaking and moving of the ground when energy is released in waves. These waves are called seismic waves. Seismic waves are a kind of *elastic wave produced by earthquakes or other causes. Ocean waves are also elastic waves but they move through water. Seismic waves, however, move through the ground.

Most earthquakes are caused by the movement of *plates. The place where two plates meet is called a *fault. Faults look like large cracks in the ground. [①] This is how earthquakes happen. ②Earthquakes can also be caused by other natural events or human activities.

The first movement of an earthquake, called the main shock, is often followed by smaller ground trembles, called aftershocks. Aftershocks can continue for days after the main shock.

When major earthquakes happen in an area with a large population, they can cause great destruction. As you can imagine, buildings collapse, roads crack, bridges fall down, and electrical and gas lines break and cause fires. If an earthquake happens in the ocean, it makes a series of huge ocean waves called a tsunami. The tsunami travels until it finally reaches land, and it causes large flooding.

On March 11, 2011, a magnitude-9 earthquake shook northeastern Japan, and it led to a terrible tsunami. More than 120,000 buildings were totally destroyed, 278,000 were partially damaged and 726,000 suffered a smaller amount of damage, the agency said. Tsunami *debris has continued to wash up on North American beaches years later.

The direct financial damage from the disaster is estimated to be about 199 billion dollars (about 16.9 trillion yen), according to the Japanese government. The total economic cost could reach up to 235 billion dollars, the World Bank estimated. It is the *costliest natural disaster in world history.

Scientists continue to study the historical patterns of earthquakes and monitor the movement of the plates. Although they know more about earthquakes now than they did before, they still can't (③) when one might occur.

(注) *elastic wave 弾性波　*plate プレート(地殻を構成する硬い岩石の層)　*fault 断層
*debris がれき　*costliest もっとも被害額が高い

問１．[①]に入る三つの英文を正しく並べかえなさい。

ア If the two plates move in different directions, they build up energy on the fault line.

イ As a result, energy is released in waves and the ground starts to shake.

ウ When enough energy builds up, the stress on the fault line becomes too great and then it slips.

問２．下線部②にあるhuman activitiesの例として最も適切なものを一つ選び，記号で答えなさい。

ア landslide　イ nuclear testing　ウ typhoon　エ ocean waves

問３．(③)に入る最も適切な一語を，英文中から抜き出して答えなさい。

問４．本文の内容と一致しないものを二つ選び，記号で答えなさい。

ア Humans sense about one fifth of the earthquakes that happen every year.

イ Both seismic waves and ocean waves can be caused by an earthquake.

ウ Main shocks follow aftershocks and cause the ground to tremble.

エ The tsunami caused by the 2011 earthquake even damaged houses in North America.

オ The earthquake which hit northeastern Japan on March 11, 2011 had a big impact on the Japanese economy.

6 次の英文を読んで，あとの問いに答えなさい。

Many years ago, we lived in a village that had a dry season every year. One year, we did not see rain for a month. The crops were dying. The cows stopped giving milk. The rivers and streams all dried up. Some local farmers would soon lose their farms before the dry season was over.

One day, I was making lunch in the kitchen while my six-year-old son, Billy, was walking toward the woods. He wasn't walking with the usual easy steps of a small child but with a serious *purpose. I could only see his back. He was walking with great effort and trying to be as quiet as possible.

Minutes after he disappeared into the woods, he came running back toward the house. I went back to making lunch and thought that he had finished what he was doing. But soon he was again walking in that slow, careful way toward the woods. ①<u>This</u> continued for a while.

I went out of the house and quietly followed him. I was very careful [②]. He had both hands cupped in front of him as he walked and was being very careful [③] what he held in his small hands. Tree branches hit his little face but he did not try to avoid them. Then I saw several large deer. They were standing in front of him. Billy walked right up to them. A huge male was very close. But the deer did not *threaten him; he didn't even move as Billy sat down. And I saw a baby deer on the ground, clearly thirsty and tired from the heat. It lifted its head to *lap up the water cupped in Billy's hands. When the water was gone, Billy jumped up and ran back to the house, to a water *faucet. Billy turned it on, and a small amount of water began to come out. He waited until the water filled up his cupped hands. And then I understood. The week before, he got in trouble for playing with water and we taught him about the importance of [④].

While holding the water in his hands, he somehow turned off the faucet by using his elbow. When he stood up and began the journey back, I was there in front of him. His little eyes filled with tears. "I'm not wasting," was all he said. I joined him with a pot of water from the kitchen. I let him take care of the baby deer. I stood at the edge of the woods and watched him ― he was working so hard [⑤].

As the tears that rolled down my face began to hit the ground, ⑥<u>they</u> were suddenly joined by other drops... and more drops... and more. Some people will probably say that this didn't mean anything, that miracles don't really happen, that it would rain sometime. And I can't argue with that... I'm not going to try. All I can say is that the rain that came that day saved our farm... just like the actions of one little boy saved another living thing.

（注） *purpose 目的　*threaten 怖がらせる　*lap up ぴちゃぴちゃと飲む　*faucet 蛇口

問1．下線部①<u>This</u>が示す内容として最も適切なものを一つ選び，記号で答えなさい。

ア 母親が昼食を作り始めるとビリーが森へ出かけていくこと。

イ ビリーが森と家を往復しながら昼食ができたか確認すること。

ウ　ビリーが慎重に森へ歩いていき，走って家に戻ること。

エ　母親が昼食を作る手を止めて，ビリーと話をすること。

問２．［　②　］，［　③　］に当てはまる最も適切なものを一つずつ選び，記号で答えなさい。

ア　not to run away　　イ　not to drop

ウ　not to be seen　　エ　not to see

問３．［　④　］に当てはまる最も適切なものを一つ選び，記号で答えなさい。

ア　playing with friends　　イ　saving life

ウ　not wasting water　　エ　water for cooking

問４．［　⑤　］に当てはまる最も適切なものを一つ選び，記号で答えなさい。

ア　to help his mother　　イ　to save another life

ウ　to waste water　　エ　to play with deer

問５．下線部⑥they が示す内容として最も適切なものを一つ選び，記号で答えなさい。

ア　deer　　イ　Billy and his mother

ウ　tears　　エ　rain drops

問６．本文の内容と一致するものを次の中から二つ選び，記号で答えなさい。

ア　Because of the dry season, local farmers lost their farms every year.

イ　Billy was running so fast into the woods that his mother could not reach him.

ウ　Billy's mother found Billy playing with deer in the woods.

エ　Billy's mother was moved by her son's gentle heart, and it brought tears to her eyes.

オ　Billy saved a baby deer and then rain came down after one-month dry season.

7　次の（　　）に入る語句として最も適切なものを一つずつ選び，記号で答えなさい。

(1) The new museum in my town (　　) beautiful.

ア　hears　　イ　sees　　ウ　watches　　エ　looks

(2) They (　　) dinner when she arrived at the station.

ア　had　　イ　were having　　ウ　are eating　　エ　have eaten

(3) Our school (　　) thirty-five years ago.

ア　builds　　イ　was built　　ウ　has been built　　エ　was building

(4) "(　　) you show me the way to the post office?" − "Sure."

ア　Could　　イ　Should　　ウ　May　　エ　Shall

(5) He is one of the (　　) writers in Japan.

ア　most popular　　イ　best popular　　ウ　popularest　　エ　more popular

(6) I'm looking forward (　　) from you.

ア　to hear　　イ　hearing　　ウ　to hearing　　エ　to be hearing

(7) "How (　　) do you use the Internet?" − "Every day."

ア　sometimes　　イ　always　　ウ　often　　エ　soon

(8) Start right now, (　　) you'll be late.

ア　or　　イ　and　　ウ　nor　　エ　but

8 次の英文が成り立つように，(　　)に入る適切な一語を答えなさい。ただし，(　　)内のアルファベットで始まる語で答えること。

(1) A：Have you ever been (a　　　)?
B：No, I've never been to any foreign countries. Have you?
A：Yes, I've been to Korea before.

(2) A：I'm reading an English book. Do you know the meaning of this word?
B：No, but I'll lend you my (d　　　).
A：Oh, that will help me a lot. Thank you.

(3) A：Mom, I only have fifty yen. Could you give me another fifty yen, please?
B：What are you going to do with the money?
A：I want to buy a notebook. It's one (h　　　) yen.

9 次の英文が完成するように，ア～カまでを並べ替えて(　　)の中に入れ，[A]と[B]に入る語(句)を記号で答えなさい。

(1) You (＿＿ [A] ＿＿ [B] ＿＿ ＿＿).
ア keep　　イ to　　ウ your
エ clean　　オ room　　カ have

(2) Some people should (＿＿ ＿＿ [A] ＿＿ [B] ＿＿).
ア smartphones　　イ and where　　ウ use
エ understand　　オ to　　カ when

(3) Don't (＿＿ ＿＿ [A] ＿＿ [B] ＿＿) before you get out of the room.
ア turn　　イ light　　ウ off
エ the　　オ forget　　カ to

(4) It's (＿＿ ＿＿ [A] ＿＿ [B] ＿＿).
ア too　　イ to　　ウ late
エ save　　オ not　　カ the planet

10 次の対話文中の下線部を英文になおしなさい。ただし，(　　)内で指示された語を必ず使い，8語で答えること。

対話
A：君は彼女とよく話すね。
B：実は，私たちは五年前からお互いを知ってるんだ。(known / for)

問五　［ ① ］に当てはまる言葉として最も適切なものを次の中から選び、記号で答えなさい。

ア　せ　　**イ**　す　　**ウ**　する　　**エ**　すれ

問六　傍線部8「思ひいでて」とあるが、その説明として最も適切なものを次の中から選び、記号で答えなさい。

ア　男が、かつての妻の存在の大切さを今になって身に染《し》みて感じているということ。

イ　男が、かつての妻に対する自分の身勝手なふるまいを悔やんでいるということ。

ウ　女あるじが、目の前にいる男こそが自分の昔の夫であると気づいたということ。

エ　女あるじが、昔の夫を忘れられないでいる自分を愚かに思っているということ。

問七　『伊勢物語』の主人公とされている人物を次の中から選び、記号で答えなさい。

ア　紀貫之《きのつらゆき》　　**イ**　鴨長明《かものちょうめい》

ウ　兼好法師《けんこうほうし》　　**エ**　在原業平《ありわらのなりひら》

四 **次の文章を読んで、後の問いに答えなさい。**

むかし、男ありけり。宮仕《みやづか》へいそがしく、心もまめならざりけるほどの家刀自《いへとうじ》(注1)、1まめに思はむといふ人につきて《ついていって、》、人の国へ《他国へ》2いにけり。この男、宇佐《うさ》(注2)の使《つかひ》にていきけるに《として行った時に、》、ある国の祇承《しぞう》(注3)の官人の妻《め》にてなむあると3聞きて、「女あるじに《当家の主婦に》4かはらけとらせよ《さかずきを捧《ささ》げさせよ。》。5さらずは飲まじ」といひければ、かはらけとりて6いだしたりけるに、さかな《酒のつま》りける橘《たちばな》をとりて、《みとしてだされた橘を手にとって、》

7さつき待つ花たちばなの香《か》をかげば《かぐと》むかしの人の《昔親しんだ人の》袖《そで》の香《か》ぞ

[①]

といひけるにぞ8思ひいでて、尼《あま》になりて山に入《い》りてぞありける。

〔『伊勢《い》物語』による〕

(注) 1 家刀自……妻のこと。
2 宇佐の使……朝廷から宇佐神宮に派遣された使い。
3 祇承の官人……接待雑事に当たる役人。

問一 傍線部1「まめに」、2「いにけり」、5「さらずは飲まじ」の この文章における意味として適切なものをそれぞれ後の選択肢の中から選び、記号で答えなさい。

1「まめに」

ア 親切に　**イ** 細やかに
ウ 穏やかに　**エ** 誠実に

2「いにけり」

ア 移住してしまった　**イ** 帰ってしまった
ウ 赴任してしまった　**エ** 逃げてしまった

5「さらずは飲まじ」

ア そうであるので酒を飲むだろう
イ そうではあるが酒を飲もう
ウ そうでなくては酒は飲むまい
エ そうでなくても酒を飲みなさい

問二 傍線部3「聞きて」、6「いだしたりけるに」の主語として適切なものをそれぞれ次の中から選び、記号で答えなさい。

ア 男　**イ** 帝　**ウ** 家刀自　**エ** 祇承の官人

問三 傍線部4「かはらけ」を現代仮名遣いに直して、平仮名で答えなさい。

問四 傍線部7「さつき」とあるが、その季節として最も適切なものを次の中から選び、記号で答えなさい。

ア 春　**イ** 夏　**ウ** 秋　**エ** 冬

問二　傍線部2「もはやただの人ではありません」とあるが、その説明として最も適切なものを次の中から選び、記号で答えなさい。

ア　神の力に頼るのではなく、自らの判断によって問題解決を図ろうとする個人であるということ。

イ　キリスト教という絶対的価値観に対して、異を唱える勇気を持つ個人であるということ。

ウ　教会という枠組みを壊して、新たな宗教を興《おこ》す自由を有する個人であるということ。

エ　武力を行使して国家の過ちを正し、自分たちの信条を守ろうとする個人であるということ。

問三　［Ｉ］に当てはまる言葉として最も適切なものを次の中から選び、記号で答えなさい。

ア　主観的　**イ**　普遍的　**ウ**　感情的　**エ**　合理的

問四　傍線部3「国家」とあるが、これを言い換えている部分を本文中から三十字以内で抜き出し、最初と最後の五字を答えなさい。

問五　［Ａ］・［Ｂ］に当てはまる言葉として適切なものをそれぞれ次の中から選び、記号で答えなさい。

ア　ところで　**イ**　あるいは　**ウ**　すなわち
エ　たとえば　**オ**　けれども

問六　傍線部4「国家と社会が分離して観念されるようになりました」とあるが、その理由として最も適切なものを次の中から選び、記号で答えなさい。

ア　私的自治の促進を目指す近代国家の在り方と、社会全体の平等を前提とする資本主義の確立は相反するものであるため。

イ　公的課題に対処していく近代国家の中で、個人の自由と意思を基盤とする資本主義社会の発展を実現させるため。

ウ　契約による統治で成り立つ近代国家において、契約ゆえに搾取される労働者が発生する市民社会は認定できないため。

エ　三権分立を旨《むね》とする近代国家のもとに、資本主義社会によって過剰な権力を握る一定の市民を処罰するため。

問七　傍線部5「外的な事項」とあるが、その具体例として**適切でないもの**を次の中から一つ選び、記号で答えなさい。

ア　公共施設のデザインを特定の建築家に委託すること。

イ　定められた法律に基づいて市民を裁くこと。

ウ　市民にとって害悪となる内容を刊行物から削除すること。

エ　外国と戦争を行う際に強制的な徴兵を行うこと。

問八　傍線部6「その機能」とあるが、何の機能か。本文中から五字以内で抜き出して答えなさい。

問九　次の文章は本文中のどこかに入る。これが入る直後の段落を本文中の段落番号（①～⑲）で答えなさい。

> 法人格とは権利義務の主体となり得る地位のことです。権利能力ともいいます。われわれの社会では自然人と法人以外は法人格を持ちません。犬や猫などの動物には法人格がないというほうが、わかりやすいかもしれません。

由な契約を通して搾取《さくしゅ》されて貧富の差が拡大していくことになります。このように資本主義の発展のためには、社会の国家からの分離・自立がどうしても必要でした。そして、このことは公法（行政法）と私法（民法）という原理の異なる法体系が形成されていくことを意味します。

⑮　第四に、国家の役割には多くの限界があります。何よりも主権者たる個人の内面に立ち入ることはできません。国家が個人に対して、こういう思想をもてとか、どういう表現をしてはいけないとか、どの宗教を信じろ、などと命令することなど原理的にできないのです。主権者の国家を作る契約の中に、そんな事項はもともと含まれていません。国家の役割は5外的な事項に限られます。いってみればお医者さんと同じで、社会に生起する病理現象を適切に処置することに尽きるのです。あくまでも国民のニーズを基礎に公共政策の実施によって問題を解決するものでなければなりません。

⑯　公共政策は具体的には法律を通しておこなわれますが、法律は「一般意思の表明」とされ、議会中心の統治体制がとられました。その結果、行政の権限は法律の執行に限定され、国家と私人間の紛争については、行政裁判所によって「法律適合性の原理」が確立されるのです。

⑰　アメリカや日本では裁判所が違憲法令審査権をもちますので、法律が憲法に違反する場合、裁判所はこれを違憲無効と判示します。他方、フランスでは《法律の至高性》という観念の下に議会中心の三権分立制がとられてきたので、裁判所に違憲審査権はありませんでした。しかし、第五共和制憲法で憲法院が設けられ法律の憲法適合性を審査することができるようになりました。近時は判例によってますます6その機能が高められています。

⑱　このように、フランス革命によって、個人の尊厳を起点にして社会が構成され、国家は社会に奉仕することによって究極的には個人の人権を護るという原理が形成されたのでした。すなわち、《個人の尊厳⇒社会の自律⇒国家の補完》という図式が、近代国家の原型ということになります。

⑲　三権分立によって立法と行政は分化され、行政の任務は法律の執行に限定され、行政処分により国家と私人との間に法律状態ではなく、法律関係が成立することになるのです。

（注）１　嚆矢……物事の初め。最初。
２　直截……まわりくどくなく、きっぱりしていること。

［大浜啓吉『「法の支配」とは何か　行政法入門』（岩波書店）による］

問一　傍線部1「フランス革命の凄さ」とあるが、その内容として最も適切なものを次の中から選び、記号で答えなさい。

ア　個人が国家の統制する身分や土地の束縛から自由になる権利を獲得したこと。
イ　個人の自由な考えが認められて円滑に商業を行える仕組みが構築されたこと。
ウ　国家によって個人の尊厳が擁護されるという原理が形成されたこと。
エ　社会問題を契約によって解決するという資本主義社会を形成したこと。

に、社会の中心的存在として成長していくことになります。

⑦　では、国家とは何なのでしょうか。われわれ人間は社会の中で生きていくほかない存在ですが、社会には私的自治では解決できない社会構成員の全員に共通する公共的な問題があります。個人の自由が保障された結果、私人間の法律関係はすべからく個人の意思に基づくことになりました。これを私的自治といいます。資本主義社会の核心である自由な商品交換は、私的自治によって支えられているのです。

⑧　社会の秩序の維持や外敵の侵入を防ぐことのほか、灌漑《かんがい》用水を作ったり、生活のインフラにかかわる道路の整備、ゴミの処理、上下水道、公園の整備、港の管理等をしたりすることは個人間の契約でおこなうには適しません。また人間社会には紛争がつきものですが、これを裁くための裁判機関も必要でしょう。これらを処理するための機構がどうしても必要です。それが国家なのです。つまり国家とは社会を健全に機能させるために作られた人為的機構であり装置なのです。

⑨　問題は国家をどのようにして作るのかですが、ホッブス（一五八八～一六七九年）、ロック（一六三二～一七〇四年）、ルソー（一七一二～七八年）らの啓蒙《もう》思想家は、国家を社会契約によって説明しました。契約の目的は自然状態の無秩序を克服するため（ホッブス）、多数決で選出した立法機関に統治を委託するため（ロック）、あるいは人民の意思（一般意思）を法として制定するため（ルソー）と違いはありますが、人々の契約によって国家を作るという点では一致しています。

⑩　その契約の主体が市民です。国家成立後、市民には国家構成員（公民）としての地位と役割が与えられることになります。

⑪　［ A ］、近代国家は理性をもった「人」＝「市民」が自らの尊厳（人権）を護るために主権者となり、議会に代表者を送って公共政策（法律）を作り、行政に法律を執行させ、仮に市民社会内部の紛争および国家と社会（私人）との間の紛争が起こったときは、裁判所がこれを裁断するという機構なのです。作用ごとに権力を分立させたのも、その目的が人権保障にあるからに他なりません。

⑫　第三に、4国家と社会が分離して観念されるようになりました。より(注2)直截《ちょくさい》にいえば、国家の中から社会をつかみ出すための概念が「人（homme）」だったのです。「人」の概念は、市民社会における自立した個々人を示すものです。フランス人権宣言は「人は、自由かつ権利において平等なものとして出生し、かつ生存する」と規定していますが、この原理は、そのまま市民社会の基本法である民法典に、《法人格の平等》と《所有および契約の自由》として取り入れられています。

⑬　人は労働によって得た財貨の所有が認められ、商品所有者は平等な立場で自由に契約を結ぶことができ、生産、流通過程を通して富を増やすことができるのです。

⑭　［ B ］、市民社会と資本主義社会とは、表裏一体の関係にあります。資本主義の発展とともに私法は壮大な体系に発展していきます。「財産と教養」をもった市民＝商工業者（bourgeois）は、ますます富を蓄積し、資本家に成長していきます。他方、やがて登場する労働力を商品として売るほか生きるすべのない労働者は、自

(homme)と市民(citoyen)の概念でした。「人」とは個人のことです。それまで身分は人間のアイデンティティーそのものでしたから、個人は身分制秩序の中に埋没していたのですが、身分を取り払ってみると「個人」が現れてこざるを得なかったのです。他方、「市民」とは国家構成員としての個人を意味します。封建的支配体制に代わる新しい社会秩序をどう作るのかという問題に対する解答は、「人」と「市民」という新しい概念の中に用意されていたといってよいでしょう。

② 第一に、新しい社会秩序の中で身分制秩序から解放された「人」は、[2]もはやただの人ではありません。《自由で平等で理性をもった尊厳ある存在としての個人》であり、そのような人間像がこのとき創造されたのです。

③ ここで「理性」について一言しておきます。この言葉はもともと信仰と対置されてきたものですが、教会秩序(つまり神)から解放された人間に光を当てた結果、生まれた概念といえるでしょう。それまで人は神の「しもべ(sujet)」に過ぎませんでしたが、神がいなくなれば人みずからが「主人」となるしかありません。少なくとも社会の中の現実問題を考えるには、個々人が物事をみずからの理性で考えて判断しなければなりません。中世では国家でさえキリスト教に依存していましたが、一六世紀の宗教改革によってすでにローマ教皇の権威は失墜していました。宗教戦争をやってみても現実の社会問題は何一つ解決しませんでした。ニーチェ(一八四四～一九〇〇年)が「神は死んだ」と叫ぶのはずっと後のことですが、人間の内面の問題はともかく、この世の問題を解決するには神に祈るのではなく、人間の理性による[Ⅰ]な判断が必要だとの認識はこの時代、すでに広く共有されはじめていたのです。

④ 第二に、新しい社会秩序の中で誕生した《尊厳ある個人》の自由を確保するためには、政治的結合としての国家が必要になります。これまでのように、「従者」として神に縋《すが》るのではなく、理性をもった主体的「市民(citoyen)」として、お互いに契約を結び、[3]国家を作って公共的問題を解決しようとしたのです。「市民」は国家にかかわる概念です。人権宣言は主権(国家の最高の意思決定権限)が国民にあるとしましたが、その主権を行使するときの人が「市民」と呼ばれるのです。

⑤ 主権の概念は、もともとJ・ボダン(一五三〇～九六年)が絶対王制を擁護するために「国家の絶対的かつ永続的な権力」と定義し「立法権を本質とする王によって完全に表現される」としたのを嚆《こう》矢《し》(注1)とします。法を主権者の命令とする点に一つの眼目がありました(中世の法概念との相違に注意)。ここでは主権の淵《えん》源は神に求められ、主権行使の責任も神に対して負うとされましたから、臣民はこと政治に関しては蚊帳《かや》の外に置かれ無権利だったのです。

⑥ フランス革命で主権者が君主から人民(peuple)に転換したときに、これを担《にな》う者として登場したのが「市民(citoyen)」です。他方、《bourgeois》を市民と呼ぶことがあります。もともと中世の自治都市では城砦《さい》《bourg ラテン語の burgus が語源》の中に住む人は農民と違ってさまざまな特権をもち、軍隊さえもって封建領主の支配に服しませんでした。彼らはやがて「財産と教養」をもった自立的市民として革命の主体の一角を担い、近代国家の成立ととも

切なものを次の中から選び、記号で答えなさい。

ア　すべての研究は人類の知的財産として等しく価値を持つものだから。

イ　国際社会における競争力を高める原動力となるものだから。

ウ　すべての基礎研究は応用技術開発よりも価値が低いものだから。

エ　役に立たないことを追究する姿勢は研究者に不可欠なものだから。

問七　［①］～［④］に当てはまる言葉の組み合わせとして最も適切なものを次の中から選び、記号で答えなさい。

ア　①　サイエンス　②　テクノロジー　③　サイエンス　④　テクノロジー

イ　①　テクノロジー　②　サイエンス　③　テクノロジー　④　サイエンス

ウ　①　サイエンス　②　テクノロジー　③　テクノロジー　④　サイエンス

エ　①　テクノロジー　②　サイエンス　③　サイエンス　④　テクノロジー

問八　傍線部7「テクノロジーへ結びつく可能性のある研究」とあるが、この研究に価値があるとされている理由が述べられている一文を本文中から抜き出し、最初の五字を答えなさい。

問九　傍線部8「私は、生物学の基礎サイエンスの重要性がそれのもつ価値に見合う程度に認識されていくことを切に願っている」とあるが、その説明として最も適切なものを次の中から選び、記号で答えなさい。

ア　生物学の基礎サイエンスの重要性が、過大評価されている現状に負担を感じている。

イ　生物学の基礎サイエンスの重要性が、時流に合わないとされている現状に憤《いきどお》りを感じている。

ウ　生物学の基礎サイエンスの重要性が、軽視されている現状をあきらめている。

エ　生物学の基礎サイエンスの重要性が、評価されていない現状を悲嘆している。

問十　本文で述べられている筆者の考えと一致しているものを次の中から一つ選び、記号で答えなさい。

ア　日本と異なり経済的に貧しい国は、応用技術の前提となる学術的な研究分野に力を注ぐ余裕がない。

イ　直接利益を生み出すテクノロジーに関する研究の方が、基盤となる地道な研究よりも価値が高い。

ウ　本来哲学は物事の本質について追究するものであり、その点で研究と相通じる内容を含んでいる。

エ　基礎的なサイエンスが不足している研究でも、テクノロジーを開発することで成果を上げられる。

三

次の文章を読んで、後の問いに答えなさい。なお、問いに字数指定がある場合は、句読点なども一字分に数えること。

①　1フランス命の凄《すご》さは、身分制度を基盤にした社会の構成原理を根本的に否定した点にあります。近代国家の二本柱である主権と人権の原型が革命によって確立されました。その鍵となったのが、人

るのは食材の種類の豊富さである。いくら一流の料理人でも、大根と塩しか食材がなければ、料理は限られてしまうだろう。

　それと同じようにテクノロジーには豊富なサイエンスの土壌が必要であり、サイエンスなくしてテクノロジーは発展し得ない。しかし、最近は国の経済状況も芳《かんば》しくないためか、テクノロジーにすぐに結びつかないサイエンスを研究すること自体制限されてきているように思う。基礎科学を研究するための研究費が削られ、営利を目的としないはずの国の研究所にも、「すぐに金になるようなテクノロジーを開発しろ」とのお達しが下る。基礎科学のための研究費に国の予算を裂くことが、ほとんど利用されることのない道路や橋を作る税金の無駄遣いと同じようにみなされているかのようだ。

　なぜ、サイエンスがこんな扱いを受けなければならないのか。私を含め、多くの研究者が基礎科学研究であっても、7テクノロジーへ結びつく可能性のある研究だから研究費をだす価値があるんですよ、という論理展開を常套《とう》手段にしてしまったからだろうか。生物学の研究者がマスコミなどをうまく使って、サイエンスの重要性を一般に認識させるような努力をしなかったからだろうか。生物学の分野に比べると、宇宙物理学や考古学などの分野の研究者はもっと自分たちの分野の基礎研究の重要性を社会や政治家に認識させているように思える。一般の人でも、ＮＡＳＡ（アメリカ航空宇宙局）の開発研究者と宇宙理論学者のめざしているものは違うことは知っているし、その双方が重要な役割を担《にな》っていると知っている。

　8私は、生物学の基礎サイエンスの重要性がそれのもつ価値に見合う程度に認識されていくことを切に願っているし、そのために自分にできることについても考えていきたいと思っている。

〔成田聡《さと》子『共生細菌の世界』（東海大学出版会）による〕

問一　傍線部1「研究」とあるが、その内容として最も適切なものを次の中から選び、記号で答えなさい。

ア　日常の事象を理解するための知識を得ようとする活動。
イ　日常の事象の発生要因を突き止めようとする活動。
ウ　様々な問題を概念的思考を駆使して抽象化する活動。
エ　様々な問題の共通する本質を見出そうとする活動。

問二　傍線部2「思考を昇華させる活動」とあるが、その内容として最も適切なものを次の中から選び、記号で答えなさい。

ア　思考をその状態よりも多様な状態にさせる活動。
イ　思考をその状態よりも複雑な状態にさせる活動。
ウ　思考をその状態よりも高度な状態にさせる活動。
エ　思考をその状態よりも確実な状態にさせる活動。

問三　傍線部3「不正確な認識」とあるが、その内容を本文中から三十五字で抜き出し、最初と最後の五字を答えなさい。

問四　傍線部4「金の卵」とあるが、それと関わりが深いものを次の中から**すべて**選び、それぞれ記号で答えなさい。

ア　新薬開発　　イ　応用技術研究　　ウ　遺跡発掘調査
エ　芸術的活動　　オ　宇宙物理学

問五　傍線部5「安定した豊かな環境」とあるが、その内容を本文中から二十字以内で抜き出し、最初と最後の五字を答えなさい。

問六　傍線部6「意味のない質問」とあるが、その理由として最も適てしまうが、それは、なかばやけくそに近い。実際に研究をしている研究者は、応用技術のためだけにその研究をしたいわけではないのだが、そのようなこじつけをしなければ生物学の分野で研究のための資金を得ることが難しいため、応用技術につながる見込みなどない学術的で基礎的な研究の場合にもそのような無理やりな関係付けをおこなうのである。

研究者以外の一般の方に私の研究の話をすると、最後にみんな判を押したように「それって、いったい何に役立つの？」と聞いてくる。それは、応用技術につながらない現象に対しては研究する価値があまりないという認識がここ日本で広く根付いていることを嫌でも実感する瞬間である。一時期は、私も自分のやっている研究がすぐには応用につながらないことに対して後ろめたさのようなものを感じていたし、「〇〇技術を開発するために頑張って研究しています！」とか「絶滅しそうな野生動物を保護するために研究しています。」とか「世界中の農業を救うために新しい米の研究をしています。」などと言えるようなわかりやすい研究をした方が楽になれると思ったこともある。そうすれば、一般の人や研究費をあてがう政治家などを納得させるのも簡単だし、毎回毎回「何の役に立つの？」という6意味のない質問を受けて、ガッカリすることもないだろうと感じていた。

日本では、「科学（サイエンス：Science）」と「技術（テクノロジー：Technology）」が「科学技術（サイエンステクノロジー）」などという二つが合体した言葉の出現によって混同され、先に述べたような間違った認識が浸透しているのではないかと思う。実際、「サイエンス」と「テクノロジー」はまったく違う意味をもつ。サイエンス（Science）とは、自然界の現象を探求することであり、哲学の一部である。テクノロジーは、社会の要請があってサイエンス（科学）とエンジニアリング（編みだす技術）によって産みだされたものをいう。「サイエンス」のために研究している研究者もいれば、「テクノロジー」のために研究をしている研究者もいる。研究の価値はどちらが上でどちらが下ということはない。しかし、今の日本で研究のための資金や保護を得やすいのは、確実に「テクノロジー」を産みだすための研究である。「テクノロジー」は、すぐに世界の市場で売り買いできる可能性が高く、国や会社が潤う結果となるので、テクノロジーのために資金を投じるのは理にかなっていると思う。しかし、［①］は［②］なくしては産みだされない。自然界のさまざまな現象を探求するサイエンスによって、少しずつわかってきたことが、ある瞬間にテクノロジーに結びつくからだ。

サイエンスとテクノロジーの関係は、レストランの料理人とレストランに食材を提供する人との関係に似ている。料理人は［③］のために研究する人で、食材を提供するのは［④］のために研究している人である。料理人は食材が揃《そろ》っていれば一人でもコース料理を完成させることができる。しかし、それらの料理の食材すべてを一人の人が育て、調達することは不可能である。食材の調達には多くの人がかかわり、時間が必要とされるのである。牛を育てて肉をとり、海に出て魚を取り、山へ行ってきのこを採り、数ヵ月かけて野菜を育てる。そして、いくら腕の立つ料理人であっても、食材が調達できなければ料理はできない。そして、料理人が調理したものは、食材の原価の何倍もの値段をつけて売ることができるが、そこで一役かっていを昇華させる活動が哲学であり、研究であるため、研究者になるために訓練された博士は「Doctor of Philosophy（哲学の博士）」と呼ばれる。しかし、一般的には研究と哲学はまったく違うものと捉えられており、その認識のズレを感じるたびに、なんとなく残念な気持ちになるのである。

なぜ、哲学と研究はまったく違うものと認識されてしまったのだろうか。それは、研究と応用開発に対する3不正確な認識からきているように思う。生物学における研究は医療や農業に役にたつ発見が含まれることがしばしばあり、それは研究の副産物のようなもので、とてもすばらしいことだ。では、すぐに応用技術につながらない基礎的な生物の研究は価値がないのだろうか。研究費政策などをみる限り、価値がない、あるいは応用開発よりも価値がきわめて低いと考えられているように感じる。実際、すぐに応用技術につながらない基礎研究には研究費を援助する基金や会社が少ない。確かに、新薬などすぐに世界の市場で必要とされ、莫《ばく》大なお金を得られるような科学技術の開発研究は、誰にでもその重要性を認識することができ、研究の有用性がわかりやすいし、お金を生み出し続けなければならない企業などにとってみればそのことが一番重要かもしれない。しかし、すべての研究がすぐに金の卵を産むわけではないし、4金の卵を生む研究のみに科学的価値があるわけではないのも明らかである。研究は積み重ねであり、さまざまな分野で少しずつわかってきたことがあるときにいっきにつながることもある。それに、たとえつながらなかったとしてもそれは人類の知的財産となることに変わりはない。

医療や、農業、世界に売れる技術につながるような応用技術研究以外に価値がないのであれば、地球や人類のたどってきた歴史を解明しようと恐竜の骨や遺跡を発掘したり、新しい貝塚を見つけたりするために土を掘り続ける研究や、人間の生み出してきた文学や芸術に対する理解を深めるためにおこなわれているような研究、人類が今後何百年かかっても行くことができないような何万光年も離れた宇宙の不思議を探ることはまったく意味がないのであろうか。多くの人は、そんなことはないと思っているだろう。すぐにお金につながらないようなことであっても多岐にわたる研究分野を探求できる環境があることが、真に豊かで文化的な環境だと感じる。

貧しい国では、国民の多くが飢え死にをし、子どもが生まれてもすぐに死に、貧しいゆえに少ない食物を争って殺し合いになっている。生きていくのに精一杯な環境下では知的活動、芸術的活動をするのはとても難しい。しかし、日本はあらゆる国の中でもトップクラスにゆとりのある国である。いままでの歴史の中でも、研究、思想、芸術が発展し、昇華したのは5安定した豊かな環境下であった場合がほとんどである。

しかし、豊かでゆとりがあるはずの日本はなぜか思考の豊かさに対する重要性の認識が甘いように感じる。日本よりも金銭的には貧しい西欧諸国の方が、研究や学問に対する純粋な豊かさを重要視している。その差がどこから生まれているのかはわからないが、私はそのことをとても寂しく思う。日本では、研究をおこなうための資金を獲得するために、こじつけでも大げさでも、「こういった研究をすると、いろいろな応用技術に役にたち、金の卵を生む可能性があります」と言う。私も、研究資金を得るために申請書によくそういうことを書い

【国語】〈五〇分〉〈満点：一〇〇点〉

一 **次の各問いに答えなさい。**

問一 次の**1**～**5**の傍線部の**漢字**の読みを平仮名で書きなさい。

1 主人公は**寡黙**な少年だ。

2 **折衷**案を提示する。

3 **硫黄**のにおいがする。

4 言葉を**濁**した表現。

5 息子が書いた**拙**い文章。

問二 次の**1**～**5**の傍線部の**カタカナ**を漢字に直して書きなさい。

1 **ヤッカイ**な問題が持ち上がる。

2 投書が**ケイサイ**される。

3 **シラガ**を黒く染める。

4 適当にその場を**ツクロ**う。

5 本を**ムサボ**り読む。

二 **次の文章を読んで、後の問いに答えなさい。なお、問いに字数指定がある場合は、句読点なども一字分に数えること。**

1研究と言ういい方をすると近代になって科学者によっておこなわれてきたことのような印象があるかもしれない。しかし、研究とは未知のことや物に対する人間がもつ好奇心や探究心の産物によって生まれたような知的活動で、人類がはじまっていらいつねに探究心をもつ人たちによっておこなわれてきた活動である。研究の対象は人間が目にしてきたさまざまな自然現象をはじめ、あらゆる物事、人間の根本性質、また人間が生みだす思想や芸術に対する考え方などに対しておこなわれてきたもので、その根本にあるのは好奇心と探究心である。

既存の考え方をまだ知らない子どもは、あらゆることに関心をもち、不思議に思い、知りたいと感じる。空が青いこと、夜になると星がでること、氷と水が同じであること、氷を入れたコップの外側に汗をかくこと、鯨は魚じゃないこと、昆虫の血は赤くないこと、動物の肉は食べて良いのに近くの犬や猫を殺してはいけないこと、欲しくても他人から物を盗んではいけないことなど、大人になってしまうとその理由などはっきりわからなくてもたいして気にならなくなり受け入れているようなすべてのことの理由を知りたいと思うらしい。それが人間のもつ好奇心であり、それらの理由や原因を探ろうと考える活動が研究なのだと思う。だからこそ、博士号を取得した人は、英語で「Doctor of Philosophy」と呼ばれるのだと思う。これは直訳すると「哲学の博士」である。この博士号は、自然科学でも考古学でも文学でもどんな分野でも何かについて探求し、研究をすることに挑戦し、研究をする際に必要となる知識や技術を得るために訓練を積んだ人に与えられる。

哲学というとアリストテレスやソクラテスといった人たちがやっていたような物事を理屈っぽく、難しく捉えるようなことでしょうと思っている方が少なからずいる。しかし、哲学とは以下のように定義されている。

「問題の発見や明確化、諸概念の明晰《せき》化、命題の関係の整理といった、概念的思考を通じて多様な主題について検討し研究すること」

これは、まさに研究である。すべてのことに対して探求し、2思考

MEMO

大切なことはメモしておこうネ！

2022年度

解　答　と　解　説

《2022年度の配点は解答欄に掲載してあります。》

＜数学解答＞

1　問1　10　　問2　10000　　問3　$2+5\sqrt{2}$　　問4　2　　問5　$x=-1$，$y=3$
問6　$x=\frac{7\pm\sqrt{21}}{2}$

2　問1　$n=14$　　問2　$-18\leqq y\leqq 0$　　問3　$\frac{7}{36}$　　問4　-6　　問5　17度

3　問1　$a=\frac{1}{3}$　　問2　$y=-x+6$　　問3　12：5

4　問1　4　　問2　4：9　　問3　52：23

5　問1　$\sqrt{7}$　　問2　$\frac{3\sqrt{7}}{8}$　　問3　$\frac{7\sqrt{7}}{10}$

○配点○

各5点×20　　計100点

＜数学解説＞

1　(数の計算，因数分解，平方根，式の値，連立方程式，2次方程式)

問1　$-(-3)^2\times(-2)+(-2^3)=-9\times(-2)+(-8)=18-8=10$

問2　$64^2+2\times64\times36+36^2=(64+36)^2=100^2=10000$

問3　$(\sqrt{5}+\sqrt{3})(\sqrt{5}-\sqrt{3})-\frac{10}{\sqrt{2}}+\sqrt{40}\times\sqrt{5}=(\sqrt{5})^2-(\sqrt{3})^2-5\sqrt{2}+\sqrt{200}=5-3-5\sqrt{2}+10\sqrt{2}=2+5\sqrt{2}$

問4　式を簡単にしてから代入する。$a=-\frac{1}{2}$，$b=4$のとき，$(-4ab)^2\div\left(-\frac{8}{3}a^2b^3\right)\times\frac{2}{3}a^3b^2=16a^2b^2\div\left(-\frac{8a^2b^3}{3}\right)\times\frac{2a^3b^2}{3}=-\frac{16a^2b^2\times3\times2a^3b^2}{8a^2b^3\times3}=-\frac{16\times3\times2a^5b^4}{8\times3a^2b^3}=-4a^3b=-4\times\left(-\frac{1}{2}\right)^3\times4=4\times\frac{1}{8}\times4=2$

問5　1つめの式は両辺を6倍して$2(4x-5)-3(2x+3)=-7y$　　$8x-10-6x-9+7y=0$　　$2x+7y=19$…①　　2つめの式は両辺を10倍して$2x+13y=37$…②　　②－①は$6y=18$　　$y=3$　　①に代入すると$2x+21=19$　　$2x=-2$　　$x=-1$

基本　問6　解の公式を利用する。$x=\frac{-(-7)\pm\sqrt{(-7)^2-4\times1\times7}}{2\times1}=\frac{7\pm\sqrt{49-28}}{2}$　　$x=\frac{7\pm\sqrt{21}}{2}$

2　(平方根，2乗に比例する関数，変域，確率，2次方程式，円，角度)

問1　$\sqrt{504n}$＝自然数Aとなるためには両辺を2乗，504を素因数分解して$2^3\times3^2\times7\times n=A^2$　　$2^2\times3^2\times(2\times7)\times n=A^2$　　$n=2\times7=14$　　とすればよい。

基本　問2　$y=-2x^2$のグラフは下に開いた放物線なので，$x=-3$で最小値$y=-2\times(-3)^2=-18$　　$x=0$で最大値$y=0$　　$-18\leqq y\leqq 0$

問3　大小2つのさいころの目の出方は全部で6×6＝36(通り)，その中で目の積が12の倍数となるのは(大，小)＝(2，6)，(3，4)，(4，3)，(4，6)，(6，2)，(6，4)，(6，6)の7通り。よってその確率は$\frac{7}{36}$

問4　$x^2-ax+6a=0$の1つの解が3なので，代入すると$9-3a+6a=0$　$3a=-9$　$a=-3$
方程式は$x^2+3x-18=0$　$(x+6)(x-3)=0$　$x=3$でない方の解は，$x=-6$

問5　ODとCEの交点をFとする。△DEFについて外角の定理より，∠CFD=72+55=127(°)
$\overset{\frown}{\mathrm{CD}}$について円周角の定理により∠COF=2×∠CED=2×55=110(°)　△COFについて外角の定理により∠x=127−110=17(°)

3　**(図形と関数・グラフの融合問題)**

問1　$y=ax^2$上にB(3, 3)があるので，$3=a\times3^2$　$a=\frac{1}{3}$　放物線の式は$y=\frac{1}{3}x^2$となる。

問2　Aは放物線上の点で$x=-6$なのでA(−6, 12)　直線ABの方程式を$y=mx+n$とおくとAを通ることから$-6m+n=12$…①　Bを通ることから$3m+n=3$…②　②−①は$9m=-9$　$m=-1$　②に代入すると$-3+n=3$　$n=6$　直線ABの方程式は$y=-x+6$

重要　問3　Dは$y=-x+6$上の点で$y=0$なのでD(6, 0)　Cは放物線上の点で$x=9$なのでC(9, 27)
直線ACの方程式を$y=mx+n$とおくとAを通ることから$-6m+n=12$…①　Cを通ることから$9m+n=27$…②　②−①は$15m=15$　$m=1$　①に代入すると$-6+n=12$　$n=18$
直線ACの方程式は$y=x+18$　Eはこの直線上の点で$y=0$なのでE(−18, 0)　△ABEと△ABCは高さが共通の三角形なので面積の比は底辺の比に等しく，△ABE：△ABC=AE：AC=(12−0)：(27−12)=12：15…③　△ABCと△BCDは高さが共通な三角形なので面積の比は底辺の比に等しく△ABC：△BCD=AB：BD=(12−3)：(3−0)=9：3=3：1=15：5…④
③，④より△ABE：△BCD=12：5

4　**(平面図形の計量，相似)**

問1　△ABEは∠A=90，∠ABE=60，∠AEB=30　辺の比$1:2:\sqrt{3}$の三角形なので，BE=2×AB=2×2=4

重要　問2　AD//BCより錯角は等しいので∠GAD=∠GEB，∠GDA=∠GBE　2組の角がそれぞれ等しいので△GAD∽△GEB　対応する辺の比は等しいのでBG：GD=BE：DA　DA=BC=BE+EC=4+5=9　BG：GD=4：9

やや難　問3　BG：GD=4：9=16：36…①　AD//BCより錯角は等しいので∠HFD=∠HCB，∠HDF=∠HBC　2組の角がそれぞれ等しいので△HFD∽△HCB　対応する辺の比は等しいので
BH：HD=BC：DF　AF：FD=2：1より　FD=$\frac{1}{1+2}\times9=3$　BH：HD=BC：DF=9：3=3：1=39：13…②　①，②よりBG：GH：HD=16：(36−13)：13=16：23：13
よって，BD：GH=(16+23+13)：23=52：23

5　**(空間図形の計量，相似，三平方の定理)**

問1　△ABCは∠CAB=90°の直角三角形なので，三平方の定理がなりたち，$\mathrm{AC}^2=\mathrm{BC}^2-\mathrm{AB}^2=4^2-3^2=7$　AC=$\sqrt{7}$

問2　△OABについて中点連結定理によりDE：AB=1：2，△OBCについて中点連結定理よりEF：BC=1：2　△OACについて中点連結定理によりDF：AC=1：2　3辺の比が等しいので△DEF∽△ABC　辺の比は1：2なので面積の比は1：4　△ABC=$\frac{1}{2}\times\sqrt{7}\times3=\frac{3}{2}\sqrt{7}$
△DEF=$\frac{3}{2}\sqrt{7}\times\frac{1}{4}=\frac{3\sqrt{7}}{8}$

やや難　問3　OAの延長とEGの延長の交点をPとする。また，FPとACの交点をQとする。AG//DEより同位角は等しいので∠PAG=∠PDE，∠PGA=∠PED　2組の角がそれぞれ等しいので△PAG∽△PDE　辺の比はAG：DE=$\frac{1}{1+9}$×AB：$\frac{1}{2}$×AB=$\frac{3}{10}:\frac{3}{2}$=1：5　PA：PD=PA：(PA+AD)=1：5　5×PA=PA+$\frac{1}{2}$×OA　4×PA=$\frac{5}{2}$　PA=$\frac{5}{8}$　PD=$\frac{5}{2}+\frac{5}{8}=\frac{25}{8}$　三角錐P−

DEF=$\frac{3\sqrt{7}}{8}\times\frac{25}{8}\times\frac{1}{3}=\frac{25\sqrt{7}}{64}$　三角錐P−AGQと三角錐P−DEFは相似な立体で，辺の比がAG：DE=1：5なので体積の比は$1^3:5^3=1:125$　これを利用して三角錐台AGQ−DEF=三角錐P−DEF×$\frac{125-1}{125}=\frac{25\sqrt{7}}{64}\times\frac{124}{125}=\frac{31\sqrt{7}}{80}$　三角錐O−DEF=$\frac{3\sqrt{7}}{8}$×OD×$\frac{1}{3}=\frac{3\sqrt{7}}{8}\times\frac{1}{2}\times5\times\frac{1}{3}=\frac{5\sqrt{7}}{16}$　頂点Aを含む立体=(三角錐台AGQ−DEF)+(三角錐O−DEF)=$\frac{31\sqrt{7}}{80}+\frac{5\sqrt{7}}{16}=\frac{7\sqrt{7}}{10}$

★ワンポイントアドバイス★

標準的なレベルの問題がはじめからおわりまで並んでいる。各単元の基本事項を身に付けるだけでなく，確実に正確にたどりつける力が必要になる。しっかりと問題演習をしておこう。

＜英語解答＞

1　リスニング問題解答省略
2　問1　イ　問2　イ　問3　(1)　×　(2)　×　(3)　○　(4)　×
3　問1　イ　問2　ア　問3　キ
4　問1　(1)　エ　(2)　ウ　(3)　ア　問2　イ，エ
5　問1　ア→ウ→イ　問2　イ　問3　predict　問4　ウ，エ
6　問1　ウ　問2　②　ウ　③　イ　問3　ウ　問4　イ　問5　ウ　問6　エ，オ
7　(1)　エ　(2)　イ　(3)　イ　(4)　ア　(5)　ア　(6)　ウ　(7)　ウ　(8)　ア
8　(1)　abroad　(2)　dictionary　(3)　hundred
9　(1)　A　イ　B　ウ　(2)　A　イ　B　ウ　(3)　A　ア　B　エ　(4)　A　ウ　B　エ
10　We have known each other for five [5] years.

○配点○

各2点×50(9各完答)　計100点

＜英語解説＞

1　リスニング問題解説省略。

基本　2　**(会話文：語句補充，指示語，内容吟味)**

(全訳)〔状況〕アンディはアメリカからの交換留学生だ。彼は横浜の和樹の家族と一緒に滞在している。和樹の家族は愛犬の太郎を飼っている。彼は小さくてかわいく，家族の誰もが彼を愛している。アンディはこれまでペットを飼ったことがないが，犬がとても好きだ。以前からペットを飼いたかったので，太郎と過ごすことができて嬉しいと思っている。今日，和樹とアンディは和樹の祖母を訪ねる。彼女は和樹の家から遠く離れて住んでいるので，電車で行くつもりだ。彼らはすぐに家を出る予定だ。

アンディ：和樹，太郎を連れて行こうか？
和　　樹：もちろん。おばあちゃんは①太郎が大好きなので，きっと喜ぶよ。太郎！（太郎が和樹に近寄る）このカゴに入りなさい。（太郎はカゴに入る）よし，いい子だ！
アンディ：どうしてそんなことをしたの？
和　　樹：電車の中ではペットをカゴに入れて運ばなければならないんだ。それが規則だよ。
アンディ：本当？私の国では，ペットと一緒に電車に乗ることができるよ。カゴに入れて運ぶ必要はないんだ。私たちのペットは家族の一員だよね？
和　　樹：もちろん，そう思うよ。太郎が大好きで，彼は家族の一員です。でも，電車の中には犬が嫌いな人もいるよ。②そのことを忘れてはならないんだ。
アンディ：わかったよ。それは理解できるね。さあ，行こう，和樹と太郎！

問1　祖母が喜ぶ理由を選べばよい。

問2　指示語は基本的には前の文を指す。

問3　(1)　アンディはこれまでペットを飼ったことがないので不適切。　(2)　和樹の祖母は，和樹の家から遠く離れているので不適切。　(3)　アンディも和樹もペットを家族の一員だと思っているので適切。　(4)　アンディが「さぁ，行こう，和樹と太郎」と言っているので不適切。

基本 3　（会話文：内容吟味）

（全訳）　<A>　（リサとポールはクラスのスケジュールについて話している）
リ　サ：今週のスケジュールだよ。
ポール：どんな感じ？
リ　サ：そうだな，①水曜日は私にとって一番大変な日だな。
ポール：どういう意味？
リ　サ：午前中は数学，理科，英語があるんだ。私はこれら3つの科目が苦手なの。
ポール：そうか。②木曜日が楽しみだ。歌と社会科が好きだよ。また，料理も楽しめるしね。

問1　①　午前中に数学，理科，英語がある曜日の「水曜日」が適切。　②　音楽，社会，家庭科がある「木曜日」が適切。

<B>　（あなたは書店にいる）
あなた：すみません。郵便局はどこですか？
店　員：スプリングストリートに沿ってまっすぐ進みます。3つ目の角で右折します。図書館と銀行が見えます。最初の角で左折します。通りを約2分間歩きます。すると右手に郵便局があります。
あなた：ありがとうございます。
（あなたは駅にいる）
あなた：すみません。スーパーマーケットへはどうやって行けばいいですか？
駅　員：サウスストリートを直進し，2つ目の角で左折します。その後，次の角で右折します。2ブロック歩くと，左手にスーパーマーケットが見えます。
あなた：ありがとうございます。

問2　スプリングストリートに沿ってまっすぐ進み，3つ目の角で右折するので，図書館とカの間を入っていくことになる。最初の角で左折するので，病院とオの間に入る。右手側に郵便局があるので，アが適切。

問3　サウスストリートを直進し，2つ目の角で左折するので，公園と銀行の間を進む。次の角を右折するので，図書館と薬局の間を進み，左手にスーパーマーケットが見えるのでキが適切。

重要 4 (長文読解問題・説明文：要旨把握，内容吟味)

(全訳) 今では登山をスポーツとして楽しむ人も多いのではないか。しかし，昔，人々は狩猟のために山をハイキングし，宗教的な理由で歩き，戦争で行進した。自然を楽しむという単純な目的のためのハイキングは，14世紀にヨーロッパで始まったと言われている。ヨーロッパ最高峰のモンブランに登ることで，18世紀後半に近代登山の新時代が幕を開けたと言われている。

日本では，僧侶が宗教的な慣習のために小道を歩いた。兵士たちは小道に沿って行進した。鉱夫は鉱物を探すときに小道を使用した。ハンターたちは銃を持って道を歩き，動物を探した。19世紀から，尊いと思われていたことから多くの人が登山を実践するようになり，講という宗教団体が富士山や御嶽山などの山に登った。そして，その世紀の後半に日本にやってきた西洋人が，楽しいスポーツとして近代登山という概念を導入した。

一部の熟練した登山家は非常に挑戦的な山の頂上に到達したいと考えているが，レクリエーションとしてハイキングを楽しむ人が増えている。これは，一部の山頂がバスやロープウェイでより簡単にアクセスできるためだ。残念ながら，時々問題が発生している。人々は慎重な準備なしに山に行った後に事故に巻き込まれる。山岳地帯での人間の活動は野生生物に悪影響を及ぼしてきた。ゴミは置き去りにされる。これらの課題に取り組み，その純粋さを次世代に引き継いでいくことが私たちの使命だ。

問1 (1) 日本ではスポーツとしての近代登山が紹介されたのは，19世紀後半に日本にやってきた西洋人によってである。 (2) 今日，多くの人が楽しみのためにハイキングをしているのは，バスやロープ―ウェーで山頂までのアクセスが簡単だからである。 (3) 山に登る人が増えるにつれて，野生生物に悪影響を及ぼしたり，ゴミを置き去りにしたりするのである。

問2 ア 「登山は楽しいスポーツとして始まった」 第1段落第2文参照。狩猟のためや宗教的な理由，戦争によって山に登ったので不適切。 イ 「ヨーロッパの人々は14世紀に楽しみのためにハイキングを始めた」 第1段落第3文参照。14世紀に自然を楽しむ目的ではじまったので適切。 ウ 「鉱夫だけの特別な道がいくつかあった」 第2段落第1文参照。僧侶や兵士も使用したので不適切。 エ 「登山は，人々が慎重に準備しないと危険だ」 第3段落第4文参照。慎重に準備をしないため事故に巻き込まれるので適切。 オ 「登山の理由は歴史を通じて変わっていない」 登山の理由は時代によって変化しているので不適切。

5 (長文読解問題・説明文：文整序，適語補充，要旨把握，内容吟味)

(全訳) 世界中で毎年約50万回の地震が発生していると推定されている。ほとんどは非常に軽度であるため，科学機器にのみ記録されている。人間が感じることができるのは約10万個だけだ。これらのうち，年間約19個だけが深刻な被害を引き起こす。科学者たちはいつ，どこで地震が起こるかを予測しようとしてきたが，これまでのところ将来の地震の正確な日付を与えることは不可能だ。

地震は，エネルギーが波で放出されるときの地面の揺れと動きだ。これらの波は地震波と呼ばれる。地震波は，地震やその他の原因によって生成される弾性波の一種である。海の波も弾性波だが，水の中を移動する。しかし，地震波は地中を動く。

ほとんどの地震はプレートの動きによって引き起こされる。2枚のプレートが出会う場所を断層と呼ぶ。断層は地面の大きな亀裂のように見える。①2つのプレートが異なる方向に移動すると，断層線上にエネルギーが蓄積される。十分なエネルギーが蓄積されると，断層線上の圧力が大きくなりすぎて滑る。その結果，エネルギーが波状に放出され，地面が揺れ始める。これが地震の起き方だ。②地震は，他の自然現象や人間の活動によっても引き起こされる可能性がある。

本震と呼ばれる地震の後には，しばしば余震と呼ばれる小さな地面の震えが続く。余震は本震の後も何日も続くことがある。

人口の多い地域で大地震が起こると，大きな被害をもたらす可能性がある。ご想像のとおり，建物が倒壊し，道路がひび割れ，橋が倒れ，電気やガスのラインが壊れて火災を引き起こす。海で地震が起こると，津波と呼ばれる巨大な海の波が連続する。津波は陸地まで進み，大きな洪水を引き起こす。

2011年3月11日，マグニチュード9の地震が東北地方を震撼させ，恐ろしい津波をもたらした。120,000以上の建物が完全に破壊され，278,000が部分的に損傷し，726,000がより少ない被害を受けた，と当局は述べた。津波の瓦礫は，数年後も北米の海岸まで押し流され続ける。

日本政府によると，震災による直接的な財政被害は約1,990億ドル(約16兆9,000億円)と推定されている。総経済的コストは最大2350億ドルに達する可能性があると世界銀行は推定している。それは世界史上最も費用のかかる自然災害だ。

科学者たちは地震の歴史的パターンを研究し続け，プレートの動きを監視している。彼らは以前よりも地震についてもっとわかっているが，いつ地震が起こるかはまだ③予測できない。

やや難 問1　地震の起き方について説明しているので，「断層にエネルギーが蓄積される→断層が滑る→地震が発生する」の順に並べればよい。

問2　人間の活動にあてはまるのは「核実験」である。

重要 問3　地震がいつ起こるのかは，まだ「予測」できないのである。　「予測する」predict

問4　ア　「人間は毎年起こる地震の約5分の1を感知している」　第1段落第1文，第3文参照。50万回のうち10万回感知できるので適切。　イ　「地震波も海波も地震が原因の可能性がある」　第5段落第3文参照。海で地震が起きると，津波という海の波が発生するので適切。　ウ　「本震は余震に続き，地面を震わせる」　第4段落第1文参照。余震は本震の後に続くので不適切。　エ　「2011年の地震による津波は，北米の家屋にも被害をもたらした」　第6段落最終文参照。津波の瓦礫が北米まで押し流されたので不適切。　オ　「2011年3月11日に東北地方太平洋沖地震が発生し，日本経済に大きな影響を与えた」　第7段落参照。世界史上最大の損害となった自然災害なので適切。

重要 **6**　**(長文読解問題・物語文：指示語，適語補充，要旨把握，内容吟味)**

(全訳)　何年も前，私たちは毎年乾季を迎える村に住んでいた。ある年，1ヶ月間雨が降らなかった。作物は枯れかけていた。牛たちは乳を出すのをやめた。川も小川もすべて干上がった。地元の農家の中には，乾季が終わる前にすぐに農場を失う者もいた。

ある日，台所で昼食を作っていると，6歳の息子のビリーが森に向かって歩いていた。彼はいつもの小さな子供のステップで歩いていたのではなく，真剣な目的を持って歩いていた。私は彼の背中しか見えなかった。彼は一生懸命歩き，できるだけ静かになろうとしていた。

森の中に姿を消した数分後，彼は家に向かって走って戻ってきた。私は昼食作りに戻り，彼がやっていたことが終わったと思った。しかし間もなく，彼は再び森に向かってゆっくりと慎重な道を歩いていった。①これはしばらく続いた。

私は家を出て，静かに彼の後を追った。②見られないようにとても気をつけた。彼は歩きながら両手を目の前でカップのように丸め，小さな手に持っていたものを③落とさないように細心の注意を払っていた。木の枝が彼の小さな顔に当たったが，彼はそれらを避けようとはしなかった。その時，大きな鹿が何頭か見えた。鹿は彼の前に立っていた。ビリーは二頭のところまで歩いて行った。巨大な男性がとても近くにいた。しかし，鹿は彼を脅かさなかった。ビリーが座っても，彼は動かなかった。そして，地面に赤ん坊の鹿がいて，明らかにのどが渇いていて，暑さで疲れているのを見た。それは頭を持ち上げて，ビリーの手に溜まった水をぴちゃぴちゃと飲んだ。水がなくなると，ビリーは飛び起きて家に戻り，蛇口に向かった。ビリーが電源を入れると，少量の水が出始めた。彼は水が彼のカップのように丸めた手をいっぱいにするまで待っていた。そして，私は理解した。その前の週，彼は水遊びで叱られ，私たちは④水を無駄にしないことの大切さを教えた。

水を手に持ちながら，何とか肘で蛇口をひねった。彼が立ち上がって戻り始めた時，私は彼の前にいた。彼の小さな瞳は涙でいっぱいだった。「ぼくは無駄にしていない」と彼は言った。私は台所から水の入った鍋をもって彼と合流した。私は彼に赤ちゃんの鹿の世話をさせた。私は森の端に立って彼を見た－彼は⑤別の命を救うために一生懸命働いていた。

私の顔を落ちた涙が地面に落ち始めたとき，突然他の滴に加わった...そしてより多くの滴...。一部の人々はおそらく，これは何も意味しなかった，奇跡は実際には起こらない，いつか雨が降るだろうと言うだろう。そして，私はそれに反論することはできない…私は反論するつもりはない。私が言えるのは，その日降った雨が私たちの農場を救ったということだ…一人の小さな男の子の行動が別の生き物を救ったように。

問1　前の部分に書かれていることを指している。

問2　②　静かに彼についていったので，「見られないように」注意したのである。　③　小さな手の中に持っていたものを「落とさないように」注意していたのである。

問3　第5段落第4文参照。「ぼくは無駄にしていない」ということから，水を無駄にしない大切さを教えたのである。

問4　彼は，鹿の赤ちゃんを救うために一生懸命水を運んでいたのである。

問5　前の文の私の顔を流れ落ちた涙を指している。

問6　ア「乾季の季節なので，地元の農家は毎年彼らの農場を失った」第1段落参照。乾季が終わる前に農場を失ったのはある年だけなので不適切。　イ「ビリーは森の中へ急いで走っていったので，母親は彼にたどり着くことができなかった」第2段落～4段落参照。ビリーはゆっくり森の中に歩いていき，母親は彼が何をしているのか見ているので不適切。　ウ「ビリーの母親は森の中でビリーが鹿と一緒に遊んでいるのを見つけた」第4段落第11文参照。鹿の赤ちゃんに水をあげていたので不適切。　エ「ビリーの母親は息子の優しい心に感動し，目に涙を浮かべた」第6段落第1文参照。母親は息子の姿に涙を流しているので，適切。　オ「ビリーは赤ちゃんの鹿を救い，1ヶ月の乾季の後に雨が降ってきた」第6段落最終文参照。ビリーは鹿の赤ちゃんを救い，雨が農場を救ったので適切。

基本 7 （適語補充問題：文型，進行形，受動態，助動詞，比較，動名詞，命令文）

(1)　<look +形容詞>「～に見える」

(2)　<was / were + ~ing>「～しているところだった」という過去進行形の文になる。

(3)　ago があるので，「建てられた」という受動態の過去形の文にする。

(4)　Could you ~？「～していただけますか」という依頼の文になる。

(5)　<one of the 最上級＋複数名詞>「最も～な…のうちの1つ」popular は most を用いて最上級にする。

(6)　<look forward to ~ing>「～するのを楽しみに待つ」

(7)　How often ~？で頻度を尋ねる疑問文になる。

(8)　<命令文, or ~>「…しなさい，さもないと～」

8 （単語）

(1)　abroad「外国へ」

(2)　単語の意味を調べるために使うものなので，dictionary「辞書」があてはまる。

(3)　50円持っていて，もう50円くれるように頼んでいるので，ノートは one hundred yen「100

円」であるとわかる。

重要 9 **(語句整序問題：文型，不定詞，熟語)**

(1) (You) have to keep your room clean(.)　<keep A + B>「AをBのままにする」

(2) (Some people should) understand when and where to use smartphones(.)
when and where to ~「いつどこで~したらいいか」

(3) (Don't) forget to turn off the light (before you get out of the room.)
forget to ~「~するのを忘れる」 turn off「消す」

(4) (It's) not too late to save the planet(.)　too ~ to …「…するには~すぎる」

10 **(和文英訳問題：現在完了)**

「5年前からお互いを知ってるんだ」＝「5年間お互いを知っている」
<have + 過去分詞 + for ~>「~の間(ずっと)…している」という現在完了の継続用法である。

★ワンポイントアドバイス★

読解問題の分量が非常に多いうえに，問題数も多い。したがって，英文を早く読む必要がある。過去問や問題集を用いて，数多くの長文問題に触れるようにしたい。

<国語解答>

一 問一 1 かもく　2 せっちゅう　3 いおう　4 にご(した)　5 つたな(い)
問二 1 厄介　2 掲載　3 白髪　4 繕(う)　5 貪(り)

二 問一 イ　問二 ウ　問三 応用技術に~という認識　問四 ア・イ
問五 多岐にわた~できる環境　問六 ア　問七 イ　問八 「テクノロ
問九 エ　問十 ウ

三 問一 ウ　問二 ア　問三 エ　問四 社会を健全~であり装置
問五 A ウ　B ア　問六 イ　問七 ウ　問八 違憲審査権　問九 ⑬

四 問一 1 エ　2 ア　5 ウ　問二 3 ア　6 ウ　問三 かわらけ
問四 イ　問五 ウ　問六 ウ　問七 エ

○配点○
一 各1点×10　二~四 各3点×30　計100点

<国語解説>

一 **(漢字の読み書き)**

問一 1 口数が少ないこと。「寡」を使った熟語には，他に「寡聞」「多寡」などがある。　2 二つ以上の考え方のよいところを取り合わせて一つにまとめること。「衷」を使った熟語には，「衷心」などがある。　3 無臭の黄色結晶で，温泉地や火山帯で見られる。「硫黄」は特別な読み方。「硫」の音読みは「リュウ」。　4 音読みは「ダク」で，「濁点」「清濁」などの熟語がある。　5 音読みは「セツ」で，「拙速」「拙者」などの熟語がある。

やや難 問二 1 手間がかかって面倒なこと。「厄」を使った熟語には，他に「災厄」「厄年」などがある。

2　新聞や雑誌などに文章や写真などを載せること。「掲」の訓読みは「かか(げる)」。　3　特別な読み方をする熟字訓。白くなった毛髪。　4　音読みは「ゼン」で，「修繕」「営繕」などの熟語がある。　5「ムサボる」は，際限なく続けること。音読みは「ドン」で，「貪欲」「慳貪」などの熟語がある。

二　(論説文―大意・要旨，内容吟味，文脈把握，脱文・脱語補充，語句の意味，ことわざ・慣用句)

問一　傍線部1「研究」について述べている部分を探すと，直後の段落に「既存の考え方をまだ知らない子どもは……すべてのことの理由を知りたいと思うらしい。それが人間のもつ好奇心であり，それらの理由や原因を探ろうと考える活動が研究なのだ」とある。この「理由や原因を探ろうと考える」を「発生要因を突き止めようとする」と言い換えているイが最も適切。アの「知識を得ようとする」，ウの「抽象化する」，エの「本質を見出そうとする」とは述べていない。

問二　傍線部2の「昇華」は「しょうか」と読み，物事が一段上の高度な状態になるという意味。

問三　傍線部3「不正確な認識」は，直前の文の「哲学と研究はまったく違うものと認識されてしまった」原因にあたる。傍線部3の直前に「研究と応用開発に対する」とあるので，「研究」と「応用開発」の「認識」について述べている部分を探す。「研究者以外の」で始まる段落の「応用技術につながらない現象に対しては研究する価値があまりないという認識」に着目する。

問四　直前の文の「お金を生み出し続けなければならない」とあるように，傍線部4「金の卵」はお金を生み出し続けるものを喩えている。直後の段落でいろいろな研究を取り上げ，その中でお金を生み出し続けるものとして「医薬や，農業，世界に売れる技術につながるような応用技術研究」を挙げており，この内容に通じるアとイを選ぶ。他の選択肢は，「すぐにお金につながらない」研究として挙げられている。

問五　直前の「研究，思想，芸術が発展し，昇華した」環境について述べている部分を探す。直前の段落に「すぐにお金につながらないようなことであっても多岐にわたる研究分野を探求できる環境があることが，真に豊かで文化的な環境だと感じる」とあり，ここから「安定した豊かな環境」を言い換えている部分を抜き出す。

問六　傍線部6「意味のない質問」は，筆者の研究に対して「何の役に立つの？」とたずねるものである。「なぜ，哲学と」で始まる段落で「すべての研究がすぐに金の卵を産むわけではないし，金の卵を生む研究のみに科学的価値があるわけではないのも明らかである。研究は積み重ねであり，さまざまな分野で少しずつわかってきたことがあるときにいっきにつながることもある……たとえつながらなかったとしてもそれは人類の知的財産となることに変わりはない」と筆者の考えを述べており，この考えに通じる理由はア。この考えにエは合わない。イの「国際社会における競争力を高める」ためではない。ウの「価値が低い」とは言っていない。

基本

問七　①と②を含む文の直後の文「自然界のさまざまな現象を探求するサイエンスによって，少しずつわかってきたことが，ある瞬間にテクノロジーに結びつく」に着目する。「サイエンスによって」「テクノロジーに結びつく」というのであるから，「『テクノロジー』は『サイエンス』なくしては産みだされない」という文脈が浮かび上がる。「『テクノロジー』は『サイエンス』なくしては産みだされない」を，直後の段落で「食材が調達できなければ料理はできない」と喩えており，ここから，「食材を提供する」とある④には「サイエンス」が，「料理人」とある⑤には「テクノロジー」が当てはまる。「それと同じように」で始まる段落の「テクノロジーには豊富なサイエンスの土壌が必要であり，サイエンスなくしてテクノロジーは発展し得ない」という説明もヒントになる。

問八　傍線部7「テクノロジーへ結びつく可能性のある研究」に価値がある，について，「日本では」で始まる段落で「テクノロジーのために資金を投じるのは理にかなっている」と同様の内容を述べている。同じ文の「『テクノロジー』は，すぐに世界の市場で売り買いできる可能性が高く，国や社会が潤う結果となるので」が，「テクノロジーへ結びつく可能性のある研究」に価値がある理由に相当する。

問九　「それと同じように」で始まる段落「サイエンスなくしてテクノロジーは発展し得ない」にも関わらず，直前の段落にあるように「なぜ，サイエンスがこんな扱いを受けなければならないのか」と筆者は嘆いている。この内容を「基礎サイエンスの重要性が，評価されていない現状を悲嘆している」と説明しているエが適切。アの「負担を感じている」，ウの「あきらめている」という心情は合わない。イの「時流に合わないとされている」とは述べていない。

重要　問十　「哲学というと」で始まる段落以降の「哲学とは以下のように定義されている。『問題の発見や明確化……検討し研究すること』これは，まさに研究である。」という筆者の考えと，ウが一致している。「しかし，豊かで」で始まる段落の内容とアが，「日本では」で始まる段落の内容とイが，「それと同じように」で始まる段落の内容とエが一致しない。

三　**（説明文―内容吟味，文脈把握，段落・文章構成，指示語の問題，接続語の問題，脱文・脱語補充）**

重要　問一　傍線部1「フランス革命の凄さ」とあるので，フランス革命が成し遂げたことを述べている部分を探す。⑱段落に「このように，フランス革命によって，個人の尊厳を起点にして社会が構成され，国家は社会に奉仕することによって究極的には個人の人権を護るという原理が形成された」と本文をまとめており，この内容にウが最も適切。他の選択肢はこの内容を述べていない。

問二　直後の文の「《自由で平等で理性をもった尊厳ある存在としての個人》」とは，どのような人物なのかを考える。直後の段落の「教会秩序（つまり神）から解放された人間」「個々人が物事をみずからの理性で考えて判断しなければなりません」と説明しているアを選ぶ。「教会秩序（つまり神）から解放され」に，イの「異を唱え」はそぐわない。ウの「新たな宗教を興す自由」や，エの「武力を行使」とは述べていない。

問三　前後の文脈から，「この世の問題を解決するには」どのような「判断が必要」なのかを考える。直前に「人間の理性による」とあるので，論理や道理にかなっているという意味を表す言葉が当てはまる。

問四　「国家」を言い換えている部分を探す。⑧段落に「つまり国家とは社会を健全に機能させるために作られた人為的機構であり装置なのです」とあり，ここから適切な部分を抜き出す。

やや難　問五　A　前の「国家成立後，市民には国家構成員（公民）としての地位と役割が与えられます」の「地位と役割」について，後で「近代国家は理性をもった『人』＝『市民』が自らの尊厳（人権）を護るために主権者となり，議会に代表者を送って公共政策（法律）を作り，行政に法律を施行させ……裁判所がこれを裁断する」と具体的に言い換えているので，説明の意味を表す言葉が当てはまる。　B　「人は労働によって……富を増やすことができる」という前を受けて，後で「市民社会と資本主義社会」の関係という新しい話題を提示しているので，転換の意味を表す言葉が当てはまる。

問六　傍線部4の「国家と社会」の分離について，⑭段落で「このように資本主義の発展のためには，社会の国家からの分離・自立がどうしても必要でした」と述べている。したがって，「資本主義社会の発展を実現させるため」とあるイの理由が最も適切。他の選択肢は「資本主義の発展」を理由としていない。

問七　傍線部5「外的な事項」は，直前の「国家の役割」を述べている。同じ⑮段落に「国家の役割には多くの限界があります。何よりも主権者たる個人の内面に立ち入ることはできません」とあるので，「個人の内面」に通じる具体例が適切でないものにあたる。「国家が個人に対して，こういう思想をもてとか，どういう表現をしてはいけないとか，どの宗教を信じろ，などと命令することはできない」から，「刊行物から削除する」とあるウが適切ではない。⑮段落に「国家の役割」は「国民のニーズを基礎に公共政策の実施によって問題を解決する」ことと述べており，この「公共政策」に，アの「公共施設のデザイン」，イの「法律に基づいて市民を裁くこと」，エの「徴兵」が含まれることも確認する。

やや難 問八　一つ前の文に「裁判所に違憲審査権はありませんでした」とあり，直前の文に「審査できるようになりました」とあるので，「ますます」「高められてい」るのは，一つ前の文の「違憲審査権」だとわかる。

問九　挿入する文章は「法人格」という言葉を説明しているので，「法人格」という語が初めて提示された部分の後に入る。⑫段落に「この原理は，そのまま市民社会の基本法である民法典に，《法人格の平等》と《所有および契約の自由》として取り入れられています」とあるので，挿入する文章は⑫段落の後に入り，直後の段落となるのは⑬段落。

四 （古文―情景・心情，語句の意味，文と文節，仮名遣い，表現技法，文学史）

〈口語訳〉　昔，男がいた。宮廷仕えが忙しく，心も誠実な愛情をかけられなかった妻が，誠実に愛しましょうという人についていって，他国へ移住してしまった。この男が，宇佐神宮への使いとして行った時に，ある国の接待の役人の妻になっていると聞いて，「当家の主婦にさかずきを捧げさせよ。そうでなければ酒は飲むまい」と言ったので，(主婦は)さかずきを取って差し出したところ，(男は)酒のつまみとして出された橘を手にとって，

　さつき待つ花たちばなの香をかげばむかしの人の袖の香ぞする(五月を待つ花橘の香りをかぐと，昔親しんだ人の袖の香りがする)

と詠んだので(女は)かつての夫であることを思い出し，尼になって山に入り暮らしたのだった。

問一　1 「まめなり」には，真面目に，忠実に，誠実になどの意味がある。　2 「いぬ」は「往ぬ」「去ぬ」と書き，去る，行ってしまう，という意味になる。「人につきて」というのであるから，アの「移住してしまった」が適切。　5 「さらずは」は，「さあらずは」の省略された形で，そうでなくては，という意味。「飲まじ」の「じ」は，打消しの意志の意味を表す。

やや難 問二　3 「ある国の祇承の官人の妻にてなむある」と聞いたのは，「この男」。　6 「女あるじにかはらけとらせよ。さらずは飲まじ」と言われて，「かはらけ」を取って出したのは，「女あるじ」。「女あるじ」は妻のことで，前に「家刀自」と言っている。

基本 問三　語頭以外のハ行は，現代仮名遣いではワ行に直す。

問四　「さつき」は「五月」のこと。旧暦では，四月・五月・六月は夏となる。

やや難 問五　直前の「ぞ」を受けて，係り結びの法則が働いている。本来ならば「す」と終止形で結ばれるところを，「する」という連体形で結ばれている。

重要 問六　直後に「尼になりて」とあるので，思い出したのは「女あるじ」である。「女あるじ」が何を思い出したのかを考える。

問七　『伊勢物語』の主人公とされている人物は，エの「在原業平」。アは『土佐日記』，イは『方丈記』，ウは『徒然草』の作者。

★ワンポイントアドバイス★

論理的文章の読解問題で難解な内容だと思っても，問われている内容を把握し，丁寧に文脈をたどることで解答を得られる。落ち着いて該当する部分を探すという意識をもつことが大切だ。

MEMO

大切なことはメモしておこうネ！

2021年度
★★★★★★★★★★★★★★★★★★★★★★★★★★

入　試　問　題

2021年度

横浜翠陵高等学校入試問題

【数　学】（50分）〈満点：100点〉

1　次の各問いに答えなさい。

問1． $-2^2-\left\{\left(-\dfrac{3}{2}\right)^2+\dfrac{5}{4}\right\}\div(-0.5)^2$ を計算しなさい。

問2． 連立方程式 $\begin{cases} 2x-5(x+y)=6 \\ \dfrac{x}{3}-\dfrac{x-y}{5}=\dfrac{4}{15} \end{cases}$ を解きなさい。

問3． $16ax^2-8ax+a$ を因数分解しなさい。

問4． $a=\dfrac{1}{2}$，$b=-3$ のとき，$4ab^2\div(-2ab)\times 3a$ の値を求めなさい。

問5． $\dfrac{5\sqrt{3}-\sqrt{20}}{\sqrt{15}}-\dfrac{\sqrt{3}-3}{3}-1$ を計算しなさい。

問6． 方程式 $(3x-1)^2=x(2x+1)$ を解きなさい。

2　次の各問いに答えなさい。

問1． 4つの数 $\dfrac{3}{5}$，$\dfrac{3}{\sqrt{5}}$，$\dfrac{\sqrt{3}}{5}$，$\dfrac{\sqrt{3}}{\sqrt{5}}$ を小さい方から順に並べなさい。

問2． 点$(-4,\ 3)$を通り，直線 $y=2x-4$ とx軸上で交わる直線の式を求めなさい。

問3． xの2次方程式 $x^2+x-2a^2=0$ と $x^2+a^2x+a-1=0$ がともに $x=1$ の解をもつとき，aの値を求めなさい。

問4． 数字が書かれた4枚のカード［1］，［2］，［3］，［4］がある。この4枚のカードをよくきって同時に2枚を取り出す。このとき，取り出した2枚のカードに書かれた数字の積が偶数になる確率を求めなさい。

問5． 次の図において，点Oは半円の中心である。$\angle x$の大きさを求めなさい。

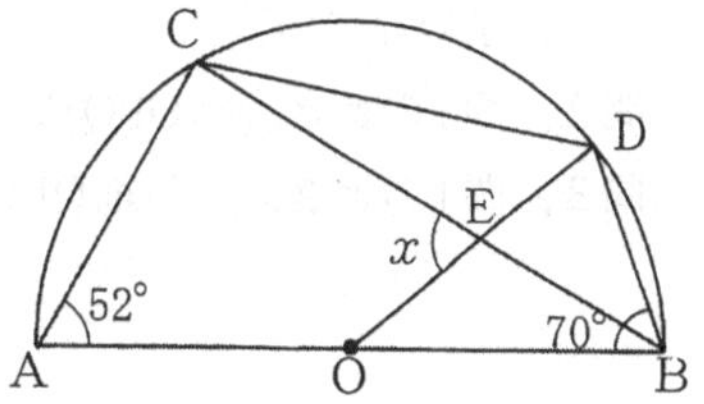

3　図のように，関数 $y=ax^2$ のグラフの $x>0$ の部分に点Aがあり，点Aの y 座標は6である。また，2点B，Cを，四角形ABOCが平行四辺形となるように，点Bはグラフ上に，点Cは x 軸上にとる。平行四辺形ABOCの面積が36になるとき，次の各問いに答えなさい。

問1． 点Cの座標を求めなさい。

問2． a の値を求めなさい。

問3． 関数 $y=ax^2$ のグラフ上に，四角形OAPBの面積が平行四辺形ABOCの面積の2倍になるように点Pをとる。点Pの座標をすべて求めなさい。

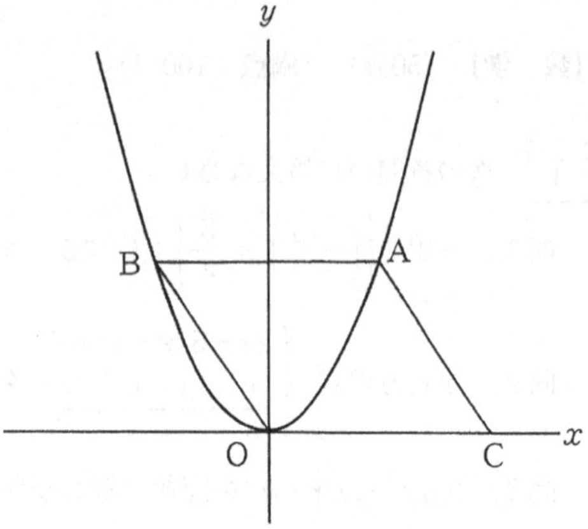

4　図のように，AB＝8 cm，BC＝10 cm，CA＝6 cmの直角三角形ABCがあり，∠BACは直角である。また，CD＝4 cm，点E，Fはそれぞれ辺AB，BCの中点である。線分BDと線分EF，線分AFとの交点をそれぞれG，Hとする。このとき，次の各問いに答えなさい。

問1． 線分FGの長さを求めなさい。

問2． 四角形AGFDの面積を求めなさい。

問3． 四角形HFCDの面積を求めなさい。

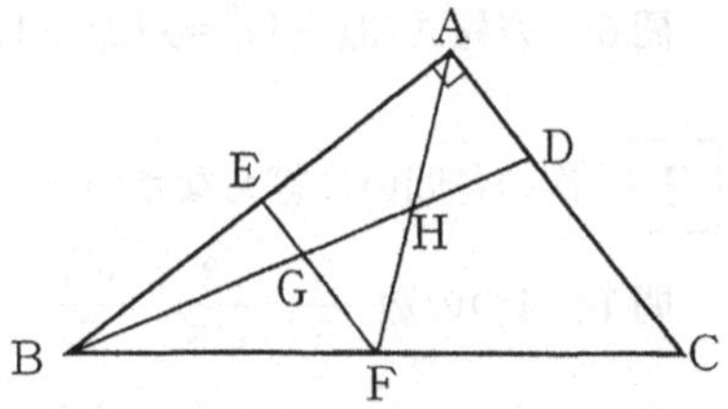

5　図のように，OA＝4 cm，OB＝OC＝5 cm，AB＝AC＝3 cm，∠OAB＝∠OAC＝∠BAC＝90°の三角錐OABCがある。点P，Rは頂点Oを出発し，点Pは辺OA上を，点Rは辺OC上を毎秒1 cmの速さでそれぞれ点A，点Cまで進む。また点Qは頂点Bを出発し，毎秒1 cmの速さで辺OB上を点Oまで進む。3点P，Q，Rが同時に出発してから何秒後かに，線分PQが辺ABと平行になった。このとき，次の各問いに答えなさい。

問1． 線分PQが辺ABと平行になるのは，出発してから何秒後か求めなさい。

問2． 問1のとき，△OPQの面積を求めなさい。

問3． 問1のとき，三角錐OPQRの体積を求めなさい。

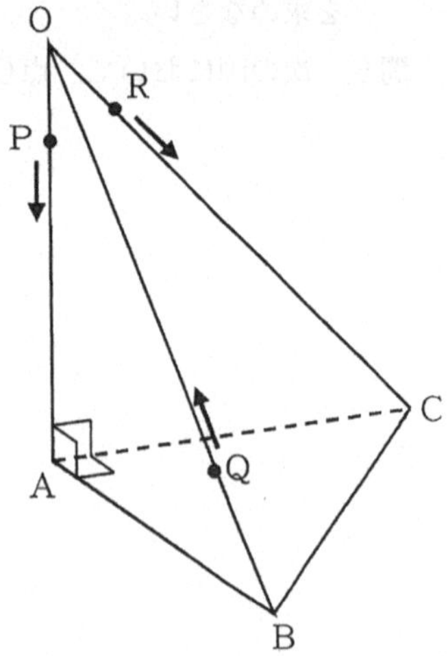

【英　語】（60分）〈満点：100点〉

1 〈リスニングテスト〉対話を聞き，その最後の文に対する応答として最も適切なものを**1**，**2**，**3**の中からそれぞれ一つ選びなさい。答えは全て解答用紙に記入しなさい。英文は二度ずつ読まれます。はじめに例題を聞き，解答の書き方を確認しなさい。

例題解答	3

上のように解答欄には数字を書きなさい。　※リスニングテストの放送台本は非公表です。

2 次の英文を読んで，あとの問いに答えなさい。

Patrick didn't do his homework. He usually played baseball, basketball, and Nintendo. His teachers said to him, "Patrick! If you don't do your homework, you can't learn anything." And of course, he sometimes thought he was a bad student.

But what could he do? He really didn't like doing homework.

Then on *St. Patrick's Day, his cat was playing with a little doll. Patrick looked at the doll. But it wasn't a doll at all! It was a very small man. The man was *wearing a little shirt, pants, and a tall hat, He shouted, "①Help me! Don't give me back to that cat. I'll do anything for you."

Patrick couldn't *believe how *lucky he was! Here was the answer to all of his problems. So he said, "Please do all my homework. If you do a good job, I can get good *scores."

The little man *grimaced, "Oh, I am poor at ②it! But I'll do it."

He started to do Patrick's homework, but he couldn't do it. "Help me! Help me!" he said. And Patrick had to help him.

When he was reading Patrick's homework, he usually said, "I don't know this word." "Get me a dictionary. Check the word and tell me the *spelling."

The little man also couldn't help him with his math homework. "What are *times tables?" he asked. "In our world, we don't need them. We don't use 'numbers' Here, sit down next to me, you must teach math to me, or ③I can't do anything."

Of course, the little man didn't know the history of this world. So he told Patrick, "Go to the library, I need books. More and more books. And you can help me to read them, too."

Every day, that little man was a *nag! Patrick was working harder and harder every day. He had to *stay up late every night and he was going to school *with his eyes puffed and bleary.

The last day of school arrived and the little man was free to go, because there was no more homework.

Patrick got good scores. His classmates couldn't believe it and his teachers said, "You did it!" His parents also didn't know what happened to Patrick.

He is now a model kid. He clans his room, and does his job. He is cheerful, and not rude. Patrick thinks a little man did all his homework. The truth is that; [I]

（注）*St. Patrick's Day　アイルランド共和国の祝祭日　*wear　（～を）着る　*believe　（～を）信じる
*lucky　幸運な　*score　成績　*grimace　唇をかみしめる　*spelling　つづり方
*times tables　九九の表　*nag　口うるさい人　*stay up late　夜更かしをする

*with his eyes puffed and bleary　目が腫れていて，かすんでいる様子

問1．下線部①と言った理由について，最も適切なものを次の中から一つ選び，記号で答えなさい。

ア　The man couldn't wear a shirt and pants because they were too small for him.

イ　The man didn't want to be the cat's toy.

ウ　The man didn't want to study but he had a lot of homework to do.

エ　The man couldn't play video games because he didn't have any friends to play with.

問2．下線部②が指しているものは何か。最も適切なものを次の中から一つ選び，記号で答えなさい。

ア　doing homework

イ　playing Nintendo

ウ　getting good scores

エ　playing with Patrick's cat

問3．下線部③と言った理由について，最も適切なものを次の中から一つ選び，記号で答えなさい。

ア　The man didn't want to do the homework for Patrick.

イ　The man couldn't ask Patrick for help.

ウ　The man couldn't understand Patrick's homework.

エ　The man had no time to do the homework.

問4．[I]に当てはまる英文として最も適切なものを次の中から一つ選び，記号で答えなさい。

ア　Patrick did it!

イ　The little man did it!

ウ　Patrick couldn't do it!

エ　The little man couldn't do it!

問5．本文の内容と一致するものにはT，一致しないものにはFで答えなさい。

(1)　Patrick liked to play with the cat in his house.

(2)　Patrick helped the little man with Patrick's homework and had to stay up late.

(3)　Patrick got good scores and became a good student at last.

(4)　Patrick's parents knew that he lived with a little man in his room.

3　次の＜Ａ＞～＜Ｃ＞の英文を読んで，あとの問いに答えなさい。

＜Ａ＞

The most interesting thing about *American Meals is their *variety. In *the U.S., there are many kinds of people. The U.S. has many different *types of *land, *weather, and food.

One of the *reasons for variety in types of meals is the history of the people. All Americans or their *ancestors came from different parts of the world. The first Americans, usually called *Native Americans, came from Asia. Later, Americans came from all parts of *Europe, Asia, and Africa. And people enjoy some of the food of their grandparents' countries.

There is another reason for so much variety in foods. It is easy to find some foods in an area. For example, seafood is eaten all over the U.S. But, there is much more variety near the sea, and of course it's much more delicious. Also, Americans are starting to *travel more and learn about new foods in other parts of the U.S. or in other countries. For all these reasons, American meals show much variety.

（注） *American　アメリカの，アメリカ人の　*variety　多様なこと　*the U.S.　アメリカ合衆国
*type　種類　*land　土地　*weather　天候　*reason　理由　*ancestor　先祖
*Native Americans　アメリカの先住民たち　*Europe　ヨーロッパ　*travel　旅行する

問．本文の内容と一致するものにはT，一致しないものにはFで答えなさい。

(1) アメリカの料理は多様である。

(2) The first Americansとは，ヨーロッパから移住して来た人々のことである。

(3) 魚介類は，海岸付近の方がより美味しく食べられる。

(4) アメリカの料理は世界中で食べられている。

＜B＞

Halloween, the evening of October 31, is the night before *All Saints' Day All Saints' Day is still *celebrated in the *Roman Catholic Church, but in *the U.S,, Halloween has lost all *religious meaning, and has become a children's *holiday.

Children dress up as *witches, *ghosts, or their favorite characters from stories or *cartoons. They may have *costume parties, and they *bob for apples. The apples are *floating in a big, wide *tub of water, and the children *bend over, and try to get apples with their teeth. They also eat popcorn balls, *candied apples.

Pumpkins are *harvested about that time, and many people *remove the *seeds and *curve a face in the pumpkin. Then people put a candle inside, and the pumpkin turns into a *jack-o'-lantern.

（注） *All Saints' Day　諸聖人の日　*celebrate　祝う　*Roman Catholic Church　ローマカトリック教会
*the U.S.　アメリカ合衆国　*religious　宗教的な　*holiday　祝日　*witch　魔女　*ghost　お化け
*cartoon　マンガ　*costume　衣装　*bob for apples　（目隠しをして）リンゴをくわえる　*float　浮く
*tub　たらい　*bend over　前かがみになる　*candied apples　りんごアメ　*harvest　収穫する
*remove　取り除く　*seed　種　*curve　（～を）彫る　*jack-o'-lantern　ジャコランタン

問．本文の内容と一致するものにはT，一致しないものにはFで答えなさい。

(1) 11月1日は諸聖人の日である。

(2) ハロウィンは大人も仮装して楽しむ行事である。

(3) ハロウィンには大人もポップコーンやリンゴアメを楽しんで食べる。

(4) 人々はかぼちゃをくりぬいて，ジャコランタンを作る。

＜C＞

Life was not always easy for the Maori people. Many years ago they had many *challenges. In today's Maori life there are many new challenges. The biggest is to keep the language and culture. Let's take a look at the history of Maori.

Where did they come from? It is *believed that the Maori people arrived in New Zealand in their large *canoe over 1,000 years ago. There are many ideas where they came from, but they all believe they came from other *Pacific islands.

What did they believe? They believed in gods of the *forest, sea, *earth and sky. If they wanted to cut down a *tree or catch a *fish, a *prayer had to be said first, or the gods would be angry.

Life was not easy. Often it was dangerous and not long. The Maori people had a lot of fighting.

*Disease was not a big *problem, but they had *trouble with their teeth. Sometimes it was too hard to eat, so many people *died. Most people lived to about 30 years old.

（注） *challenge　困難　　*believe　（～を）信じる　　*canoe　カヌー（船の一種）
*Pacific islands　太平洋の島々　　*forest　森　　*earth　大地　　*tree　木　　*fish　魚
*prayer　祈りの言葉　　*disease　病　　*problem　問題　　*trouble　悩み　*die　死ぬ

問．本文の内容と一致するものにはT，一致しないものにはFで答えなさい。

(1)　マオリの文化や言語を守るのは難しいことである。
(2)　マオリは太平洋のある島から来たという確かな証拠がある。
(3)　魚をとった時は，マオリの神に必ずささげなければならない。
(4)　歯はマオリの生命維持には大切である。

4　次の場面（Situation）と対話（Conversation 1 と Conversation 2）を読み，**資料１～４**を使って，あとの問いに答えなさい。

Situation

Tom is an 18-year-old student and *going sightseeing in a city. He arrived in the city at 7 A.M. today by train from another city. He is at the *information center to get some information about his trip.

Conversation 1

Tom：Excuse me. Can you tell me how to get to Sky *Castle? ①I'm just a stranger around here.
Clerk：Sure. You can go there by bus. Look at the *fare chart. We are in Zone 1 now Our city has a "Bus Zone *System." Each zone is 10 km long. For example, Zone 2 means it is *between 11 km to 20 km away from the *center of the city. Look at this *diagram.
Tom：OK, I understand. Thank you very much for the information.
Clerk：You'll *save some money if you can visit the castle today. Tomorrow it will cost more. Look at this *leaflet about Sky Castle.
Tom：Oh! You are right! I will also buy a *round-trip ticket to save more money.
Clerk：Enjoy your trip!

（注） *go sightseeing　観光する　　*information center　案内所　　*castle　城
*fare chart　運賃表　　*system　制度　　*between　（～の）間　　*center　中心地　　*diagram　図
*save　（～を）節約する　　*leaflet　チラシ　　*round-trip ticket　往復券

資料１

SKY CASTLE

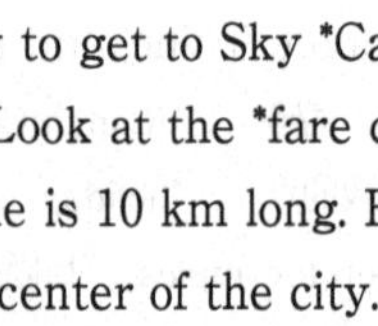

	Monday to Friday	Saturday to Sunday
CHILD (5-12)	150 yen	200 yen
STUDENT (13-21)	200 yen	300 yen
*ADULT (over 22)	500 yen	600 yen

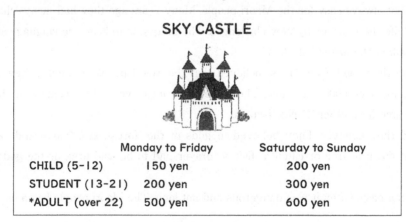

資料2

		TO				
		zone1	zone2	zone3	zone4	zone5
FROM	zone1	100	200	250	300	350
	zone2	200	100	200	250	300
	zone3	250	200	100	200	250
	zone4	300	250	200	100	200
	zone5	350	300	250	200	100

This is a fare chart of a one-way ticket.
You can get 50 YEN OFF from the *total if you buy a round-trip ticket.

資料3

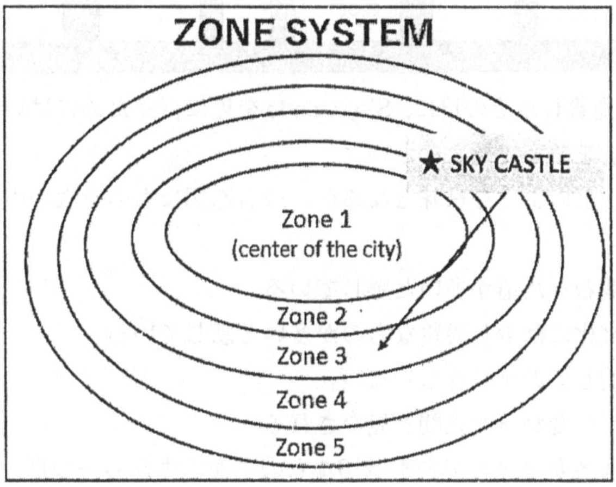

（注） *adult 大人 *total 合計

Conversation 2

Tom：Oh! I have one more question. Can you *recommend other places to visit, like parks or museums? Maybe I'll have some time in the afternoon.

Clerk：Of course. Our city has a lot of *attractions. Midori Park and Dragon Bridge are very popular. Now, you can enjoy beautiful autumn colors in Midori Park.

Tom：Sounds great. I *would like to visit Midori Park. How can I get there? I hope it is not very far.

Clerk：You can walk from here. I'll give you a map.

Tom：Thanks. Does the star show where we are now?

Clerk：Yes, it does. We are at the information center now. You can see a gym across the street. Go *past the gym and walk two blocks between City Hall and Bus Terminal. You can see a library just *in front of you. Then turn right. The park is just *next to the library. [I] It will take about 10 minutes. If you get off the bus at the terminal after visiting Sky Castle, it will take only five minutes.

Tom：Thank you very much again!

Clerk：You're welcome. Have a nice day.

（注） *recommend 推薦する *attraction 名所 *would like to ～ ～したい
*past （～を）通り過ぎて *in front of （～の）前に *next to （～の）隣に

資料4

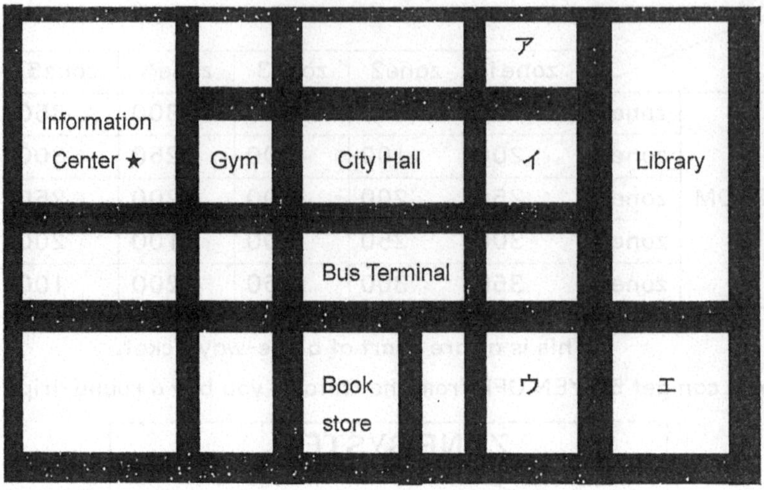

問1．Tomがこの町に到着したその日に，Sky Castleを見に行くためにはいくら必要か。往復交通費と入場料金の合計を数字で答えなさい。

問2．下線部①は文脈上どのような意味となるか。最も適切なものを次の中から一つ選び，記号で答えなさい。

ア　私はこの町には変わった道が多いと感じている。
イ　私はこの地域の文化には少し異質なものが多いと感じている。
ウ　私はこの辺りに関してあまり詳しくない。
エ　私はこの町では少し変わった人間と見なされる。

問3．[I]に当てはまる英文として最も適切なものを次の中から一つ選び，記号で答えなさい。

ア　I'll go with you.
イ　Many people don't like it very much.
ウ　It is not open to public now.
エ　You'll find it easily.

問4．資料4の地図を見て，Midori Parkの位置をア～エより一つ選び，記号で答えなさい。

問5．本文の内容と一致するものにはT，一致しないものにはFで答えなさい。

(1)　案内所の係員は市内でお勧めの場所を2か所伝えた。
(2)　Zone Systemは電車にもバスにも共通して用いられる。
(3)　Tomは今日この町に到着したばかりである。
(4)　Tomは Midori Parkに行く際に，本屋の前を通る。

5　次の(　　)に当てはまる語句として最も適切なものを，それぞれ次の中から選び，記号で答えなさい。

(1)　What time will you (　　　) the station?
ア　arrive　　イ　reach　　ウ　get　　エ　go

(2)　I got up a four this morning, (　　　) I feel a little sleepy now.
ア　because　　イ　or　　ウ　if　　エ　so

(3) (　　　) made you sad?

ア What　　イ Why　　ウ When　　エ How

(4) The pictures (　　　) by a famous painter in Paris are now on sale.

ア was painted　　イ were painted　　ウ were painting　　エ painted

(5) "Must I do it right now?"

"(　　　). You can do it tomorrow."

ア Yes, you do　　イ No, you didn't

ウ No, you mustn't　　エ No, you don't have to

(6) Was (　　　) cloudy in Sapporo yesterday?

ア that　　イ it　　ウ this　　エ the day

(7) This question is (　　　) than that one.

ア much easier　　イ more easier　　ウ much more easy　　エ more easy

6 次の英文が完成するように，ア～カまでを並べ替えて(　　)の中に入れたとき，[A]と[B]に入る語(句)を記号で答えなさい。ただし，文頭の文字も小文字になっている。

(1) Can you (______ ______ [A] ______ [B] ______) a ribbon?

ア wearing　　イ *dress　　ウ see

エ a　　オ with　　カ the girl

(注) *dress　ドレス

(2) The (______ ______ [A] ______ [B] ______) to her songs.

ア singer　　イ us　　ウ to

エ listening　　オ enjoy　　カ wants

(3) This watch is (______ ______ [A] ______ [B] ______) this shop.

ア in　　イ all　　ウ of

エ most　　オ *expensive　　カ the

(注) *expensive　高価な

(4) I ([A] ______ ______ ______ [B] ______).

ア from　　イ where　　ウ he

エ don't　　オ is　　カ know

(5) "(______ [A] ______ ______ [B] ______)?"

"Three times."

ア have　　イ often　　ウ Kyoto

エ you　　オ how　　カ visited

(6) (______ [A] ______ [B] ______ ______) Santa Clause?

ア you　　イ was　　ウ by

エ given　　オ to　　カ what

(7) (______ [A] ______ [B] ______ ______) your work.

ア you　　イ play　　ウ don't

エ before　　オ finish　　カ games

エ　良さを知るまい

問二　傍線部4「のたまひしか」、7「御覧じけれ」の主語として適切なものをそれぞれ次の中から選び、記号で答えなさい。

ア　村上天皇　イ　なにがしぬし　ウ　若き者ども
エ　貫之のぬし　オ　貫之のぬしの御女

問三　傍線部5「家あるじ」とあるが、その人物として最も適切なものを次の中から選び、記号で答えなさい。

ア　村上天皇　イ　なにがしぬし　ウ　若き者ども
エ　貫之のぬし　オ　貫之のぬしの御女

問四　傍線部6「あるやう」を現代仮名遣《づか》いに直して、平仮名で答えなさい。

問五　傍線部8「貫之」とあるが、この人物が書いた作品を次の中から選び、記号で答えなさい。

ア　土佐日記　イ　源氏物語
ウ　枕草子　エ　平家物語

問六　傍線部9「遺恨のわざをもしたりけるかな」とあるが、そのように思った理由となる部分を本文中から二十字以内で抜き出し、最初の五字を答えなさい。

問七　この文章の内容を説明したものとして最も適切なものを次の中から選び、記号で答えなさい。

ア　梅の木を枯れさせた人物は、代わりの木を用意することで許してもらった。
イ　京は環《かん》境が悪くて、梅の木の代わりになるような木は存在しなかった。
ウ　代わりの梅の木の持ち主は、天皇の命令ということで喜んで差し出した。
エ　村上天皇は、他人の意見に耳を傾《かたむ》ける思いやりのある人物であった。

結果としては、多くのいい直しやいい淀《よど》みをともなう非流暢《ちょう》な発話になってしまうのだけれど、よそゆきでの流暢な言葉よりも、むしろ「自分にすーっと近づいてくる」ような感じがする。こうした発話に対して聞き手として思わず耳を貸してあげてしまうのだ。

四　次の文章を読んで、後の問いに答えなさい。なお、問いに字数指定がある場合は、句読点も一字分に数えること。

いとをかしう1あはれにはべりしことは、この(注1)天暦《てんりやく》の御《おほん》時に、清涼《せいりやう》
殿《でん》の御《お》前の梅の木の枯《か》れたりしかば、2求めさせたまひしに、なにが
(天皇が代わりの梅を)　なんとか
しぬしの蔵人《くらうど》にていますがりし時、うけたまはりて、「若き者どもは
といったお方が　いらっしゃった時、
3え見知らじ。きむぢ求めよ」と4のたまひしかば、一京《ひときやう》まかり歩《あり》き
おまえが　京中を歩き回りまし
しかども、侍《はべ》らざりしに、西京《にしのきやう》のそこそこなる家に、色濃《いろこ》く咲きたる
たけれども、ございませんでしたが、
木の様体《やうだい》うつくしきが侍りしを、掘《ほ》り取りしかば、5家あるじの、
姿かたちが　ございましたのを、
「木にこれ結《ゆ》ひつけて持《も》て参れ」と言はせ給ひしかば、6あるやうこ
(召使いに) 言わせなさったので、何かわけで
そはとて、持て参りてさぶらひしを、「なにぞ」とて7御覧《ごらん》じければ、
もあるのだろうと思って、持って参りましたのを、
女の手にて書きて侍りける、
女の筆跡で書いてありました歌、

勅《ちょく》なればいともかしこしうぐひすの宿はと問はばいかが答へむ
天皇のご命令なのでまことに恐れ多いことですが(この梅を献上します)。(ただ)
鶯が「(自分の)宿はどこ」と問うたらどう答えましょうか。
とありけるに、あやしく思《おぼ》し召《め》して、「何者《なにもの》の家ぞ」とたづねさせ給
お思いになって、
ひければ、8(注2)貫之《つらゆき》のぬしの御《み》女《むすめ》の住む所なりけり。「9遺恨《ゐこん》のわざを
紀貫之殿のご息女の　「残念なことをし
もしたりけるかな」とて、あまえおはしましける。
たなあ」　きまり悪がっていらっしゃった。

〔『大鏡』による〕

(注) 1　天暦の御時……平安時代、村上天皇の時代。
2　貫之……紀《きの》貫之。和歌に造詣《けい》が深く、『古今《きん》和歌集』の撰《せん》者の一人。

問一　傍《ぼう》線部1「あはれに」、2「求めさせたまひし」、3「え見知らじ」のこの文章における意味として適切なものをそれぞれ後の選択《たく》肢の中から選び、記号で答えなさい。

1　「あはれに」
ア　かわいそうで　イ　感慨《がい》深く
ウ　貧《ひん》相で　エ　意味深く

2　「求めさせたまひし」
ア　お探しになった　イ　お買いになった
ウ　探させなさった　エ　買わせなさった

3　「え見知らじ」
ア　見分けることはできないだろう
イ　ご存じないだろう
ウ　理解することはあるまい

ら。

ウ　地面との相互《ご》作用によって、歩行することができるから。

エ　地面からの影響《えいきょう》によって、ぎこちない歩き方になってしまうから。

問三　傍線部３「ドキドキした感じをともなう」とあるが、その理由として最も適切なものを次の中から選び、記号で答えなさい。

ア　地面を進んだ先にある、待ち受ける未知の何かに期待しながら一歩を踏みだすから。

イ　地面の状態を把握《はあく》できず、どんな障害があるかわからないまま一歩を踏みだすから。

ウ　地面に倒れた時の痛みを想像しながら、それでも勇気を出して一歩を踏みだすから。

エ　地面が確実に支えてくれる保証はないけれども、それを信じて一歩を踏みだすから。

問四　傍線部４「こだわり」とあるが、その説明として最も適切なものを次の中から選び、記号で答えなさい。

ア　自分の力だけで歩行できるようになりたい。

イ　大人のように美しくスムーズに歩きたい。

ウ　バランスを崩してでも歩く動作を試《ため》したい。

エ　地面を利用して歩く方法を身につけたい。

問五　傍線部５「身体と地面との拮抗した関係性」とあるが、その説明として最も適切なものを次の中から選び、記号で答えなさい。

ア　自分自身の力だけではできないことを、補助し支えてもらい一緒《しょ》に成し遂《と》げる関係。

イ　自分自身の行動をコントロールできないときにアドバイスをして、導いてくれる関係。

ウ　自分自身の存在だけでは成り立たないことを、互いに補完し合う関係。

エ　自分自身の能力が不確かなときに、秘《ひ》められた可能性を示唆《しさ》してくれる関係。

問六　［①］に当てはまる言葉を本文中から二十字以内で抜き出して答えなさい。

問七　［Ⅰ］・［Ⅱ］に当てはまる言葉として適切なものをそれぞれ次の中から選び、記号で答えなさい。

ア　では　　イ　なぜなら　　ウ　また

エ　たとえば　　オ　けれども

問八　傍線部６「文脈の力を借りながら伝える」とあるが、その説明として最も適切なものを次の中から選び、記号で答えなさい。

ア　思いついた言葉を寄せ集めながら、想定していた内容の文章を完成させていく。

イ　話の流れの中に言葉を当てはめながら、新しい展開を生みだしていく。

ウ　発想を変え予想外の言葉を使うことで、おもしろい作品を仕上げていく。

エ　話の方向性を決めておくことで、言葉選びがスムーズに進んでいく。

問九　次の文章を入れるのに最も適切な箇所《か》を本文中の【　Ａ　】～【　Ｅ　】の中から選び、記号で答えなさい。

【Ｂ】

構想を組み立てるのと、それを文章にしていくのとはちがう。地面になにげなく一歩を踏みだすように、文の断片《ぺん》を一つひとつ文脈のなかに流し込んでみる。個々の表現ですべてを伝えようとするのではなく、むしろ6文脈の力を借りながら伝える。そんなスタンスにシフトできると、文章を書くスピードも速くなってくる。その文脈に支えられるようにして個々の表現に新たな意味や価値が生まれ、それが新たな文脈を作りだしていく。そこで伝えるべきことも明確になっていく。まさに地面の力を半ば借りながら、すこし前のめりになって〈動歩行〉を生みだす感じなのだ。

【Ｃ】

先に紹《しょう》介した、「でー、柱、黒い、黒い柱が、おっきい太い黒い柱が、ぬっと出ている、なんていうかなぁ……」という発話なども、ほんのすこし前のめりになって歩く感じがする。「倒れそうになったら、その場その場でバランスを修復すればいいのではないか」とばかりに、「どうなってしまうかわからないけれど……」と、思いついたことから言葉にしていく。「でー、柱、黒い……」とわずかにバランスを崩すなら、すかさず「黒い柱が、おっきい太い黒い柱が……」と表現を整えつつ、そこで想起した言葉を重ねていく。そうした発話片は、次の発話の内容を制約しつつも、上手に促してくれる。

【Ｄ】

なにげなく歩くときの地面との切り結びの様式に、あるいは重力に逆らいつつも、「おっとっと」と身体のバランスを維持しようとする姿に、ある種の同型性を感じてしまう。これは試行錯《さく》誤しながらの発話に対しても同様なのだ。その容姿が似ているという「実体としての同型性」ではなく、共通した周囲との切り結びの様式を備えるという意味で「関係としての同型性」と呼ぶようなものなのである。

【Ｅ】

〔岡田美智男《おかだみちお》『〈弱いロボット〉の思考』（講談社）による〕

（注）1　プロトタイプ……試作品。　2　反力……反発する力。

問一　傍《ぼう》線部1「大きなターニングポイント」とあるが、その説明として最も適切なものを次の中から選び、記号で答えなさい。

ア　周囲の環境を利用することを思いついたことで、自身の力を必要としない効率的な歩行ができるようになった。

イ　身体全体のバランスを崩すことを恐れなくなったことで、スマートなだけでなく効率的な歩行ができるようになった。

ウ　エネルギーを節約する効率的で環境にやさしい歩行を追求した結果、環境エネルギーを利用することができるようになった。

エ　乳幼児の歩行習得方法を模倣《ほう》した結果、効率的なだけでなく人間同様な歩行方法を実現することができるようになった。

問二　傍線部2「その『一歩』は行為者のなかに閉じて、自己完結しているのではなく、むしろ外に対して開いているのだ」とあるが、その理由として最も適切なものを次の中から選び、記号で答えなさい。

ア　障害物を避《さ》けるために、常に周囲の環境を探《さぐ》っているから。

イ　障害物が存在することによって、方向転換が強制されるから得られる位置エネルギーを歩行運動に利用するため、「歩く」ための特別な動力を必要としない。

　平地での〈動歩行〉は、前方へと移動するためのエネルギーは必要なのだけれど、このパッシブウォークの動作に近く、とても省力的なのである。一方、一つひとつ重心の移動を確認しつつ慎重に歩を進める〈静歩行〉では、各所にエネルギーの無駄《だ》が発生し、こうしたエコな歩き方とはならない。自然界では、こうしたチープで、かつエコな方略を選びとっているようなのである。

　それと〈ASIMO〉の研究開発のなかで印象的であったのは、動歩行モードの安定化に向け、その後日談として語られた「［　①　］」という考えである。

　〈動歩行〉をおこなうとき、地面に対して「一歩」を委ね、その地面からの反力を利用しながら動的なバランスを維持するというのは理屈《くつ》ではわかる。［Ⅰ］歩くたびに硬い地面に足底がゴツンゴツンとぶつかる感じがして、なにか柔軟《じゅうなん》さに欠ける。不整地などにあっては、すぐにバランスを崩して倒れてしまうことだろう。普通は、「じゃ、肉球のようなものをつけて、その衝撃《しょうげき》を吸収してはどうか」「上体の腕《うで》の動きを利用してバランスを取ってみたらどうか」など、なんとか上体のバランスを維持しようと、身体を硬くして必死になる。そこには「倒れないように、なんとか自らのなかでバランスを取り戻《もど》さなければ……」というこだわりがまだ残されているのだ。

　［Ⅱ］、「倒れそうになる動作をむしろ歩行に生かす」とはどういうことだろう。発想のベースにあるのは、「倒れないようになんとか踏みとどまる」のが大変ならば、むしろ「倒れてしまうことを前提に、そのバランスが崩れたら、それを修復すればよいのではないか」という楽観的なスタンスであった。

　前方に倒れそうなときには、むしろ前に強く踏み込《こ》むことで、その倒れそうな上体を起こす。これは倒《とう》立振《ふり》子の原理そのものである。手のひらの上で傘《かさ》を立ててバランスを取ろうとするときも、無意識に同じような動作をしている。すこし前のめりとなって、歩行を速める感じなのだ。

　たぶん〈ASIMO〉はドキドキしながら歩くことはないだろう。けれども、一歩一歩とすこし腰《こし》を屈《かが》めるように、その身体を半ば地面に委ねるように歩く、勢い余って前のめりになっても、「おっとっと……」と歩調を速めながら上体のバランスを整える。そんな〈ASIMO〉の姿はとてもひょうきんに思えるし、その姿に思わず自分の身体を重ねてしまうのである。

　この「倒れそうになる動作をむしろ歩行に生かす……」というスタンスは、この歩くという行為に限らず、いろいろなところに見出せるように思う。パソコンなどに向かって、文章を書いているときはどうか。

【　A　】

　目の前に迫《せま》り来る締《し》め切り、そんなプレッシャーを抱《かか》えながら書くのは辛《つら》い。なんとか頭のなかで論旨《し》は整理できても、キーワードやキーフレーズを並べただけではどうにも書ける感じがしない、一向に文章が進まない。そうした時に思うのは、文章を書くというのは、「その文脈のなかにとりあえず言葉を流し込んでいくことなのではないか……」ということである。

(grounding)〉と呼ぶことにしたい。

よくよく考えるならば、いつの間にか地面という受け手は、〈なにげない一歩〉という意味や価値を生みだす主役となっている。「もうこれ以上は進めませんよ」という、お掃除ロボットに方向転換《かん》を促《うなが》す部屋の壁の働きも一種の〈グラウンディング〉ととらえるなら、「部屋をまんべんなくお掃除する」という行為も、この〈委ねる〉⇔〈支える〉のカップリングによって生みだされたものだろう。その壁は自分に委ねられた行為を受け止め、それを意味づけし、そして新たな方向づけをおこなっているのである。

でも、どういうわけで〈歩行〉という行為は、こうした危なっかしい行為方略を選択《たく》することになってしまったのか。誰《だれ》でも、「自分の身体なのだから、誰にも委ねることなく、自分のなかだけできちんと律していたい」「自分の行為の意味なのだから、自分で最後まで責任を持ちたい」と思う。歩くということくらい、一人でできないものなのか……、と。しかし、自らのなかで閉じたかたちで〈歩行〉という行為を生みだそうとすると、その身体を硬《かた》くしたまま、「慎《しん》重に、慎重に……」とギクシャクとした〈静歩行〉になってしまうようなのだ。

乳幼児も歩くことを覚える過程で、なんらかの拍子《ひょう》に「一人でなんとか……」との4こだわりを捨てる瞬《しゅん》間があるのだろう。心もとない歩きのなかで、ときにはバランスを崩してしまうことも。そんなとき図《はか》らずも地面からの反力を得て、そのバランスを保つことができた。そうしたことをくりかえすなかで、いつの間にか地面を味方につけつつ、スマートに歩くという行為方略を自分のものにしたのだろう。

自らの内なる視点から、その行為を繰りだそうとするとき、その意味や価値を完全には知り得ない。このような身体に内在する制約のことを、ここでは〈行為の意味の不定さ(indeterminacy)〉と呼ぶことにしたい。なにげない一歩に限らず、わたしたちの行為の多くは、自らの「意味の不定さ」を悟《さと》りながら、地面などの環境《かん》に自らの行為の意味を委ねようとする。いわゆる「小さなドキドキ」というのは、こうしたところから生まれるものなのだろう。〈ASIMO〉の〈動歩行〉に感じたドキドキ感というのも、その意味の不定さを内包する5身体と地面との拮抗《きっこう》した関係性のなかからたち現れたものなのだ。

「〈ASIMO〉とわたしたちのあいだにある共通したものは？ その身体的な共通基盤《ばん》とは？」、そうしたことを考えるうえで、単に「人型である」「二足歩行をする」というだけでなく、この「ドキドキしつつも、地面を味方にして歩く」という行動様式やその背後にある〈不完結さ〉にも目を向けておきたい。わたしたちのお掃除ロボットに対する共感も、「周囲を味方につけながら……」という、〈委ねる〉⇔〈支える〉の行動様式に起因しているようなのである。

薄氷を踏むような〈静歩行〉から〈動歩行〉へのシフトというのは、そこで歩行モードを変えただけではない。地面に対する信頼《らい》を見出しながら、より効率的な移動の手段を手に入れていることに注意したい。スマートなだけではなく、ちょっとエコなのである。

わずかな坂道を下るときなど、すこし身体の力を抜《ぬ》くようにして、地面に一歩を委ねてみる。するとオモチャのロボットがその傾斜《けいしゃ》をそのままトコトコと下るように、脱《だつ》力したまま歩くことができる。これはパッシブウォーク、つまり受動歩行と呼ばれているもので、傾斜か

問九　本文の内容に合致《ち》するものとして適切なものを次の中から**二つ**選び、それぞれ記号で答えなさい。

ア　明治の西洋化で日本が新しい「社会システム」を獲得できたのは、導入する際の違和感に耐《た》える我慢《がまん》強さがあったからである。

イ　西洋化の過程で輸入された言葉を翻訳するにあたり、既《き》存の知識や漢語を活用しながら新しい語を生み出す努力が重ねられた。

ウ　福澤諭吉は近代化から取り残された中国を範《はん》とする「漢学」ではなく、近代的な西洋を範とした「実学」を選択した。

エ　西洋の技術や学問が日本に流れ込み、「実学」を推奨する者と漢学を重視する日本人との間に大きな対立が生じた。

オ　「日本化」の本質とは、本来の形にとらわれることなく物事を自己流に変革させていくことを意味している。

三　**次の文章を読んで、後の問いに答えなさい。なお、問いに字数指定がある場合は、句読点も一字分に数えること。**

よく知られるように、〈ASIMO〉やそのプロトタイプ(注1)である二足歩行ロボット〈P2〉の開発では、その歩行モードである〈静歩行〉から〈動歩行〉へのシフトが1大きなターニングポイントになったという。

それまでのロボットの歩き方といえば、なにかキカイキカイしていて、とてもぎこちない。身体全体のバランスを崩《くず》さないように、軸《じく》足となる足底内に重心を確保したまま、もう片方の足をそーっと前に進めることをする。その重心の移動を確認できると、もう片方の足をそーっと前に進めることをくりかえす。薄《はく》氷の上を、ビクビクしながら歩くような感覚だろうか。

一方で〈ASIMO〉などで実現した〈動歩行モード〉とは、どのようなものなのだろう。なにげなく一歩を踏《ふ》みだそうとするとき、わずかに勢い余ってか、その重心は軸足となっている足底からすこし外れてしまう。すこし前のめりになって、倒《たお》れこむ感じだろう。しかし幸いなことに、その踏みだした一歩は地面からの反力(注2)を借りて、どうにか全体として動的なバランスを維《い》持している。地面に対する〈委ね〉とその地面からの〈支え〉との動的なカップリングによって、なにげない歩行というものを生みだしているのである。

これは部屋の壁《かべ》に果敢《かん》にぶつかっていくお掃除《そうじ》ロボットの姿とも重なる。先にも、「わたしたちは街のなかを歩くと同時に、その街がわたしたちを歩かせている」と述べたけれど、「わたしたちは地面の上を歩くと同時に、その地面がわたしたちを歩かせている」ともいえる。

2その「一歩」は行為《い》者のなかに閉じて、自己完結しているのではなく、むしろ外に対して開いているのだ。

この地面からの〈支え〉を予定して一歩を繰《く》りだすとき、ある種の投機的な行為がなされていることに注意したい。わずかだけれど3ドキドキした感じをともなうのである。この「どうなってしまうかわからないけれど……」という感覚をともないながら、他に委ねるような振《ふ》る舞《ま》いのことを、ここでは〈投機的な振る舞い（entrusting behavior）〉と呼び、これを支える地面のような働きを〈グラウンディング

ウ　西洋の具体的な学問である実学より、複雑な思考を必要とする漢学の方が思想的でありすぐれていると教えたから。

エ　西洋の科学を取り入れ、それまでの儒教思想と融合させる幅広い分野に対応しうる新たな学問をつくり出したから。

問二　傍線部2「実学」とあるが、実学に当てはまるものを次の中から一つ選び、記号で答えなさい。

ア　文学　　**イ**　心理学　　**ウ**　哲《てつ》学　　**エ**　農学

問三　傍線部3「幅をきかせている」の意味として最も適切なものを次の中から選び、記号で答えなさい。

ア　権力を振《ふ》るっている

イ　相手に気に入られようとしている

ウ　身動きがとれないでいる

エ　大騒《さわ》ぎして重大事にしている

問四　①には四字熟語が入る。次の（　）に当てはまる漢字をそれぞれ入れて完成させなさい。

・一（　）一（　）

問五　傍線部4「そのこと」とあるが、その説明として最も適切なものを次の中から選び、記号で答えなさい。

ア　「概念」を理解しなくても、他国の言語さえ習得すれば模倣《ほう》できるということ。

イ　「概念」を表す手段がなければ、根本的な理解には至らないということ。

ウ　「概念」という抽象的な知識よりも、実体に即《そく》した技術が重要であるということ。

エ　「概念」的な言葉と自分が推奨する実学とは相反するものだということ。

問六　傍線部5「銀行のシステム」とあるが、それ以前の日本の金融システムと異なる点は何か。本文中から四十字以内で抜《ぬ》き出し、最初と最後の五字を答えなさい。

問七　傍線部6「日本人は、初めて出会ったはずのシステムの本質をすぐに理解し、実にさまざまなシステムを一気に導入しています」とあるが、その理由として最も適切なものを次の中から選び、記号で答えなさい。

ア　日本人は、伝統だけに固執《しつ》することなく何でも受け入れる資質を有していたから。

イ　日本人は、他国の人々に比べて文字を読む能力が高かったから。

ウ　日本人は、自分の知らないものに対する好奇心が強かったから。

エ　日本人は、新しいものも自分たちに有用なものへと変える能力を持っていたから。

問八　Ⅰ・Ⅱに当てはまる文字の組み合わせとして最も適切なものを次の中から選び、記号で答えなさい。

ア　Ⅰ　f　Ⅱ　y

イ　Ⅰ　y　Ⅱ　f

ウ　Ⅰ　f　Ⅱ　f

エ　Ⅰ　y　Ⅱ　y

るのと似ていますが、その本質はまったくの別物です。一番の違《ちが》いは、信用を創造し、実際に存在するお金の金額以上の価値を社会にもたらすという部分でしょう。

この銀行という社会金融システムを理解して導入したわけですから、明治初期というのは科学技術以上にシステムの理解および導入に優《すぐ》れていたと言えます。

銀行だけではありません。6日本人は、初めて出会ったはずのシステムの本質をすぐに理解し、実にさまざまなシステムを一気に導入しています。なぜそのようなことができたのでしょう。何しろこの時期の日本人は、憲法もきちんと翻訳してつくり、議会制民主主義のシステムまで即《そく》時導入しているのです。

議会制民主主義はいまだにうまくできていない国もあるぐらい難しいシステムです。でも、日本はそうしたシステムを先に導入して、選挙制度は後から時間をかけて整えていくということをしています。

なぜ日本ではシステムの本質をすぐに理解できたのか。そして、なぜ日本国民は、新しいシステムを躊躇《ちゅうちょ》なく受け入れられたのでしょう。

私はここにこそ「日本化」の本質が隠《かく》れているような気がしています。

日本人は新しい物を受け入れるとき、恐《おそ》れずに柔軟《じゅうなん》に受け入れています。もちろんそこには日本人の識字率の高さや、向学心の高さ、好奇《き》心の強さといったものも関係していると思います。でもそれ以上に大きいのが、受け入れたものをとても柔軟に自分好みの形に変えてしまう力があるからではないでしょうか。

銀行というシステムを入れると、気がつくと日本流の銀行システムになっている。

議会制民主主義というシステムを導入すると、気がつくと日本流の議会制民主主義ができあがっている。憲法も、最初は海外のものをそのまま導入しているのですが、最終的に制定された大日本帝国憲法は当時の日本人にとって違和感のないものに仕上がっています。

つまり、どれほど完成された外国のものを入れても、日本人はあまり意識せずに、自分たちに違和感のない形に変えてしまう関数「y＝f(x)」の「f」を持っているのです。

xに何を入れても、日本化（ I ）が行なわれて、日本流の Ⅱ になって出てくる。ラーメンもカレーも鉄道システムも資本主義も日本流にアレンジされて取り入れられ、発展します。

どんなものを丸呑《の》みしても、結局は自分たちにとって違和感のないいいものになる、ということがわかっているから、新しいシステムも恐れなく導入することができるのではないでしょうか。

〔齋藤孝《さいとうたかし》『日本人は何を考えてきたのか』（祥伝社《しょうでんしゃ》）による〕

問一 傍《ぼう》線部1「その頑張った日本人の象徴が福沢諭吉です」とあるが、その理由として最も適切なものを次の中から選び、記号で答えなさい。

ア 西洋の実学を受け入れるためには抽象的な学問からの脱却《だっきゃく》が不可欠であると痛感し、現状に警鐘《しょう》を鳴らしたから。

イ 西洋の科学技術など、近代化の基盤《ばん》となる具体的な学問である実学の必要性をそれまでの通念にとらわれず説いたから。

らは、オランダ語で書かれていた『解体新書《かいたいしんしょ》』という医学書を、大変な苦労をしながら解読しました。辞書がなかった当時、彼《かれ》らはどうやって翻《ほん》訳をしたのか。

たとえば鼻の説明には「顔の中でフルヘッヘンドしているもの」とありますが、「フルヘッヘンド」の意味がわかりません。しばらくして、他のところで「ゴミがフルヘッヘンドする」という表現を見て、これは「うず高くつもる」ということではないか、といったように類推できた。このように大変な苦労をして翻訳しているのです。

福澤もまた、西洋の実学を輸入するにあたり、日本語にはその概念すらない言葉を多くの人々が理解できるように、漢語の知識を駆《く》使して新しい熟語をつくり出しています。

たとえば、「right／ライト」という西洋発祥《しょう》の概念に「権理」あるいは「権理通義」という言葉を当てたのは福澤でした。「権利」ではなく「理（ことわり）」という字を用いている所がポイントです。『学問のすゝめ』の第二編には、「地頭と百姓《しょう》とは有様を異《こと》にすれども、その権理を異にするにはあらず。」とあります。

馴染《なじ》みのない字面《づら》なので違《い》和感があるかもしれませんが、「right」本来の意味を考えると、私は「理」のほうがよかったのではないかと思っています。理には、道理という一般《ぱん》原則のニュアンスがありますが、「権利」だと、どうしても「自分の利益を主張する」というイメージがついてしまうような気がするからです。

【　中　略　】

明治の西洋化で日本は二つのものを獲《かく》得しました。一つは「合理的な精神」、もう一つは「社会システム」です。

先ほど「学問」を導入するのは大変なことだと申し上げましたが、「システム」を導入するのも本来は抵抗《ていこう》があるものです。なぜなら、そのシステムが社会に関わるものであればあるほど、社会そのものが変わってしまう可能性があるので、違和感や抵抗感が示されるのが普《ふ》通だからです。

ところが、日本ではさほど大きな抵抗もなく、海外から社会の根本に関わるシステムを輸入することができました。たとえば、日本初の銀行「第一国立銀行（明治二十九年に第一銀行に改称《しょう》）」が開業したのは明治になって間もない、明治六年（一八七三）でした。

5銀行のシステムというものは、そう簡単に生み出せるものではありません。事実、資金を「預金」という形で市場から広く集め、それをいろいろな企《き》業に貸し付けてビジネスの活性化を促《うなが》すとともに、利益を出資者に一定の割合で還《かん》元するという一連の流れは、西洋社会の伝統の中で長い時間をかけてつくり上げられたシステムです。

この、ある意味完成された金融《ゆう》システムを、渋沢栄一《しぶさわえいいち》が中心となって一気に導入したわけです。

それまでの日本にも、金融システムがまったく存在しなかったわけではありません。「両替《がえ》商」がその役を担《にな》っていたのですが、両替商の業務内容は、その名の通り金や銀の両替が中心で、現在の銀行業務とは異なるものでした。にもかかわらず、日本に銀行というシステムが導入されたとき、この事業を担ったのは元両替商の人たちだったのです。

市井《せい》の人から集めた預金を他に貸し付けて利益を得るという銀行のシステムは、一見、個人の金貸しがお金を貸して利息をつけて返済す

【国　語】〈五〇分〉〈満点：一〇〇点〉

一　次の各問いに答えなさい。

問一　次の1～5の傍《ぼう》線部の**漢字**の読みを平仮名で書きなさい。

1　先生の**指図**に従う。
2　一筋の**光明**が見えてきた。
3　**海原**を白い船が進む。
4　遅《ち》刻した**訳**を話す。
5　**尊**い教えを守る。

問二　次の1～5の傍線部の**カタカナ**を漢字に直して書きなさい。

1　小学校の**オンシ**に手紙を書く。
2　月は地球の**エイセイ**である。
3　劇場で芝《しば》居が**コウエン**される。
4　不注意が事故を**マネ**く。
5　犯罪を**キビ**しくとりしまる。

二　次の文章を読んで、後の問いに答えなさい。なお、問いに字数指定がある場合は、句読点も一字分に数えること。

明治維《い》新を機に、日本には西洋の学問や技術や社会システムが一気に流れ込《こ》んできました。その一気に流れ込んできたものを、日本人は頑《がん》張って受け止めました。

1その頑張った日本人の象徴《ちょう》が福澤諭吉《ふくざわゆきち》です。

なぜ福澤諭吉が象徴的なのかというと、彼は著書『学問のすゝめ』の中で「2実学」というものを勧《すす》めているからです。

それまでの学問の中心は、儒《じゅ》教などの漢学でした。しかし、近代化が求められている今、漢学のような抽《ちゅう》象的な学問はあまり役に立たない、これからはもっと具体的な学問が必要であるとして「実学」を推奨《しょう》したのです。

ここで言う「実学」というのは、言葉を換《か》えると「サイエンス」、今で言う「科学」ということですが、そこには西洋の鉄道技術や建築技術といった技術も含《ふく》まれます。ですから、実学とは、実際にものをつくっていく学問、という意味でもありました。

そんな実学を推奨した福澤が一番嫌《きら》ったのは朱子学《しゅしがく》でした。朱子学の「理気二元論《りきにげんろん》」は、「理」と「気」という二つの概《がい》念を使って、人間存在から宇宙全体まで説明します。しかし、そうした考え方からは近代的な科学技術は生まれてこないということを福澤は学んだからです。

つまり、福澤は西洋を見て、漢学者と呼ばれる人々が3幅《はば》をきかせている限り、日本の社会は発展しないと痛感したのです。

しかし、いくら西洋式実学がいいと言って勧めても、［①］に切り替《か》えられるものではありません。学問を輸入するというのは、実はとても難しいことなのです。

中でも最大の問題は「言葉」です。その学問で用いている「概念」を説明する言葉がなければ、いくら理解しようとしても無理です。大阪の適塾《てきじゅく》で緒方洪庵《おがたこうあん》（一八一〇～一八六三）に蘭《らん》学を学んだ福澤には、4そのことが痛いほどわかっていました。

蘭学の中でも重要だったのは、医学です。医学はまさに実学です。杉田玄白《すぎたげんぱく》（一七三三～一八一七）、前野良沢《まえのりょうたく》（一七二三～一八〇三）

2021年度

解答と解説

《2021年度の配点は解答欄に掲載してあります。》

＜数学解答＞

1 問1 -18　問2 $x=38,\ y=-24$　問3 $a(4x-1)^2$　問4 9　問5 $\sqrt{5}-\sqrt{3}$
問6 $x=\dfrac{7\pm\sqrt{21}}{14}$

2 問1 $\dfrac{\sqrt{3}}{5}<\dfrac{3}{5}<\dfrac{\sqrt{3}}{\sqrt{5}}<\dfrac{3}{\sqrt{5}}$　問2 $y=-\dfrac{1}{2}x+1$　問3 $a=-1$　問4 $\dfrac{5}{6}$　問5 78度

3 問1 (6, 0)　問2 $a=\dfrac{2}{3}$　問3 (6, 24), (−6, 24)

4 問1 2cm　問2 8cm^2　問3 10cm^2

5 問1 $\dfrac{20}{9}$秒後　問2 $\dfrac{50}{27}\text{cm}^2$　問3 $\dfrac{200}{243}\text{cm}^3$

○配点○
各5点×20　計100点

＜数学解説＞

1 (数の計算，連立方程式，因数分解，式の値，平方根，2次方程式)

問1 $-2^2-\left\{\left(-\dfrac{3}{2}\right)^2+\dfrac{5}{4}\right\}\div(-0.5)^2=-4-\left(\dfrac{9}{4}+\dfrac{5}{4}\right)\div\left(-\dfrac{1}{2}\right)^2=-4-\dfrac{14}{4}\div\dfrac{1}{4}=-4-\dfrac{14}{4}\times4=$
$-4-14=-18$

問2 $2x-5(x+y)=6$　かっこをはずしてまとめると，$2x-5x-5y=6$　$-3x-5y=6$…①
$\dfrac{x}{3}-\dfrac{x-y}{5}=\dfrac{4}{15}$は両辺を15倍して，$5x-3(x-y)=4$　$5x-3x+3y=4$　$2x+3y=4$…②
$-6x-10y=12$…①×2　$6x+9y=12$…②×3　この2式をたすと，$-y=24$　$y=-24$
これを②に代入して，$2x-72=4$　$2x=76$　$x=38$

問3 $16ax^2-8ax+a=a(16x^2-8x+1)=a(4x-1)^2$

基本 問4 式を簡単にしてから代入する。$4ab^2\div(-2ab)\times3a=-\dfrac{4ab^2\times3a}{2ab}=-6ab=-6\times\dfrac{1}{2}\times(-3)$
$=9$

問5 $\dfrac{5\sqrt{3}-\sqrt{20}}{\sqrt{15}}-\dfrac{\sqrt{3}-3}{3}-1=\dfrac{5\sqrt{3}}{\sqrt{15}}-\dfrac{\sqrt{20}}{\sqrt{15}}-\dfrac{\sqrt{3}}{3}+\dfrac{3}{3}-1=\dfrac{5}{\sqrt{5}}-\dfrac{\sqrt{4}}{\sqrt{3}}-\dfrac{\sqrt{3}}{3}+1-1=\sqrt{5}-\dfrac{2\sqrt{3}}{3}-$
$\dfrac{\sqrt{3}}{3}=\sqrt{5}-\sqrt{3}$

問6 $(3x-1)^2=x(2x+1)$　$9x^2-6x+1=2x^2+x$　$7x^2-7x+1=0$　解の公式を利用する。
$x=\dfrac{-(-7)\pm\sqrt{(-7)^2-4\times7\times1}}{2\times7}=\dfrac{7\pm\sqrt{49-28}}{14}=\dfrac{7\pm\sqrt{21}}{14}$

2 (平方根，直線の式，2次方程式の解，確率，角度)

問1 4つの数はいずれも正の数なので，2乗しても大小関係は変わらない。$\left(\dfrac{3}{5}\right)^2=\dfrac{9}{25}$，$\left(\dfrac{3}{\sqrt{5}}\right)^2=$
$\dfrac{9}{5}=\dfrac{45}{25}$，$\left(\dfrac{\sqrt{3}}{5}\right)^2=\dfrac{3}{25}$，$\left(\dfrac{\sqrt{3}}{\sqrt{5}}\right)^2=\dfrac{3}{5}=\dfrac{15}{25}$　$\dfrac{3}{25}<\dfrac{9}{25}<\dfrac{15}{25}<\dfrac{45}{25}$なので$\dfrac{\sqrt{3}}{5}<\dfrac{3}{5}<\dfrac{\sqrt{3}}{\sqrt{5}}<\dfrac{3}{\sqrt{5}}$

問2 $y=2x-4$とx軸$(y=0)$の交点は，$2x-4=0$　$x=2$より(2, 0)　求める直線は(−4, 3)と(2, 0)を通る。$y=mx+n$とおくと，(−4, 3)を通ることから$-4m+n=3$…①　(2, 0)を通ることから$2m+n=0$…②　②−①より$6m=-3$　$m=-\dfrac{1}{2}$　これを①に代入して，

$2+n=3$　$n=1$　よって，求める直線の式は，$y=-\frac{1}{2}x+1$

問3　$x=1$が$x^2+x-2a^2=0$の解であることから，$1+1-2a^2=0$　$2a^2=2$　$a^2=1$　$a=\pm1$　$x=1$が$x^2+a^2x+a-1=0$の解であることから，$1+a^2+a-1=0$　$a^2+a=0$　$a(a+1)=0$　$a=0,\ -1$　どちらもみたすのは，$a=-1$

基本　問4　2枚の取り出しかたは(1，2)，(1，3)，(1，4)，(2，3)，(2，4)，(3，4)の6通り。この中で積が偶数になるのは(1，2)，(1，4)，(2，3)，(2，4)，(3，4)の5通り。その確率は$\frac{5}{6}$

問5　△OBDはOB＝ODの二等辺三角形で，∠OBD＝70°なので，∠BOD＝180°－70°×2＝40°　ABが直径なので，∠ACB＝90°　△ABCは直角三角形である。∠ABC＝180°－90°－52°＝38°　△OBEについて外角の定理により，∠x＝∠BOD＋∠ABC＝40°＋38°＝78°

3　(図形と関数・グラフの融合問題)

問1　OCを底辺とすると，Aのy座標が6なので高さは6になる。よって，OC×6＝36　OC＝6より，C(6，0)

重要　問2　平行四辺形は対辺の長さが等しいのでAB＝OC＝6　$y=ax^2$はy軸に関して対称なので，Aのx座標は6÷2＝3　A(3，6)　これが$y=ax^2$上の点なので，$6=a\times3^2$　$a=\frac{2}{3}$　放物線の式は，$y=\frac{2}{3}x^2$となる。

問3　平行四辺形ABOC＝36なので，四角形OAPB＝36×2＝72だが，四角形OAPB＝△OAB＋△APB　△OAB＝$\frac{1}{2}$×36＝18なので△APB＝72－18＝54となればよい。△APBの底辺をAB＝6とすると，高さ＝54×2÷6＝18　Pのy座標＝Aのy座標＋18＝6＋18＝24となればよい。$y=\frac{2}{3}x^2$であり，$y=24$より$\frac{2}{3}x^2=24$　$x^2=36$　$x=\pm6$　(6，24)，(－6，24)

4　(平面図形の計量，相似，長さ，面積)

問1　△BCAについてBCの中点がF，BAの中点がEなので，中点連結定理によりEF//AC，平行線の同位角は等しいので∠BFG＝∠BCD，∠BGF＝∠BDC　2組の角がそれぞれ等しいので，△BFG∽△BCD　相似比BF：BC＝1：2なので，FG＝$\frac{1}{2}$×CD＝$\frac{1}{2}$×4＝2(cm)

問2　四角形AGFDはAD//GF，FG＝DA＝2　対辺が平行で長さが等しいので平行四辺形である。その面積＝AD×AE＝2×4＝8(cm^2)

やや難　問3　四角形HFCD＝△HFD＋△DFC　平行四辺形は対角線が中点で交わるので，AH＝HF　△HFD＝$\frac{1}{2}$×△AFD＝$\frac{1}{2}\times\frac{1}{2}$×平行四辺形AGFD＝$\frac{1}{4}$×8＝2　△DFC＝$\frac{1}{2}$×CD×AE＝$\frac{1}{2}$×4×4＝8　四角形HFCD＝2＋8＝10($cm^2$)

5　(空間図形の計量，相似，動点)

問1　PQ//ABより同位角が等しいので∠OPQ＝∠OAB，∠OQP＝∠OBA　2組の角がそれぞれ等しいので，△OPQ∽△OQB　出発してからt秒後にOP＝tとなり，OP：OA＝OQ：OBよりt：4＝OQ：5　OQ＝$\frac{5}{4}t$　BQ＝tなのでOB＝OQ＋BQ＝$\frac{5}{4}t+t=5$　$t=\frac{20}{9}$より$\frac{20}{9}$秒後

重要　問2　PQ：AB＝OP：OA　PQ：3＝t：4　PQ＝$\frac{3}{4}t$　△OPQ＝$\frac{1}{2}$×PQ×OP＝$\frac{1}{2}\times\frac{3}{4}t\times t=\frac{3}{8}t^2=\frac{3}{8}\times\left(\frac{20}{9}\right)^2=\frac{50}{27}$($cm^2$)

やや難　問3　RからOAに垂線をおろし，OAとの交点をHとする。三角錐OPQRの底面を△OPQとするとRHが高さになる。RH//CAより同位角は等しいので∠OHR＝∠OAC，∠ORH＝∠OCA　2組の角がそれぞれ等しいので，△OHR∽△OAC　RH：AC＝OR：OC　RH：3＝t：5　RH＝$\frac{3}{5}t$　三角錐OPQR＝△OPQ×RH×$\frac{1}{3}=\frac{50}{27}\times\frac{3}{5}t\times\frac{1}{3}=\frac{50}{27}\times\frac{3}{5}\times\frac{20}{9}\times\frac{1}{3}=\frac{200}{243}$($cm^3$)

★ワンポイントアドバイス★

1問1問がしっかりしたつくりをしているので，基本レベルも問題だけでなく，標準レベルの問題を解くことになれておく必要がある。過去問研究を通して，出題傾向にもなじんでおきたい。

＜英語解答＞

1 リスニング問題解答省略

2 問1 イ　問2 ア　問3 ウ　問4 ア　問5 (1) F　(2) T　(3) T　(4) F

3 A (1) T　(2) F　(3) T　(4) F　B (1) T　(2) F　(3) F　(4) T　C (1) T　(2) F　(3) F　(4) T

4 問1 650円　問2 ウ　問3 エ　問4 エ　問5 (1) T　(2) F　(3) T　(4) F

5 (1) イ　(2) エ　(3) ア　(4) エ　(5) エ　(6) イ　(7) ア

6 (1) A ア　B イ　(2) A イ　B オ　(3) A オ　B イ　(4) A エ　B オ　(5) A イ　B カ　(6) A イ　B オ　(7) A イ　B エ

○配点○

各2点×50　計100点

＜英語解説＞

1 リスニング問題解説省略。

重要 2 **（長文読解・物語文：適文補充，指示語，要旨把握，内容吟味）**

（全訳） パトリックは宿題をしなかった。彼はいつも，野球，バスケットボール，任天堂のゲームをしていた。彼の先生たちは彼に「パトリック！宿題をしないと何も学ぶことができない」と言った。そしてもちろん，彼は時々自分が悪い学生だと思った。

しかし，彼は何ができるか？彼は本当に宿題をするのが好きではなかった。

それから祝祭日に，彼の猫は小さな人形で遊んでいた。パトリックはその人形を見た。しかし，それは全く人形ではなかった！それは非常に小さな男だった。男は小さなシャツ，ズボン，背の高い帽子をかぶっていた。彼は叫んだ「①助けて！あの猫に私を返さないでくれ。私はあなたのために何でもします」

パトリックは彼がいかに幸運だったか信じられなかった！ここに彼の問題のすべてに対する答えがあった。だから彼は「宿題を全部やってください。もしあなたが良い仕事をすれば，私は良い成績を得ることができます」と言った。

その小さな男は「ああ，私は②それが苦手です！でも，やってみます」と言った。

彼はパトリックの宿題を始めたが，それができなかった。「助けて！助けて！」と彼は言った。そして，パトリックは彼を助けなければならなかった。

パトリックの宿題を読んでいるとき，彼はたいてい「この言葉は知らない」「辞書を持ってきてください。単語を確認して，私につづり方を教えてください」と言った。

その小さな男はまた，彼の数学の宿題を手伝うことができなかった。「九九の表とは何ですか」と彼は尋ねた。「私たちの世界では，それらを必要としません。私たちは『数字』を使用しません。ここで私の隣に座って，あなたは私に数学を教えなければならない，さもないと③私は何もできません」

もちろん，小さな男はこの世界の歴史を知らなかった。だから，彼はパトリックに「図書館に行きなさい，本が必要です。もっと多くの本。そうすれば，あなたも私がそれらを読むのを助けることができます」

毎日，あの小さな男は口うるさかった！パトリックは毎日一生懸命勉強していた。彼は毎晩夜更しをしなければならなかったし，彼は目が腫れてかすんだまま学校に行っていた。

学校の最後の日がやってきて，小さな男は自由に行けるようになった。なぜなら宿題がなかったからだ。

パトリックは良い成績をとった。彼のクラスメートはそれを信じることができず，彼の先生は「よくやった！」と言った。両親もパトリックに何が起こったのか知らなかった。

彼は今，模範的な子供だ。彼は自分の部屋を掃除し，勉強をしている。彼は非常に厳しいし，失礼ではない。パトリックは小さな男が宿題を全部やったと思っている。真実はこうだ。Iパトリックがそれをやった！

問1　この後，小さな男性は「あの猫に私を返さないでくれ」と言っていることから判断する。

問2　「苦手だけれど，やってみるよ」と言い，この後パトリックの宿題をしているので，「宿題をすること」を指している。

問3　小さな男性の世界では「数字」を使わないため，数学を教えてもらわないと何もできないのである。

問4　パトリックは，何もわからない男性を助けるために一生懸命勉強して教えたので，結局は自分自身で宿題をしたようなものなのである。

問5　(1)「パトリックは家で猫と遊ぶのが好きだった」 第1段落第2文参照。パトリックは，野球やバスケットボール，任天堂のゲームをしていたので，不適切。 (2)「パトリックは自分の宿題をする小さな男性を手伝い，遅くまで起きていなければならなかった」 第10段落参照。パトリックは男性を手伝うために夜遅くまで起きていたので，適切。 (3)「パトリックは，良い成績を取り，ついに良い生徒になった」 第13段落参照。パトリックは今，模範的な子供になったので適切。 (4)「パトリックの両親は，彼が小さな男性と部屋で暮らしていることを知っていた」 第12段落最終文参照。パトリックの両親は，何が起きたのかわからなかったので不適切。

3　(長文読解・説明文：内容吟味)

(全訳)　<A>　アメリカの料理の最も興味深いのは，その多様さだ。アメリカ合衆国にはたくさんの種類の人がいる。アメリカには土地，天候，食べ物の種類が多くある。

食事の種類の多様性の理由の一つは，人々の歴史だ。すべてのアメリカ人またはその先祖は，世界のさまざまな地域から来た。最初のアメリカ人は、通常ネイティブアメリカンと呼ばれ，アジアから来た。その後，アメリカ人はヨーロッパ，アジア，アフリカのすべての地域から来た。そして，人々は祖父母の国の食べ物のいくつかを楽しんでいる。

食べ物の非常に多い多様性には別の理由がある。ある地域でいくつかの食品を見つけるのは簡単だ。例えば，魚介料理はアメリカ中で食べられている。しかし、海の近くにははるかに多くの多様性があり，もちろんそれははるかにおいしい。また，アメリカ人はアメリカの他の地域や他の国で，より多く旅行をして新しい食べ物について学び始めている。これらの理由から，アメリカの食事は多種多様だ。

問 (1) 第1段落第1文参照。アメリカの料理は多様なので適切。 (2) 第2段落第3文参照。The first Americans とは，ネイティブアメリカンと呼ばれ，アジアから来た人なので不適切。 (3) 第3段落第4文参照。海の近くのほうが魚介類が多様でよりおいしいので適切。

(4) アメリカの料理が世界中で食べられているという記述はないため，不適切。

＜B＞ 10月31日の夜のハロウィンは，諸聖人の日の前夜だ。諸聖人の日はまだローマカトリック教会で祝われているが，アメリカでは，ハロウィンはすべての宗教的意味を失い，子供の休日となっている。

子供たちは，魔女，お化け，または物語や漫画から自分の好きなキャラクターのように仮装する。彼らは衣装パーティーがあり，目隠しをしてりんごをくわえる。りんごは大きくて広いたらいの水に浮かんでいて，子供たちは前かがみになり，歯でりんごを手に入れようとする。彼らはまた，ポップコーンやりんごアメを食べる。

カボチャはその頃に収穫され，多くの人が種を取り除き，カボチャに顔を彫る。その後，人々は中にろうそくを入れ，カボチャはジャコランタンに変わる。

問 (1) 第1段落第1文参照。10月31日は諸聖人の日の前日であるため適切。 (2) 第2段落第1文参照。子供たちが仮装をするので不適切。 (3) 第2段落最終文参照。子供たちがポップコーンやリンゴアメを食べるので不適切。 (4) 第3段落参照。人々はカボチャに顔を彫り，ジャコランタンを作るので適切。

＜C＞ マオリの人々にとって生活は必ずしも容易ではなかった。何年も前に，彼らは多くの困難を抱えていた。今日のマオリの生活には多くの新しい困難がある。最大のものは，言語と文化を維持することだ。マオリの歴史を見てみよう。

彼らはどこから来たのか？マオリの人々は1000年以上前にカヌーでニュージーランドに到着したと信じられている。彼らがどこから来たか多くの考えがあるが，彼らは皆，他の太平洋の島々から来たと信じている。

彼らは何を信じたか。彼らは森，海，大地と空の神々を信じていた。もし彼らが木を切り倒したり，魚を捕まえたりしたいなら，最初に祈りをささげなければならず，さもないと神々は怒ったであろう。

人生は簡単ではなかった。多くの場合，危険で長くはなかった。マオリの人々は多くの戦いをした。病気は大きな問題ではなかったが，歯に問題があった。食べるのが難しすぎて，多くの人が死んだこともある。ほとんどの人は約30歳まで生きた。

問 (1) 第1段落第4文参照。最大の困難として言語と文化の維持が挙げられているので適切。

(2) 第2段落最終文参照。太平洋の島から来たと信じているが証拠はないので不適切。

(3) 第3段落第3文参照。木を切り倒したり魚を捕まえたりする前に祈りをささげるので不適切。 (4) 第4段落第4，5文参照。歯に問題があり，多くの人が死んだことがあるため，歯は大切であるので適切。

基本 4 **(会話文：適文補充，要旨把握，内容吟味)**

(全訳) 状況

トムは18歳の学生で，街を観光する。彼は今日，別の都市 から電車で午前7時に街に到着した。彼は旅行に関する情報を得るために案内所にいる。

会話1

トム：すみません。Sky Castleへの行き方を教えてもらえますか？①私はこの辺は不慣れなんです。

係　員：いいですよ。あなたはバスでそこに行くことができます。運賃表を見てください。私たちはゾーン1にいます。私たちの街には「バスゾーン制度」があります。各ゾーンは10キロの長さです。たとえば、ゾーン2は，市の中心から11kmから20kmの距離にあるという意味です。この図を見てください。

ト　ム：わかりました。情報をありがとうございました。

係　員：今日お城を訪れることができれば，お金を節約できます。明日はもっと費用がかかります。Sky Castleに関するこのチラシを見てください。

ト　ム：そうですね！また、より多くのお金を節約するために往復チケットを購入します。

係　員：旅行をお楽しみください！

会話2

ト　ム：もう一つ質問があります。公園や博物館など，訪れるべき他の場所を推薦してくれませんか？たぶん，午後に時間があると思います。

係　員：もちろん。街にたくさんの名所があります。みどり公園やドラゴンブリッジが人気です。今，みどり公園で美しい紅葉を楽しむことができます。

ト　ム：素晴らしいですね。私はみどり公園を訪れたいと思います。公園にはどうやって行ったらいいのですか？それがそれほど遠くないといいのですが。

係　員：ここから歩いていけます。地図を差し上げましょう。

ト　ム：ありがとう。星印は私たちが今どこにいるかを示していますか？

係　員：はい，そうです。私たちは今，案内所にいます。通りの向かいに体育館があります。体育館を通り過ぎて，市庁舎とバスターミナルの間を2ブロック歩きます。あなたの目の前にちょうど図書館を見ることができます。その後，右に曲がります。公園は図書館のすぐ隣にあります。I 簡単に見つかるでしょう。約10分かかります。Sky Castleを訪れた後，ターミナルでバスを降りると，5分ほどです。

ト　ム：どうもありがとうございました。

係　員：どういたしまして。良い一日を過ごしてください。

問1　Sky Castle はゾーン3にあるので，交通費は往復で500円かかるが，往復チケットは50円オフになるため450円，18歳のトムの入場料は200円なので，合計650円かかる。

問2　stranger「不慣れな人」

問3　公園は図書館のちょうど隣にあるため，見つけやすいのである。

問4　市庁舎とバスターミナルの間を2ブロック歩き，右に曲がり，図書館の隣にあるのでエである。

問5　(1)　案内所の係員はみどり公園やドラゴンブリッジを勧めているので適切。　(2)　「バスゾーン制度」と呼ばれているので電車には用いられておらず，不適切。　(3)　トムは今日午前7時に到着したので適切。　(4)　みどり公園に行くときには，体育館，市庁舎，バスターミナルを通るので不適切。

5　(語句選択問題：熟語，分詞，助動詞，比較)

やや難　(1)　「～に到着する」は reach / get to / arrive at と表現する。

(2)　<～, so …>「～だから…」となる。

(3)　<make A + B>「AをBにする」の表現を用いているので，「何があなたを悲しくしたのですか」という意味の文になる。

(4)　painted by a famous painter in Paris は前の名詞を修飾する分詞の形容詞的用法である。

重要 (5) Must I ~ ? に対して No で答える場合，must ではなく don't have to を用いて答える。

基本 (6) 天候を言う場合，it の特別用法を用いる。

(7) 比較を強める場合，much を比較級の前に置く。

6 **(語句整序問題：分詞，不定詞，比較，間接疑問文，受動態，接続詞)**

(1) (Can you) see the girl wearing a dress with (a ribbon ?) wearing a dress with a ribbon は前の名詞を修飾する現在分詞の形容詞的用法である。

やや難 (2) (The) singer wants us to enjoy listening (to her songs.) <want + 人 + to ~>「人に~してほしい」

(3) (This watch is) the most expensive of all in (this shop.) expensive のように長いつづりの単語の最上級は most を用いて最上級にする。

重要 (4) (I) don't know where he is from(.) 間接疑問文は< where 主語＋動詞>の語順になる。

(5) How often have you visited Kyoto(?) 回数を尋ねるときは How often を用いる。

(6) What was given to you by (Santa Clause ?) 疑問詞が主語の疑問文の語順は，<疑問詞＋動詞~>となる。

(7) Don't play games before you finish (your work.) <before 主語＋動詞~>「~する前に」

★ワンポイントアドバイス★

問題数が多いため，素早く処理をする必要がある。過去問や問題集を用いて，英文を短時間で読む練習をしたい。

<国語解答>

一 問一 1 さしず 2 こうみょう 3 うなばら 4 わけ 5 とうと(い)[たっと(い)] 問二 1 恩師 2 衛星 3 公演 4 招(く) 5 厳(しく)

二 問一 イ 問二 エ 問三 ア 問四 (一)朝(一)夕 問五 イ
問六 信用を創造~という部分 問七 エ 問八 ア 問九 イ・オ

三 問一 イ 問二 ウ 問三 エ 問四 ア 問五 ア 問六 倒れそうになる動作をむしろ歩行に生かす 問七 Ⅰ オ Ⅱ ア 問八 イ 問九 D

四 問一 1 イ 2 ウ 3 ア 問二 4 イ 7 ア 問三 オ
問四 あるよう 問五 ア 問六 うぐひすの 問七 エ

○配点○

一 各1点×10 二~四 各3点×30 計100点

＜国語解説＞

一 （漢字の読み書き）

問一　1　人に言いつけて何かをさせること。「指」の他の訓読みは「ゆび」。　2　明るい見通し。「明」の他の音読みは「メイ」。　3　広々とした海。「海原」は特別な読み方をする熟字訓。
4　音読みは「ヤク」で，「翻訳」「通訳」などの熟語がある。　5　「とうと(い)」「たっと(い)」という二つの訓読みがある。音読みは「ソン」で，「尊重」などの熟語がある。

やや難　問二　1　教えを受けた先生。「恩」を使った熟語は，他に「恩義」「謝恩」などがある。　2　惑星の周囲を公転する天体。「衛」を使った熟語は，他に「衛生」「護衛」などがある。　3　公開の場で演じること。大勢の人に向かって話をする「講演」と区別する。　4　音読みは「ショウ」で，「招待」「招致」などの熟語がある。　5　他の訓読みに「おごそ(か)」がある。音読みは「ゲン」「ゴン」で，「厳守」「荘厳」などの熟語がある。

二 （論説文―大意・要旨，内容吟味，文脈把握，指示語の問題，脱文・脱語補充，熟語，ことわざ・慣用句）

問一　直後の文で「なぜ福澤諭吉が象徴的なのかというと……『実学』というものを勧めているからです」と理由を述べている。「実学の必要性」とあるイが適切。

基本　問二　「実学」について，一つ後の段落で「ここで言う『実学』というのは……今で言う『科学』ということですが，そこには西洋の鉄道技術や建設技術といった技術も含まれます。ですから，実学とは，実際にものをつくっていく学問，という意味でもありました」と説明している。実際に，農作物をつくっていくエの「農学」が当てはまる。

問三　「幅をきかせる」は，権力を振るうという意味。「それまでの学問の中心は」で始まる段落の「それまでの学問の中心は，儒教などの漢学でした」という表現もヒントになる。

問四　前後の文脈から，短い時間という意味の語が入る。「イッチョウイッセキ」と読む四字熟語が当てはまる。

問五　福澤諭吉が「痛いほどわかってい」たことは，直前の文の「その学問で用いている『概念』を説明する言葉がなければ，いくら理解しようとしても無理」なことである。「『概念』を説明する言葉」を，「『概念』を表す手段」と言い換えて説明しているイが最も適切。

問六　「銀行のシステム」という語に注目すると，「市井の人から」で始まる段落に「銀行のシステムは，一見，個人の金貸しがお金を貸して利息をつけて返済するのと似ていますが，その本質はまったくの別物です」とあるのに気づく。この後で「一番の違いは，信用を創造し，実際に存在するお金の金額以上の価値を社会にもたらすという部分でしょう」と，「銀行のシステム」とそれまでの日本の金融システムと異なる点を挙げている。ここから，「異なる点」に対応する適当な部分を抜き出す。

問七　一つ後の段落で「なぜ日本ではシステムの本質をすぐに理解できたのか。そして，なぜ日本国民は，新しいシステムを躊躇なく受け入れられたのでしょう」と傍線部6の理由を問いかけている。この後の「日本人は新しい物を受け入れるとき」で始まる段落の「でもそれ以上に大きいのが，受け入れたものをとても柔軟に自分好みの形に変えてしまう力があるから」という理由を述べているエを選ぶ。

問八　直前の段落の「外国のものを入れても……自分たちに違和感のない形に変えてしまう関数『y=f(x)』のfを持っている」の意味するところを読み解く。「外国のもの」を「日本化」して，「日本流」にするというのであるから，「x」が「外国のもの」で，「y」が「自分たちに違和感のない形」，つまり「日本流」だと判断できる。したがって，「f」が意味するのは「日本化」。

重要　問九　「蘭学の中でも」で始まる段落に「辞書がなかった当時，彼らはどうやって翻訳したのか」

とあり，この後の翻訳の努力を述べている部分のイが合致する。「私はここにこそ」で始まる段落に「『日本化』の本質が隠れている」とあり，この後の「日本人は新しい物を受け入れるとき」で始まる段落の「受け入れたものをとても柔軟に自分好みの形に変えてしまう力がある」という内容にオが合致する。

三 (論説文―内容吟味，文脈把握，段落・文章構成，接続語の問題，脱文・脱語補充)

問一　「ターニングポイント」は変わり目や分岐点の意味なので，「〈静歩行〉から〈動歩行〉」へどのように変わったのかを読み取る。直後の段落で「それまでのロボットの歩き方」について，一つ後の段落で「〈ASIMO〉などで実現した〈動歩行モード〉」について説明している。この「〈動歩行モード〉」について，「踏み出した一歩は地面からの反力を借りて，どうにか全体としての動的なバランスを維持して……なにげない歩行というものを生みだしている」という説明を，「スマートなだけでなく効率的な歩行ができる」と言い換えているイが最も適切。アは「自身の力を必要としない」の部分が適切ではない。ウの「環境エネルギー」やエの「乳幼児の歩行習得方法」については述べていない。

問二　傍線部2に「その一歩」とあるので，直前の文の「わたしたちは地面の上を歩くと同時に，その地面がわたしたちを歩かせている」から理由を読み取る。「わたしたち」と「地面」との相互作用によって歩くと述べているウが適切。アの「周囲の環境を探っている」，イの「方向転換が強制」，エの「ぎこちない歩き方」は読み取れない。

問三　直前の文の「投機的な行為」や，直後の文の「『どうなってしまうかわからないけれど……』という感覚をともないながら，他に委ねるような振る舞い」であることが，「ドキドキした感じ」につながる。「投機的」を「確実に支えてくれる保証はない」に，「委ねる」を「信じて一歩を踏み出す」と言い換えているエを選ぶ。

問四　直前の「一人でなんとか……」に通じるのは，アの「自分の力だけで」。

問五　傍線部5の「身体と地面との拮抗した関係性」について，直後の段落で「『ドキドキしつつも，地面を味方にして歩く』という行動様式やその背後にある〈不完結さ〉にも目を向けておきたい」「『周囲を味方につけながら……』という〈委ねる〉⇔〈支える〉の行動様式に起因している」と説明している。自分自身の力ではできないことを「周囲を味方につけ」ることで成し遂げる関係と述べているものを選ぶ。イの「自分自身の行動をコントロールできないとき」やエの「能力が不確か」や「秘められた可能性を示唆」とは述べていない。「〈委ねる〉⇔〈支える〉の行動様式」は，ウの「互いに補完し合う」に合わない。

問六　同じ文の文脈から，「動歩行モードの安定化」に必要な考えを述べた言葉が当てはまる。直後の段落で，「動歩行モードの安定化」について「〈動歩行〉をおこなうとき，地面に対して『一歩』を委ね，その地面からの反力を利用しながら動的なバランスを維持する」と説明している。この説明の元となる考えが，[Ⅱ]で始まる段落の「倒れそうになる動作をむしろ歩行に生かす」という考えとなる。

問七　[Ⅰ]「動的なバランスを維持するというのは理屈ではわかる」という前に対して，後で「なにか柔軟さに欠ける」「すぐにバランスを崩して倒れてしまう」と相反する内容を述べているので，逆接の意味を表す言葉が当てはまる。[Ⅱ]「『倒れないように，なんとか自らのなかでバランスを取り戻さなければ……』というこだわりがまだ残されている」という前を受けて，後で「『倒れそうになる動作をむしろ歩行に生かす』とはどういうことだろう」と話題を展開しているので，転換の意味を表す言葉が当てはまる。

やや難　問八　直前の文の「文の断片を一つひとつ文脈のなかに流し込んでみる」と，一つ後の文「その文脈に支えられるようにして個々の表現に新たな意味や価値が生まれ，それが新たな文脈を作りだしていく」に着目する。「文脈」に「文の断片」を流し込んでいくことで，「新たな文脈を作りだ」す，と述べているものを選ぶ。「文脈」を「話の流れ」，「文の断片」を「言葉」，「新たな文脈」を「新しい展開」と言い換えているイが適切。

重要　問九　挿入する文章に「結果としては，多くのいい直しやいい淀みをともなう非流暢な発話になってしまう」とあるので，「非流暢な発話」について述べた後に入れる。【　D　】の前の「先に紹介した」で始まる段落の「『黒い柱が，おっきい太い黒い柱が……』と表現を整えつつ，そこで想起した言葉を重ねていく。そうした発話片」が，「非流暢な発話」に相当するので，【　D　】に入れる。他の挿入箇所の前後には，「非流暢な発話」に相当する内容がない。

四　(古文一情景・心情，内容吟味，文脈把握，語句の意味，文と文節，仮名遣い，文学史)

〈口語訳〉　たいそうおもしろく感慨深くございましたことに，この村上天皇の御時代に，清涼殿の前の梅の木が枯れてしまったのを，(天皇が代わりの梅を)探させなさったのを，なんとかといったお方が蔵人でいらっしゃった時，承って，「若い者どもには(どのような梅の木がよいのか)見分けることはできないだろう。おまえが探してこい」とおっしゃったので，京中を歩き回りましたけれども，(適当な木が)ございませんでしたが，京都の西のどこそこの家に，色が濃く咲いている木で姿かたちが立派でございましたのを，掘り取ったのだが，家の主が，「木にこれを結びつけて持っていきなさい」と(召使いに)言わせなさったので，(何かわけでも)あるのだろうと(思って)，(使いが)持って参りましたのを，(天皇が)「何だ」と御覧になったところ，女の筆跡で書いてありました(歌が)，

勅なればいともかしこしうぐいすの宿はと問はばいかが答へむ(天皇のご命令なのでまことに恐れ多いことですが(この梅は献上いたします)ただ，(毎年この梅の木に訪れる)鶯が「(自分の)宿はどこ」と問うたらどう答えましょうか。

とあったのを，(天皇は)不思議にお思いになって，「どのような者の家か」とお尋ねなさったところ，紀貫之殿のご息女の住む所であった。「残念なことをしたなあ」と，(天皇は)きまり悪がっていらっしゃった。

問一　1　「あはれ」はしみじみと心が動かされる様子を意味する。　2　「させ」は使役の意味を表す。後で清涼殿に植える梅の木を探していることから判断する。　3　「え」は打消しの語を伴って，～することができない，という意味になる。

やや難　問二　4　村上天皇から代わりの梅を探すように言われて，「きむぢ求めよ」と言ったのは，「なにがしぬし」。　7　梅の木に「結ひつけて」あった歌を「御覧」になったのは，「村上天皇」。

問三　梅の木があった「家あるじ」の家は，後で「貫之のぬしの御女の住む所なり」と明かされている。

問四　歴史的仮名遣いの「やう」は，現代仮名遣いでは「よう」に直す。

基本　問五　紀「貫之」が書いた作品は，アの土佐日記。イは紫式部，ウは清少納言が書いた作品。

重要　問六　「遺恨」は残念な気持ちを表す。天皇が「遺恨のわざをもしたりけるかな」と思ったのは，貫之の娘の「勅なればいともかしこしうぐひすの宿はと問はばいかが答へむ」という歌を見たからである。この歌から，適当な部分を抜き出す。

重要　問七　後段落の「『遺恨のわざをもしたりけるかな』とて，あまえおはしましける」から，村上天皇が貫之の娘の家から梅の木を掘り取ってきたことを後悔していることが読み取れる。この村上天皇の人物像を述べているエが適切。アの「梅の木を枯れさせた人物」に対する描写はない。イは，貫之の娘の家に代わりになる梅が存在しているので，適切ではない。ウの「喜んで差し出した」は，「勅なれば」の歌の意味に合わない。

★ワンポイントアドバイス★

論理的文章の読解問題では，設問の傍線部に挙げられているキーワードに注目することが基本となる。キーワードと同様の表現や似た内容を述べている部分を探し，その前後から解答の根拠を読み取ろう。

MEMO

大切なことはメモしておこうネ！

2020年度

★★★★★★★★★★★★★★★★★★★★★★★

入　試　問　題

2020年度

横浜翠陵高等学校入試問題

【数　学】（50分）〈満点：100点〉

1　次の各問いに答えなさい。

問1．$\{-3^2+12\div(-2)\}-20$　を計算しなさい。

問2．連立方程式 $\begin{cases} \dfrac{x-4y}{2}+\dfrac{5}{4}y=-2 \\ 2(x+y)-3=x \end{cases}$　を解きなさい。

問3．$ax^2+3axy-18ay^2$　を因数分解しなさい。

問4．$x=\dfrac{\sqrt{3}}{2}$のとき，$(4x+1)^2-8x(x+1)$　の値を求めなさい。

問5．$(\sqrt{6}-\sqrt{2})^2+\dfrac{6}{\sqrt{3}}$　を計算しなさい。

問6．2次方程式$2x^2-3x-6=0$　を解きなさい。

2　次の各問いに答えなさい。

問1．$\dfrac{11}{2}<\sqrt{n}<6$　を満たす整数nの個数を求めなさい。

問2．グラフが点$(1,\ -6)$を通り，直線$y=3x-4$　に平行である1次関数を求めなさい。

問3．xの2次方程式　$x^2-3(x-2a)=2a$　の解の1つが-2であるときaの値を求めなさい。

問4．大小2つのさいころを同時に1回投げ，大きい方のさいころの出る目をx，小さい方のさいころの出る目をyとする。このとき，$x+3y$　の値が18以上となる確率を求めなさい。

問5．図のような平行四辺形ＡＢＣＤにおいて，
DE＝DFであるとき，$\angle x$の大きさを求めなさい。

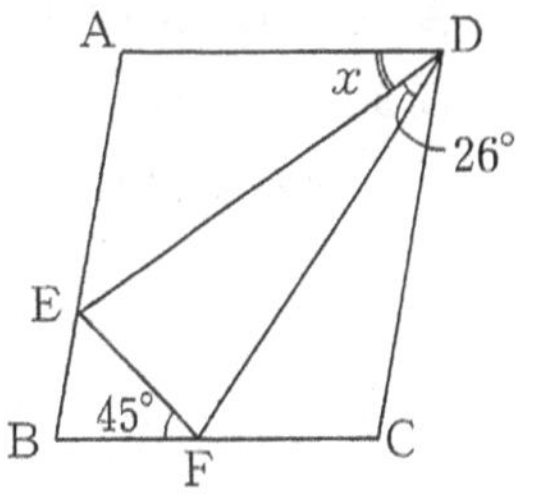

3　次のページの図のように，関数$y=\dfrac{3}{2}x^2$　……①　のグラフと関数$y=ax^2$　……②　のグラフがあり，点$P(-2,\ -2)$は②のグラフ上にある。①のグラフ上に2点A，Bを，②のグラフ上に2点C，Dを，四角形ABCDが長方形になるようにとる。ただし，点A，Dのx座標は正であり，AB＝8とする。このとき，次の各問いに答えなさい。

問1． aの値を求めなさい。

問2． ADの長さを求めなさい。

問3． ②のグラフ上に，x座標が正である点Eをとる。

△ABEの面積が長方形ABCDの面積に$\frac{3}{4}$倍になるとき，点Eの座標を求めなさい。

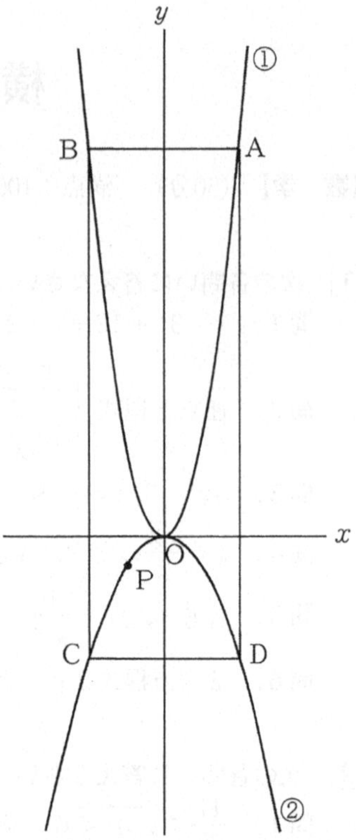

4 図のように，AB＝15cm，BC＝8cmの平行四辺形ABCDの辺BC上に，BE：EC＝3：1となるように点Eをとる。また，∠Bの二等分線と線分AEとの交点をF，辺CDとの交点をGとする。このとき，次の各問いに答えなさい。

問1． AF：FE を最も簡単な整数の比で表しなさい。

問2． CG：GD を最も簡単な整数の比で表しなさい。

問3． △BCG の面積は平行四辺形ABCDの面積の何倍か求めなさい。

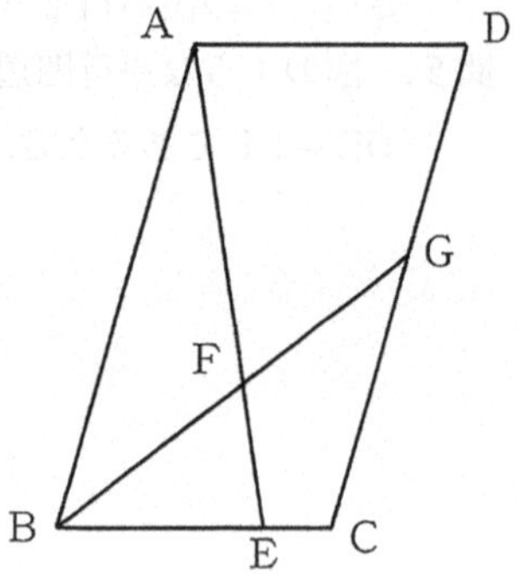

5　図のような，辺の長さがすべて8cmである正四角錐O－ABCDがある。辺AB，ADの中点をそれぞれM，Nとするとき，次の各問いに答えなさい。

問1． 頂点Ｏから平面ＡＢＣＤに下ろした垂線をＯＨとする。ＯＨの長さを求めなさい。

問2． △OMNの面積を求めなさい。

問3． 頂点Ａから平面OMNに下ろした垂線の長さを求めなさい。

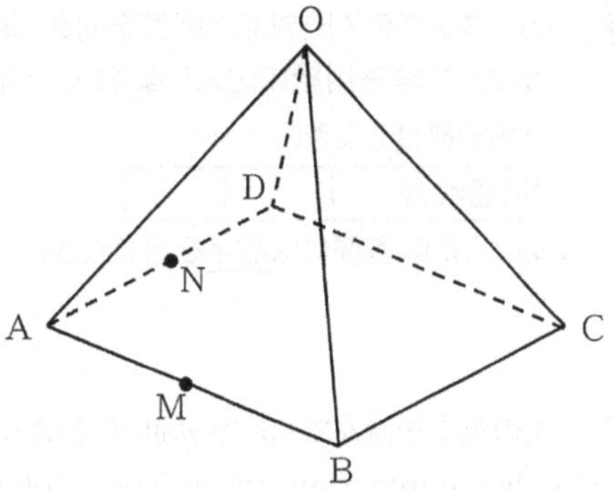

【英　語】（60分）〈満点：100点〉

1　〈リスニングテスト〉対話と応答を聞き，最も適切な応答を1，2，3の中からそれぞれ一つ選びなさい。答えは全て解答用紙に記入しなさい。対話と応答は二度，放送されます。はじめに例題を聞き，解答の書き方を確認しなさい。

例題解答	3

上のように解答欄には数字を書きなさい。

※リスニングテストの放送台本は非公表です。

2　次の英文を読んで，あとの問いに答えなさい。

One hot summer afternoon Tony, John and Pip were cutting the long grass. The sun was hot and they were tired. Mr. Wood came into the field.

"Now, boys," he said, "I have a job for you."

"He always has a job for us!" said Pip very quietly. The other boys smiled.

[I] They walked with him to an old wooden building near the farmhouse.

"Now," said Mr. Wood. "My new car will arrive here next week. [II] Get the rubbish* out of the building. Then clean it really well. I want to keep the car in it."

"What shall we do with the rubbish, Mr. Wood?" asked Pip.

"Throw it away, of course!" answered the farmer. "Now stop asking questions, young Pip. I'm a busy man." He walked away.

The three boys opened the doors of the building. They looked at the rubbish, then ①they looked at each other.

"This is going to take a long time," said Tony.

He went to the back of the building. He saw something behind a lot of old boxes. It was very big.

"What's this?" asked Tony.

"It's an old piano," said John.

[III] Tony took off his shirt and cleaned the wood with it. He saw brightly-colored birds, flowers and leaves. They shone* like stars in the dark, dirty building. Tony opened the piano. He looked at the keys.

"We can't throw this away," he said. "We really can't." He found an old, broken chair and sat down at the piano. His fingers touched the keys. He closed his eyes. Half-forgotten music danced through his mind. His fingers began to move. They moved up and down the keys. He began to play an old song. ②He was suddenly very happy.

"I can play the piano!" he thought. "Nobody taught me, but my mind tells my fingers what to do, and I can make music."

His friends listened.

"That's beautiful," said John. "What is it?"

"I don't know," said Tony.

[Ⅳ] Mr. Wood's daughter Linda was standing at the door. She was smiling, and she was singing very quietly.

Tony heard her and stopped playing. He stood up. His face was red and he felt hot and uncomfortable.

"Don't stop, Tony," said Linda.

"I've finished," said Tony shortly. He closed the piano.

Linda came into the building. "Look," she said, "My mother has sent you some cakes and milk." She asked me to bring them.

Mrs. Wood was a very good cook. The cakes were still warm. They all ate and drank. Linda looked at the piano. "Who taught you how to play the piano, Tony?" she asked. Tony looked down at his dirty old shoes. "I can't play the piano," he said.

"Yes, you can!" said Linda. "I heard you. I have piano lessons at school, but I can't play like you. I like that song. It's called *Green Fields*. I've got the music* at school, but I can't play it. It's too difficult for me. Do you want to borrow it?"

"I can't read music," said Tony.

rubbish ごみ　shone shine（輝く）の過去形　music 楽譜

問1．[Ⅰ]～[Ⅳ]に当てはまる最も適切なものをそれぞれ一つずつ選び，記号で答えなさい。

ア I want this building for a garage.
イ They heard a noise behind them.
ウ The farmer liked to keep them busy.
エ The piano was made of beautiful, dark brown wood.

問2．下線部①について，この時の3人の少年の気持ちとして最も適切なものを次の中から一つ選び，記号で答えなさい。

ア It is difficult to throw away the rubbish.
イ It is difficult to open the doors of the building.
ウ It is easy to throw away the rubbish.
エ It is easy to open the doors of the building.

問3．下線部②の理由を表す文として最も適切なものを次の中から一つ選び，記号で答えなさい。

ア Because Pip taught Tony how to play the guitar.
イ Because the piano wasn't broken.
ウ Because Tony finished the work Mr. Wood asked them.
エ Because Tony was able to play the piano.

問4．本文の内容に合うものを，次の中から二つ選び，記号で答えなさい。

ア Bright-colored birds, flowers and leaves were designed on the chair of the old piano.
イ Tony was able to play Green Fields because he learned how to play it.
ウ Linda was happy when she was listening to the piano Tony was playing.
エ Linda brought some cakes that Mrs. Wood made for the boys.
オ Linda was able to play *Green Fields* on the piano easily.

3 次のKotaのスピーチを読んで，あとの問いに答えなさい。

When I first began teaching in Japan, I met many students who were good at English but afraid to talk to foreign people. I kept thinking, "If they are good at English, why are they too shy to speak English?"

Being able to talk to strangers is an important skill in our world today. It's an enjoyable way to meet new people, exchange information, and make friends. It's also a great way to practice foreign language skills.

English learners are often shy. I can understand it. Many people are shy when they are children but they learn to overcome* shyness. But how? Easy! By having interest in others, by developing confidence*, by finding good role models* and by lots of practice.

My role model was my father. As a shy kid growing up in Canada, I was surprised at how easily he could speak to anyone in restaurants, on airplanes, and in movie theaters. I was impressed by how much he enjoyed talking to people and vowed to* become like him when I grew up. Some years later, when I was traveling in Europe, I realized that being able to talk to strangers was necessary for meeting local people and learning about their cultures.

The basic tactics* for talking to a stranger are easy to learn. First, you have to start a conversation. The most common ways are to talk about the weather or ask a question. You can also ask for something to start a conversation. Next, ask a few questions to keep the conversation going. If you use these tactics, you can have a great conversation with an interesting person!

When I started teaching in Japan, I decided to help my students learn this skill. To do this, I give homework each year to my students; they have to talk to someone they don't know, then write an English report about it.

Many students find this homework changes their lives in interesting ways. Some talk to foreign students and make friends with them. Others find it can influence their future careers. One student started a conversation with a businessman who gave her his business card and said, "Give me a call when you graduate*. My company needs people like you!"

Over the past 25 years, I have given this homework to over 5,000 students and have watched them become more confident English speakers. So, don't be shy! Strangers in this world are people who can be your new friends and conversations can change lives. Talk to a stranger today!

overcome　克服する　　confidence　自信　　role model　手本
vow(ed) to　～すると誓う　　tactic(s)　方策　　graduate　卒業する

問. 次の英文が本文の内容と合致するものには○，合致しないものには×と答えなさい。

(1) English learners in Japan often have a positive feeling toward speaking English.
(2) Kota's father was so shy that he couldn't speak to local people in Canada.
(3) The students had to write reports about their talks with strangers.
(4) A businessman gave the student an offer to work with him in the future.
(5) Over the past 25 years, the homework hasn't been very good for students.

4 次の場面（ Situation ）と対話（ Conversation ）を読み，二つの資料を使って，あとの問いに答えなさい。

Situation

You met two students from the United States at the station and you were asked for directions.

Conversation

Kate： Excuse me. Can you tell me how to get to Midori Park?

You： Sure. Take a bus from the nearest bus stop. I'll show you.

Kate： Thank you.

— *A few minutes later* —

You： Here is the bus stop. The route number is No. 78 or No. 80. Get off at Sakura Museum and walk a few minutes to the park.

Maggie： Is the park close to the museum?

You： I'll show you the map. When you get off the bus, you can see City Hall across the street. Walk two blocks toward the post office. Then turn left and go straight. You can see the park on your right.

Maggie： Thank you.

You： You're welcome. There is an international food festival in the park. Are you going there?

Kate： Yes. We're interested in food culture around the world.

You： Actually I went there yesterday. It was Saturday yesterday so there were many people but I enjoyed it a lot.

Maggie： Really? What did you eat?

You： I had Indian curry and mango juice. They were delicious.

Kate： Oh, I want to try them, too.

Maggie： I don't like spicy food, but I want to try mango juice. By the way, what time does the festival start?

You： I think it starts at 10：30.

Kate： It's 9：46 now. Let's check the bus schedule.

Maggie： OK.

You： Oh, I have to go now. Have fun!

Maggie： Thanks a lot. We're looking forward to it.

資料1

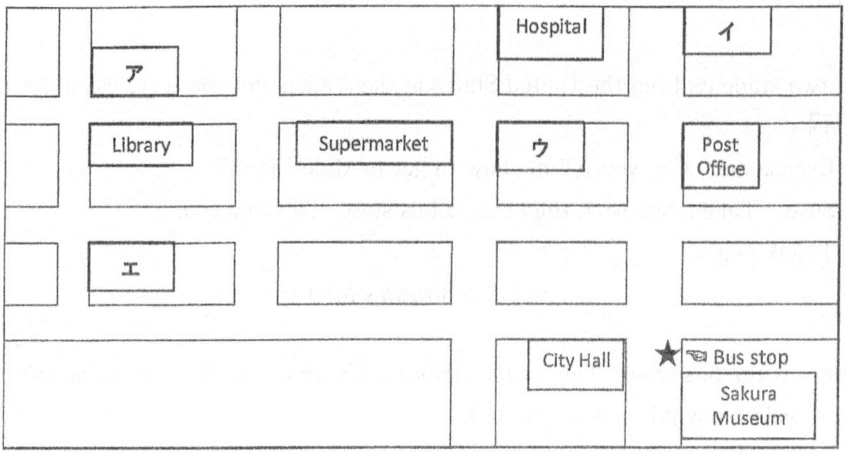

資料2

Route No. 78 To: Minato-dori				Route No. 80 To: Museum			
from Monday to Friday		Saturday, Sunday National holiday		from Monday to Friday		Saturday, Sunday National holiday	
6	10 20 30 40 50	6		6	10 20 30 4055	6	
7	00 08 16 24 32 40 48 56	7	00 15 30 45	7	00 10 20 30 40 55	7	05 20 35 50
8	05 15 25 35 45 55	8	00 15 30 45	8	00 10 20 30 40 55	8	05 20 35 50
9	05 15 25 35 45 55	9	00 15 30 45	9	00 10 20 30 40 55	9	05 20 35 50
10	05 15 25 35 45 55	10	00 15 30 45	10	00 10 20 30 40 55	10	05 20 35 50

問1． 資料1の地図を見て，二人の目的地をア～エより1つ選び，記号で答えなさい。

問2． 現時刻から一番早いバスに乗る場合，KateとMaggieはどのバスに乗ると考えられるか。**資料2**の時刻表を見て，路線番号と時間を数字で答えなさい。

問3． 次の英文が対話の内容と一致する場合は○，一致しない場合は×と答えなさい。

(1) Kate asked how long it takes to go to Midori Park.

(2) Maggie enjoyed Indian food in the international food festival.

(3) Kate didn't know that there was an international food festival in Midori Park.

(4) Maggie didn't know what time the festival started.

(5) Kate and Maggie needed to take a bus and walk to the park.

[5] 次の会話文は，英語部のAkikoが学校の企画でシンガポールから来たLim先生にインタビューする場面です。英文を読んで，あとの問いに答えなさい。

Akiko： Good morning, everyone. I'm Akiko, a member of the English club. Today's guest is our new English teacher, Ms. Lim. Ms. Lim, thank you for coming today.

Ms. Lim： My pleasure. I'm very excited to talk with you.

Akiko： OK, let's start. First, I'd like to know about your country. [Ⅰ]

Ms. Lim： Yes, I am.

Akiko： I've never been to Singapore, but I know where it is. It's near Malaysia.

Ms. Lim： That's right. [Ⅱ]

Akiko： Japan has many islands, too. We both are from an island country! Anyway, I've heard that Singapore is often called the "Garden City" or the "Clean and Green City." Why is that?

Ms. Lim： [Ⅲ]

Akiko： That sounds great. I really love nature. I'd like to visit your country in the future.

Ms. Lim： Please do so. I think you'll like it.

Akiko： My parents often take me to some foreign countries for traveling, so I want to visit your country with them next time. Now, let's move on to the next question.
[Ⅳ]

Ms. Lim： Yeah, there are four people in my family. My mother, my father, my younger brother, and me.

Akiko： I see. How old is your brother?

Ms. Lim： [Ⅴ] He is a high school student in Singapore.

Akiko： Oh, is he? That's interesting.

Ms. Lim： He's very interested in Japanese culture, and he especially likes watching Japanese anime.

Akiko： That's cool. What do you like to do in your free time, Ms. Lim?

Ms. Lim： I like sports, listening to music, and watching movies.

Akiko： What's your favorite sport?

Ms. Lim： I like swimming. I often went swimming with my friends in my country.
[Ⅵ]

Akiko： Sure. I'll show you later. By the way, is this your first time to come to Japan?

Ms. Lim： Yes, it is. I'm glad that I've come to Japan. I have studied Japanese for four years, so I want my students to tell me about Japanese language and culture.

Akiko： I'm glad that you've come here, too. Finally, could you give a message to the students?

Ms. Lim： Well, I know studying foreign languages is not easy. [Ⅶ] I hope you will enjoy studying English with me!

Akiko： Thank you very much, Ms. Lim. We're looking forward to your class!

問. Ⅰ ～ Ⅶ に当てはまる最も適切なものをそれぞれ一つずつ選び，記号で答えなさい。

ア You are from Singapore, right?

イ Which country are you from?

ウ Actually, he is the same age as you are.

エ Because Singapore is full of beautiful trees and flowers all through the year.

オ It has one big island and many small islands.

カ But I think it surely helps us to understand foreign people.

キ Could you tell me about your family?

ク He will stay at my place for a month.

ケ Can you tell me a good place for swimming in this city later?

コ Singapore's culture is totally different from that of Japan.

6 次の対話文が成り立つように（　　　）に入る適切な一語を，答えなさい。ただし，（　　　）内のアルファベットで始まる語で答えること。

(1) A：Excuse me, Mr. Spencer.
B：Yes, Annie?
A：May I (b　　　) an eraser?　I can't find mine.
B：Sure.　You can use this one.

(2) A：You're (l　　　), Nina.　The class has already started.
B：I'm really sorry, Ms. Baker.　My train was delayed because of an accident.

(3) (On the phone)
A：Hello?　This is Kotaro speaking.　May I speak to Tom, please?
B：He has (g　　　) to Canada on business.　He'll be back next Monday.
A：I see.　Can I leave a message?

(4) A：What's the second (l　　　) city in Japan?
B：I think it's Yokohama.　Only Tokyo has a bigger population.

(5) A：Thank you very much for (i　　　) me to the party.
B：You're welcome.　Are you enjoying the party?
A：Of course.　It's fun to talk with new friends.

7 次の（　　）に当てはまる語句として最も適切なものを，それぞれ次の中から選び，記号で答えなさい。

(1) Study hard and do your (　　　) on the exam next week.
ア better　イ best　ウ good　エ well

(2) My aunt lives in a house (　　　) a beautiful garden.
ア at　イ with　ウ from　エ above

(3) How about (　　　) to see a movie this weekend, Kumi?
ア going　イ goes　ウ go　エ to go

(4) John's digital camera is small enough (　　　) in his shirt pocket.
ア put　イ to put　ウ putting　エ to putting

(5) As soon as the bell rang, the children stopped (　　　), and went back to their classroom.

ア play　　イ played　　ウ to play　　エ playing

(6) The shrine over there (　　　) for safe travelling more than 100 years ago.

ア was building　　イ was built　　ウ were built　　エ built

[8] 次の英文が完成するように，ア～カまでを並べ替えて(　　　)の中に入れ，[A]と[B]に入る語を記号で答えなさい。ただし，文頭の文字も小文字になっている。

(1) One of the good points of learning online is that you (___ ___ [A] ___ [B] ___) like.

ア as much　　イ as　　ウ you

エ can　　オ spend　　カ time

(2) (___ ___ [A] ___ [B] ___) the museum?

ア this　　イ that　　ウ goes

エ to　　オ the bus　　カ is

(3) Did you hear (___ ___ [A] ___ [B] ___) Paris?

ア what　　イ is　　ウ leaving

エ for　　オ time　　カ our plane

(4) The pictures ([A] ___ ___ ___ [B] ___).

ア Joe　　イ taken　　ウ were

エ by　　オ beautiful　　カ in Kyoto

(5) We (___ ___ [A] ___ [B] ___) two straight days.

ア sunny　　イ days　　ウ had

エ no　　オ have　　カ for

(6) This book (___ [A] ___ [B] ___ ___) us to read.

ア difficult　　イ of　　ウ for

エ all　　オ is　　カ too

[9] 次の対話文中の下線部(1)，(2)を英文になおしなさい。ただし，(　)内で指示された語を使って答えること。

対話　1

A：　私が作ったケーキ，どうかしら?

B：　(1)今まで食べた中で一番おいしいケーキだよ。(This / delicious / ever)

対話2

A：　忙しそうだね。何か手伝おうか?

B：　ありがとう。　(2)台所を掃除してほしいんだ。(I / the kitchen)

として最も適切なものを次の中から選び、記号で答えなさい。

ア　前世の因縁《ねん》から逃れられたということ。

イ　念願の人間の子が産まれたということ。

ウ　蛇の執念が深かったということ。

エ　神のご加護が得られたということ。

たりければ、老人《おひびと》のいはく、「いささか、5きき侍る事あり。三輪《みわ》の神の
言うには、少しばかり聞いていることがある。三輪の神が
見いれしをんなは、蛇《へび》をうむもの也。御身《み》まみ6うるはし。此《この》たびもさ
思い込んだ女は、　あなたは顔が　そう
あらん。かくすによりて7きたります。人のゆきかふちまたにさらせ。
だろう。　人の行き交う場所にさらしなさい。
高ふだたてもろ人に見せよ。かさねては8さあらじ」といふ。あんの
いろんな人　思った
ごとく、またふくろをうみてへびあり。9やがて老人のをしへのごとく
とおり、
す。そののちまふけたる子は10親ににたる人にてぞありける。
産んだ子は、

〔『御伽物語』による〕

(注) 1　かはち若江の庄……平安時代、醍醐《だいご》寺が領有していた地の一つ。現在の東大阪市の一部にあたる。
2　しらたまか何ぞ……古歌「白玉かなにぞと人の問ひし時露と答へて消えなましものを」を踏まえた表現。深い悲しみを表す。

問一　傍線部1「おもなかりければ」、6「うるはし」、9「やがて」のこの文章における意味として適切なものをそれぞれ後の選択肢の中から選び、記号で答えなさい。

1「おもなかりければ」

ア　恥ずかしかったので　　**イ**　恥ずかしかったならば
ウ　面白かったので　　**エ**　面白かったならば

6「うるはし」

ア　醜い　　**イ**　知られている
ウ　美しい　　**エ**　やつれている

9「やがて」

ア　仕方なく　　**イ**　そのうち
ウ　やはり　　**エ**　すぐに

問二　傍線部2「くはいにん」を現代仮名遣いに直して、平仮名で答えなさい。

問三　傍線部3「つつみけり」、7「きたります」の主語として適切なものをそれぞれ次の中から選び、記号で答えなさい。

ア　さふらひ　　**イ**　さふらひの妻　　**ウ**　へび
エ　としふるき人　　**オ**　三輪の神

問四　傍線部4「をんなうちなみだぐみて」とあるが、その理由として最も適切なものを次の中から選び、記号で答えなさい。

ア　再び蛇が生まれるのではないかと心配したから。
イ　再び妊娠することができてうれしかったから。
ウ　今度こそ人の子が生まれると期待したから。
エ　今度も子供を失ってしまうと悲観したから。

問五　傍線部5「きき侍る事」とあるが、その内容が述べられている部分を本文中から抜き出し、最初と最後の三字を答えなさい。

問六　傍線部8「さ」とあるが、その内容として最も適切なものを次の中から選び、記号で答えなさい。

ア　涙を流すこと。　　**イ**　悲しい思いをすること。
ウ　神様が来ること。　　**エ**　出産すること。

問七　傍線部10「親ににたる人にてぞありける」とあるが、その説明

ウ　どちらか一方が優れている。　　エ　どちらか一方へ指示する。

問四　[①] に当てはまる言葉として最も適切なものを次の中から選び、記号で答えなさい。

ア　だが　　イ　つまり

ウ　たとえば　　エ　したがって

問五　傍線部4「『個』の独立性が『全体』との連関があってこそ成立する」とあるが、これを具体的に説明した一文を本文中から抜き出し、最初の五字を答えなさい。

問六　傍線部5「近代産業社会」とあるが、近代産業社会の抱える課題とは何か。本文中から十字以内で抜き出して答えなさい。

問七　[Ⅰ]・[Ⅱ] に当てはまる言葉として適切なものを、後の選択肢の中からそれぞれ一つずつ選び、記号で答えなさい。

Ⅰ　ア　不安　　イ　非難　　ウ　皮肉　　エ　危険

Ⅱ　ア　目　　イ　胸　　ウ　口　　エ　肩

問八　傍線部6「アメリカにおけるスポーツの歩みを振り返る」とあるが、その意義を説明したものとして最も適切なものを次の中から選び、記号で答えなさい。

ア　スポーツと社会形成をリンクさせることの限界を教えてくれる。

イ　自国のスポーツの歴史に対する認識を深めてくれる。

ウ　民主主義や共同体の重要性を再認識させてくれる。

エ　社会への理解を深め、将来を考えるきっかけを与えてくれる。

問九　傍線部7「野球がアメリカ社会の変革に果たしてきている役割」とあるが、その説明として適切でないものを次の中から一つ選び、記号で答えなさい。

ア　スポーツを現実社会の問題の解決と結びつける役割。

イ　公的世界をどのようにしていくのかという問題提起をする役割。

ウ　異種混交的な世界を志向するアメリカ的な想像力を体現する役割。

エ　産業社会の原理や規制と改革の精神を結び付ける役割。

[四]　次の文章を読んで、後の問いに答えなさい。

(注1)かはち若江《わかえ》の庄《しやう》に、あるさふらひの妻産《つまさん》をするに、とりあげ見れば
河内国の若江の庄で、ある侍の妻がお産をしたが、取り上げてみると

袋《ふくろ》なり。なかに数《かず》かぎりなきへびあり。1おもなかりければ、わきかへ
袋である　沸き返る

る湯《ゆ》にいれ、「子はししたり」といふ。そののちまた2くはいにんす。
熱湯に　「子は死んだ」と披露した。　また妊娠する。

「このたびもまたいかがあらん」とかねて案ずるに、はたして右のご
「このたびもまたどうであろうか」と前から　心配したが、やはり、右のとお

とし。これもふかく3つつみけり。いかなるむくひぞやと人しれぬなみ
りである。　深く隠した。　何の報いかと、

だ、(注2)しらたまか何ぞと人のとふまでせり。とし月ほどへて、またただ
「白玉か何ぞ」と　人が尋ねるほど流した。　年月をしばらく経て、また妊娠

ならぬ身となりければ、4をんなうちなみだぐみて、としふるき人にか
したが、　老人に語ると、

[6]アメリカにおけるスポーツの歩みを振り返ると、スポーツと社会形成とをリンクさせることの持つ可能性と同時に限界も見えてくる。だが、かといってスポーツの歩みを軽視し、その遺産から目を背けることは、こうした手法の持つ意義を無視し、それが成し遂げた道半ばというべき状況を後戻りさせかねない。現に、時間は要したが、国技で[7]ある野球がアメリカ社会の変革に果たしてきている役割は決して無視できないだろう。

アメリカという国にとってスポーツの歴史を振り返ることは、自分たちの正体や到達点を再認識する有効な作業であると同時に、そこから得られる教訓は産業社会一般においてスポーツというものをどう位置づけていくべきなのかを考えるヒントになるはずだ。スポーツの歩みや現状を再検証すること、換言すれば、スポーツの歴史に対して［Ⅱ］を開くことは、自分の住む社会に対する認識を深め、新たな未来を構想する重要な出発点になり得ることを、アメリカの事例は教えてくれる。

公共財とビジネスのバランスをどう保つかという、アメリカのスポーツが提示する教訓は、公的世界を今後私たちはどのように維持していくのかという問題を提起している。スポーツを社会の中でどう位置づけるかは、産業社会のジレンマへの挑戦という側面のみならず、近代を超えるにはどのような公的世界を新たに構想すべきなのかという問いにもつながっているのだ。スポーツをめぐる問題が内包しているこうした射程に対してより敏感になることは、身近なところから未来を考える糸口になるはずだ。大きなスポーツイベントのホスト国となる体験は、こうした問題意識をより多くの人が共有するきっかけになり得る。遠い未来から日本の歴史を眺めた時、二〇一九年のラグビーワールドカップや二〇二〇年の東京オリンピック・パラリンピックがこうした契機の一つとして振り返られることを願う。

〔鈴木透『スポーツ国家アメリカ』（中央公論新社）による〕

（注）　NFL……アメリカ合衆国のアメリカンフットボールのプロリーグ。

問一　傍線部1「こうした流れに逆行する部分があった」とあるが、その説明として最も適切なものを次の中から選び、記号で答えなさい。

ア　個別化・専門化することでスポーツの純粋さを追求すること。
イ　スポーツと他の領域を接合し、社会との連関を目指すこと。
ウ　スポーツを資本主義の道具とするため、産業社会の論理に合わせること。
エ　特権階級の娯楽の一つであったスポーツに公共財としての役割を与えること。

問二　傍線部2「そうした装置の一つとなった」とあるが、その説明として最も適切なものを次の中から選び、記号で答えなさい。

ア　理想と現実の歪みを正すためにスポーツを利用した。
イ　暴走する理念の歯止めとしてスポーツを行った。
ウ　近代社会の正当性を堅持するためにスポーツを推奨した。
エ　近代の特徴を示すものとしてスポーツ本来の意義を再定義した。

問三　傍線部3「軍配があがる」とあるが、その意味として最も適切なものを次の中から選び、記号で答えなさい。

ア　どちらか一方を選び取る。　**イ**　どちらか一方に味方する。

こうしたジレンマは、近代の団体競技一般にも当てはまるだろう。フットボールから分化したサッカーやラグビーでも、ポジションごとの役割分担が進み、要求されるスキルも異なる。だがラグビーでよくいわれる「ワン・フォー・オール、オール・フォー・ワン（一人は全員のために、全員は一人のために）」という言葉が示すように、組織全体と個の連携こそ、個々が細分化された専門性を持つ団体競技にとっての永遠の課題なのだ。近代産業社会の能率至上主義のジレンマは、スポーツの近代化さえをも貫いているのである。

その意味からすれば、個別化・細分化された領域を再接合するというアメリカのスポーツが発揮してきた創造力は、理念先行国家にとっての問題解決を担ってきただけでなく、4「個」の独立性が「全体」との連関があってこそ成立するという、近代産業社会の矛盾そのものへの挑戦であったともいえる。だが、こうしたアメリカ的創造力によってスポーツ、民主主義、共同体の三者を取り持つ枠組みが形成されてきた一方で、スポーツ、ビジネス、メディアが一体化するという事態も生じた。そして、スポーツビジネスの巨大化は人々の感覚を麻痺《ひ》させ、公的世界の危機とともに人為的集団統合がかえって後退しかねない状況に陥っている。

スポーツビジネスがアメリカ的創造力の墓場を象徴しているのか、あるいはスポーツビジネス自体の自浄作用やスポーツをさらに別の領域と接合していこうとする動きがアメリカ的創造力の新たな出発点となるのか。今後のアメリカのスポーツの行方を注視していくことは、アメリカ的創造力の強度を占い、スポーツの恩恵を受けてきたこの国の民主主義と共同体の成熟度をあらためて測るという意味を持つ。と同時にそれは、究極的には「個」の独立性が「全体」との連関と切り離せないという近代のジレンマを乗り超えるためにどのような方法がまだ残されているのかという普遍的な問いにも通じている。そこから得られる知見は、私たちがスポーツと社会の関係をあらためて問い直し、未来の日本を構想するためのヒントを得ることにもつながるだろう。

アメリカの事例は、スポーツを公共財とみなす時、民主主義や共同体を強化する可能性が開け、個と全体との連関の回路を作り出せる可能性があることを示している。だが、5近代産業社会のジレンマを克服するかに見えるこのモデルは、スポーツの価値を資本主義的見地からも高めてしまうため、スポーツがビジネスやメディアと一体化し、営利第一主義が時として倫理を麻痺させ、新たな搾《さく》取の構図を生み出しかねないリスクとも背中合わせである。

確かにアメリカのスポーツの到達点には、一方では［Ⅰ］がつきまとっている。アメリカ型競技の誕生の重要な背景の一つは、産業社会における健康不安であった。だが、現在のアメリカは異常なまでの肥満大国と化している。また、アメリカ型競技は、民主主義と資本主義の両立という、規制と改革の時代の精神を呼吸しながら骨格を整えたはずだが、公正さと豊かさの両方の恩恵が届いていない人々も大勢取り残されている。さらにアメリカ型競技は、産業社会内部の様々な要請に応えながら愛国主義を強化する機能を発揮してきたが、トランプ政権発足後に起きた(注)ＮＦＬでの国歌斉唱の際の起立問題に顕著に見られるように、現実の社会の深刻な分断状況は、スポーツイベントにも影を落としている。

別、分断された社会における人為的集団統合の必要性といった難題と格闘してきた。それには、自らが抱え込んだ矛盾を乗り越えるための装置が必要だった。スポーツが民主主義と共同体の絆《きずな》を強化する公共財としてアメリカで機能してきたことは、スポーツが実は2そうした装置の一つとなったことを示している。

アメリカという国は、中世を知らない近代の申し子でありながら、実際には近代の理想と現実の深刻な落差に直面し、いわば近代の矛盾を超えていくための創造力を発揮しなければならない運命を背負うことになった。つまり、アメリカ的創造力の正体は、近代産業社会の歪《ゆが》みや暴走をコントロールしながら近代の限界に挑戦する発想と不可分なのであり、それはついには近代によって個別化・細分化された領域を再統合するという、いわば中性的感覚に通ずるアイデアにたどり着いたのだ。アメリカにおけるスポーツの歩みは、そのアイデアが実行に移されたことを示している。ある意味でアメリカは、スポーツと社会との連関を再構築することで、近代の限界や矛盾を克服し、理想の国を作ろうとする、壮大な実験をしてきたのだ。

このように、アメリカ的創造力の本質が、近代産業社会が目指した諸領域の純粋化・専門化の徹底というよりは、むしろ逆に問題解決のための諸領域の再編という異種混交的な世界への志向にあると考えると、野球が国技としての神聖な地位を与えられているという事実はより重要な意味を持ってくる。野球は、現実社会の差別の解消という次元とスポーツを結びつけるとともに、その競技理念は、前近代性と近代性が絶妙に混在する、ハイブリッドな異種混交的世界を体現しているからだ。産業社会の原理や規制と改革の時代の精神と強く結びついた特徴を備えているという点では、アメリカンフットボールやバスケットボールに3軍配が上がるだろう。だが、そこから外れるような面を併せ持つ野球にこそ、実はアメリカ的創造力の本領を垣間見ることができる。野球が国技たるに相応《ふさわ》しいのは、自ら異種混交的世界を切り開きながら現実社会の矛盾と向き合ってきたからというべきなのである。

アメリカが直面してきた矛盾は、この国が理念先行国家であることによって増幅されてきた部分がある。しかし、近代産業社会自身が根本的な矛盾を抱えている点も見落としてはならない。それは、組織と個の関係である。

能率を上げるには、個人は分業化された作業に徹底的に習熟するよう求められる。だが、それはその人の専門性を高める一方で、他の作業のことはわからない人間にしてしまいかねない。他人が何をしているのかよくわからないまま、自分の持ち場をひたすらこなすというサイクルに陥っていきかねないからだ。

だが、自分の仕事の専門性に習熟したとしても、その仕事は独立して存在できるわけではなく、前と後の工程があってこそ意味を持つ。［①］、能率至上主義は、分割された領域間の連関があってこそ初めて有効に機能するにもかかわらず、諸領域に張り付けられた人たちは自分の任された範囲外の世界には疎《うと》くなっていくという根本的な矛盾がそこにはある。換言すれば、組織は個があってこそ機能するが、個と他の連動性よりも個の専門性を高めるように人は奨励されてしまう、という根本的なジレンマを近代産業社会の能率至上主義は抱えているのだ。

ア　相手が自分の感情を理解していることがわかること。

イ　自分が相手の感情に影響を及ぼすことがわかること。

ウ　自分が相手の感情を把握しているかがわかること。

エ　相手が自分とは別の感情を持っているとわかること。

問六　傍線部４「私たちにあらかじめ備わっている能力」とあるが、その例として適切でないものを次の中から一つ選び、記号で答えなさい。

ア　相手が努力家だと思って、発破《はっぱ》をかけて奮起させる。

イ　初対面の人と仲良くなろうとして、自分から積極的に話しかける。

ウ　泣いている人に、思いやりの気持ちをもって優しい言葉をかける。

エ　怒っている相手に、自分が謝罪すれば相手が許してくれるだろうと思う。

問七　傍線部５「ある意味で幸運でした」とあるが、その理由として最も適切なものを次の中から選び、記号で答えなさい。

ア　争いを好まない人々が集まった結果、他人に無関心な集団が生き残れたから。

イ　競争心をもつ人々により、都市が高度に発展していったから。

ウ　弱肉強食の摂理に従い、力の弱い集団が淘汰《た》されたから。

エ　集団をつくる能力を持つ人々によって、都市や文明が形成されたから。

問八　次の文は本文中のどこかに入る。これが入る直後の段落を本文中の段落番号で答えなさい。

かつてのナチス・ドイツのイメージが強いので、その言葉に反感を覚える人は少なくありません。

問九　この文章を四つの意味段落に分けた場合、三つ目の段落はどこから始まるか。本文中の段落番号で答えなさい。

三　**次の文章を読んで、後の問いに答えなさい。なお、問いに字数がある場合は、句読点も一字分に数えること。**

イギリスにおけるフットボールの近代化は、中世と近代の感覚の違いを鮮明にしながら、産業社会の基本原理がスポーツにもしみこんでいく過程を体現していた。諸領域を個別化・専門化することで予測可能性や純粋性を追求する産業社会の発想は、純粋な競技としてのフットボールの誕生や、ルールの統一、選手と観客の分離、スポーツと金銭とを分離するアマチュアリズムの理念等と軌を一にしていた。

アメリカで起こったことは、1こうした流れに逆行する部分があった。確かにアメリカ型競技は、イギリスの近代フットボール以上に産業社会の論理との接点を強化してきた部分もある。だが、アメリカではアマチュアリズムが後退し、スポーツと商業主義の接近が起こった。また、スポーツを他から分離された純粋な世界として位置づけようとする発想も、むしろスポーツと他の領域を接合し、スポーツを地域や現実社会の問題解決と結びつけようとする発想に取って代わられた。

スポーツの近代化の流れがアメリカで屈折した背景には、理念先行国家としての未完成さを指摘できよう。独立の時点で掲げた自由と平等の理想と深刻な現実との落差を埋めていくという運命を自らに課したアメリカは、民主主義と資本主義の不均衡、根深い人種差別や性差の方向に進化したホモ属のことを、私は「ホモ・パックス」と呼ぼうと思います。「パックス」とは、ローマ神話に登場する平和と秩序の女神のことです。「パックス・ロマーナ（ローマの平和）」「パックス・アメリカーナ（アメリカの平和）」などという言葉もあります。

⑮　先述したとおり、人類という生物は五万年前から目的を持って自らを進化させられるようになりました。だとすれば、平和な知的生命体として生き残るために、自分たちをそちらの方向へ進化させることもできるはずです。闘争心の弱い協調性に富んだ個体をこれまで以上に重んじて守っていけば、それが可能になるのではと、私は考えます。

⑯　こうした考え方を、危険視する人も多いでしょう。自分たちの求める遺伝子だけを残そうとする発想は「優生思想」と呼ばれています。

⑰　しかし私には、人類が「進化の方向をコントロールできる生物」に進化したのは自然の摂理による結果なのだから、その能力をより良い未来のために使うのは、決して悪いこととは思えません。

⑱　戦争で滅びることがなかったとしても、人類がこのまま存続できる保証はありません。本書でも見てきたとおり、地球環境の大変動があれば、どんな生物種でも簡単に絶滅してしまいます。いまは地球の温暖化が心配されていますが、本当に怖いのはむしろ寒冷化でしょう。温暖化論者は現在の間氷期が今後も二万〜三万年は続くといいますが、その予測が正しいかどうかはわかりません。そして、氷期はいったん始まったら過去の事例から見て、一〇万年は続くと考えるのが妥当です。氷期が訪れたときに、どうやって文明を維持するのか。これは私たちホモ・サピエンスの叡智《えいち》を傾けて考えなければいけません。

⑲　実際、いざそうなったときには、私たちホモ・サピエンスは総力を挙げてこの問題に取り組むことでしょう。私たちは、物事を偶然に任せることを拒み、自らの知力を振り絞って生き残ろうとする生物なのです。ならば、平和な知的生命体として生き残るために知力を使い、進化の方向性を自ら決めるのも、悪いことではありません。［B］、それこそがホモ・サピエンスらしい進化のあり方だと思うのです。〔長沼毅『生命とは何だろう？』（集英社インターナショナル）による〕

（注）1　シンパシー……共感。
2　出アフリカ……人類の祖先がアフリカ大陸から各地に分散していったこと。

問一　傍線部1「ホモ・サピエンス」とあるが、筆者はホモ・サピエンスをどのような生物だと考えているか。その内容が述べられている一文を本文中から抜き出し、最初の五字を答えなさい。

問二　［I］に当てはまる言葉を本文中から抜き出して答えなさい。

問三　［A］・［B］に当てはまる言葉として適切なものをそれぞれ次の中から選び、記号で答えなさい。

ア　いわゆる　**イ**　しかし　**ウ**　また
エ　そして　**オ**　むしろ

問四　傍線部2「正反対のもの」とはなにか。⑤段落以降から十字以内で抜き出して答えなさい。

問五　傍線部3「そこから先」とあるが、その説明として最も適切なものを次の中から選び、記号で答えなさい。

しょう。

⑥もっとも、他者の感情を理解する能力は人間にだけ備わっているわけではありません。たとえばチンパンジーも、相手が自分に興味を持っているかどうか、あるいは自分に対して怒りを感じているかどうかぐらいはわかります。

⑦しかし、3そこから先は難しい。あるチンパンジーが、別のチンパンジーに怒りの感情を向けているとしましょう。見られたチンパンジーは、相手が怒っていることを理解します。では、怒っているチンパンジーは、相手が「自分の怒りを理解していること」を理解できるでしょうか。

⑧チンパンジーは、その能力が弱いと考えられています。自分の感情を相手が理解しているかどうかを、うまく理解できない。しかし人間は、それが当たり前にできます。相手が自分の感情を理解していることを理解できるし、その上で相手がどういう行動に出るかも推測できる。誰かに怒りを向けた瞬間に、相手が謝罪するか反撃に出てくるか、おおむね察しがつくわけです。

⑨そういう能力がなければ、他者との信頼関係を築くことはできません。何手先までも他者の心の中を推察できるからこそ、相手とのあいだにシンパシー（注1）が生まれるのです。小学校では「誰とでも仲良くしましょう」と指導するので、これは教育によって身につく文化のような印象もありますが、実は生物学的な特徴として、4私たちにあらかじめ備わっている能力なのです。

⑩最近、他者との協調を促すホルモンを分泌させる遺伝子の存在が明らかになりました。私はそれを「協調性遺伝子」と呼んでいます。

⑪この遺伝子によって分泌されるホルモンは、もともと子宮の働きをコントロールする機能を持った女性ホルモンなのですが、それが脳内に入るともうホルモンというより、神経伝達物質として働きます。それは脳に協調性を発揮するように仕向けるのか、あるいは協調性を発揮するとそれが脳内に分泌され快感を覚えるということなのか。

⑫弱肉強食の厳しい環境では、他者と協調したがるやさしい個体は生き残りにくいかもしれません。ですから、七万～五万年前に出アフリカ（注2）に成功した小集団が協調性遺伝子を持っていたことは、5ある意味で幸運でした。彼らが生き残り、協調性遺伝子を拡散していなければ、都市も文明も築かれなかったかもしれません。集団で暮らすことはあっても、単にバラバラな個人が寄せ集まっただけでは、分業体制が成り立たないので都市は作れません。もしそこに一〇〇人いたら、一〇〇人いないとできないことをやるのが協調性というものです。

⑬戦争による絶滅を回避し、人類が進化を続けるためには、そういう遺伝子を大事にすべきだと私は思います。出アフリカに失敗して滅んだグループは、突然変異で生まれた「平和的でやさしい個体」を弱肉強食の論理で簡単に殺してしまったのかもしれません。そのせいで集団内での協調性が育たず、生き残ることができなかった——現在の人類がそれと同じことをすれば、彼らのように生き残りに失敗するのではないでしょうか。

⑭逆に、協調性の高い平和的な個体を大事にすれば、ホモ・サピエンスの好戦的な性質は徐々に弱まっていくかもしれません。そちら

【国語】（五〇分）〈満点：一〇〇点〉

一 **次の各問いに答えなさい。**

問一 次の1～5の傍線部の**漢字**の読みを平仮名で書きなさい。

1 大声で敵を威嚇する。
2 差別を排斥する運動が起きる。
3 着物に合わせて草履を選ぶ。
4 ていねいに米を研ぐ。
5 コートのポケットを探る。

問二 次の1～5の傍線部の**カタカナ**を漢字に直して書きなさい。

1 図書室で資料をエツランする。
2 火山からフンエンが上がる。
3 二国間で条約をヒジュンする。
4 テーブルをハサんで向かい合う。
5 過去の自分の行いをクやむ。

二 **次の文章を読んで、後の問いに答えなさい。なお、問いに字数がある場合は、句読点も一字分に数えること。ただし①～⑲は段落番号を表す。**

① では、これから私たち1ホモ・サピエンスはどのような進化を遂げるのでしょうか。前にも述べたとおり、生物種の未来には「進化」と「絶滅」の二つにひとつしかありません。したがって、このまま永遠にホモ・サピエンスという種が維持されることはあり得ない。ホモ属の誕生から二六〇万年、ホモ・サピエンスはまだ二〇万年――三八億年に及ぶ地球生命の歴史から見れば、私たちの存在はほんの一瞬の出来事にすぎません。数千万年後、数億年後には、そのとき存在している知的生命体の「祖先種」か、単なる「過去の絶滅種」かのどちらかになっているはずです。

② もし絶滅するとしたら、その原因として誰《だれ》もが真っ先に思いつくのは［Ｉ］でしょう。好戦的な性質を持つ私たちは、その知力をフルに発揮して、一瞬にして自分たちを絶滅させられるほどの核兵器を作り上げました。ある意味で、すでに絶滅の準備は整っているとさえいえます。

③ では、ホモ・サピエンスにとって絶滅は必然なのでしょうか――私はそうは思いません。仮にホモ・サピエンスが生物学的なレベルで好戦的だったとしても、一方で、それを制御するだけの知性を兼ね備えているのも事実です。

④ ［Ａ］、生物学的なレベルでも、ホモ・サピエンスには好戦的な性質とは2正反対のものが備わっているのではないでしょうか。それは、他人と結びつくことによって集団を形成する性質です。その性質がなければ、集団で狩猟を行うことはできなかったでしょう。常に他者と敵対しているようでは、都市や文明を築き上げることも不可能です。

⑤ たくさんの人が集まって都市を作り上げるには、お互いに対する信頼が必要です。では、人類はなぜ他人と信頼関係を結べるのか。そこで重要な役割を果たしているのが、脳の神経回路にある「ミラーニューロン」という特殊な細胞です。文字どおり他人の心の中を「鏡」に映すように慮《おもんぱか》る能力を司《つかさど》る細胞だと思ってもらえばいいで

MEMO

大切なことはメモしておこうネ！

2020年度

解　答　と　解　説

《2020年度の配点は解答欄に掲載してあります。》

＜数学解答＞

1　問1　-35　　問2　$x=-1$，$y=2$　　問3　$a(x-3y)(x+6y)$　　問4　7　　問5　$8-2\sqrt{3}$
　問6　$x=\frac{3\pm\sqrt{57}}{4}$

2　問1　5個　　問2　$y=3x-9$　　問3　$a=-\frac{5}{2}$　　問4　$\frac{11}{36}$　　問5　32度

3　問1　$a=-\frac{1}{2}$　　問2　32　　問3　$(4\sqrt{3},\ -24)$

4　問1　5：2　　問2　8：7　　問3　$\frac{4}{15}$倍

5　問1　$4\sqrt{2}$ cm　　問2　$8\sqrt{5}$ cm^2　　問3　$\frac{4\sqrt{10}}{5}$cm

○配点○

各5点×20　　計100点

＜数学解説＞

1　（数・式の計算，連立方程式，因数分解，式の値，平方根，2次方程式）

問1　$\{-3^2+12\div(-2)\}-20=(-9-6)-20=-15-20=-35$

問2　$\frac{x-4y}{2}+\frac{5}{4}y=-2$の両辺を4倍して，$2(x-4y)+5y=-8$　　$2x-3y=-8$…①　　$2(x+y)-3=x$　　$2x+2y-3=x$　　$x+2y=3$…②　　②×2−①より，$7y=14$　　$y=2$　　これを②に代入して，$x+4=3$　　$x=-1$

問3　まずは共通因数をさがし，そのあと，公式を使えるかどうかを考える。$ax^2+3axy-18ay^2=a(x^2+3xy-18y^2)=a(x-3y)(x+6y)$

問4　$x=\frac{\sqrt{3}}{2}$のとき，　$2x=\sqrt{3}$　　$(4x+1)^2-8x(x+1)=16x^2+8x+1-8x^2-8x=8x^2+1=2\times(2x)^2+1=2\times(\sqrt{3})^2+1=2\times3+1=7$

問5　$(\sqrt{6}-\sqrt{2})^2+\frac{6}{\sqrt{3}}=6-4\sqrt{3}+2+2\sqrt{3}=8-2\sqrt{3}$

問6　$2x^2-3x-6=0$　　$x=\frac{-(-3)\pm\sqrt{(-3)^2-4\times2\times(-6)}}{2\times2}=\frac{3\pm\sqrt{57}}{4}$

2　（平方根，直線の式，2次方程式の解，確率，角度）

問1　$\frac{11}{2}<\sqrt{n}<6$　　すべて正の数なので，2乗しても大小関係は変わらない。$\frac{121}{4}(=30.25)<n<36$　　$n=31$，32，33，34，35の5個

基本　問2　$y=3x-4$に平行であることから，求める1次関数は，$y=3x+b$と表すことができる。また，$(1,\ -6)$を通ることから，$3\times1+b=-6$　　$b=-9$　　よって，$y=3x-9$

問3　$x^2-3(x-2a)=2a$の解が$x=-2$であることから，$(-2)^2-3(-2-2a)=2a$　　$4+6+6a=2a$

$4a=-10$　　$a=-\frac{5}{2}$

問4　2つのさいころを1回投げたとき，目の出方は全部で$6\times6=36$(通り)　その中で$x+3y$が18以上になるのは，$(x, y)=(1, 6)$，$(2, 6)$，$(3, 5)$，$(3, 6)$，$(4, 5)$，$(4, 6)$，$(5, 5)$，$(5, 6)$，$(6, 4)$，$(6, 5)$，$(6, 6)$の11通り。よって，その確率は$\frac{11}{36}$

問5　△DEFは二等辺三角形なので，∠DFE＝$(180-26)\div2=77$　∠DFC＝$180-(77+45)=58$　AD//BCなので，錯角は等しく，∠ADF＝∠DFC＝58　∠$x=58-26=32$

3　(図形と関数・グラフの融合問題)

基本　問1　P$(-2, -2)$が$y=ax^2$上の点なので，$a\times(-2)^2=-2$　$a=-\frac{1}{2}$　放物線②は$y=-\frac{1}{2}x^2$となる。

問2　$y=\frac{3}{2}x^2$…①はy軸に関して対称であり，AB＝8なので，点Aのx座標は4　また，点Aが①上の点なので，$y=\frac{3}{2}\times4^2=24$より，A$(4, 24)$である。また，B$(-4, 24)$　ADはy軸と平行なので，点Dのx座標は4　また，Dは②上の点なので，$y=-\frac{1}{2}\times4^2=-8$より，D$(4, -8)$である。したがって，AD＝$24-(-8)=32$

やや難　問3　長方形ABCD＝AD×AB＝$32\times8=256$　△ABE＝$256\times\frac{3}{4}=192$　点Eは②上の点なので，E$\left(e, -\frac{1}{2}e^2\right)$　△ABE＝$\frac{1}{2}\times8\times\left(24+\frac{1}{2}e^2\right)=192$　$e^2=48$　$e>0$より，$e=4\sqrt{3}$　$y=-\frac{1}{2}\times48=-24$　E$(4\sqrt{3}, -24)$

4　(平面図形，相似)

重要　問1　BC＝8とBE：EC＝3：1より，BE＝6　ADの延長とBGの延長の交点をHとする。∠Bの二等分線がBHなので，∠ABH＝∠CBG，AB//DCより錯角は等しいので，∠ABH＝∠CGB　よって，∠CBG＝∠CGBとなり，△CBGは二等辺三角形である。CG＝CB＝8，GD＝CD－CG＝AB－CG＝$15-8=7$　AH//BCより錯角が等しいので，∠DHG＝∠CBG　対頂角は等しいので∠DGH＝∠CGB　よって，∠DHG＝∠DGH　△DGHは二等辺三角形となり，DH＝DG＝7　AH//BC より錯角は等しいので，∠FBE＝∠FHA，∠FEB＝∠FAH　2組の角がそれぞれ等しいので△FBE∽△FHA　AF：FE＝AH：EB＝$(8+7)$：6＝5：2

問2　CG：GD＝8：7

問3　△BCGと△BGDはCG，GDを底辺とすると高さが等しい三角形なので，面積の比は底辺の比に等しく，問2より，△BCG＝8S，△BGD＝7Sとおくことができる。△BCD＝8S＋7S＝15S，平行四辺形ABCD＝15S×2＝30S　△BCG÷平行四辺形ABCD＝8S÷30S＝$\frac{4}{15}$(倍)

5　(空間図形の計量，三平方の定理)

問1　Hは正方形の対角線ACとBDの交点である。△BACは直角二等辺三角形なので，AC＝$8\sqrt{2}$　AH＝$\frac{1}{2}\times8\sqrt{2}=4\sqrt{2}$　OA＝8　△OAHについて三平方の定理より　$\mathrm{OH}^2=\mathrm{OA}^2-\mathrm{AH}^2=64-32=32$　OH＝$4\sqrt{2}$(cm)

重要　問2　△OABは正三角形で，MはABの中点なので，∠OMA＝90°　△OAMは直角三角形なので，三平方の定理より，$\mathrm{OM}^2=\mathrm{OA}^2-\mathrm{AM}^2=64-16=48$　OM＝$4\sqrt{3}$　ONも同様に，ON＝$4\sqrt{3}$　△OMNは二等辺三角形である。△ABDについて中点連結定理より，MN＝$\frac{1}{2}\times$BD＝$\frac{1}{2}\times8\sqrt{2}$

$=4\sqrt{2}$　Oから MN に垂線をひき，MN との交点を L とすると，$\angle OLM=90°$　$\triangle OML$ は直角三角形なので，三平方の定理より，$OL^2=OM^2-ML^2=48-\left(\frac{1}{2}\times4\sqrt{2}\right)^2=48-8=40$　$OL=2\sqrt{10}$　$\triangle OMN=\frac{1}{2}\times MN\times OL=\frac{1}{2}\times4\sqrt{2}\times2\sqrt{10}=8\sqrt{5}$ (cm²)

やや難　問3　頂点Aから平面OMNに下した垂線の長さは，△OMNを底面とみたときの，三角錐A−OMNの高さにあたる。これをhとおくと，三角錐A−OMNの体積$=\frac{1}{3}\times8\sqrt{5}\times h$　同じ三角錐を，底面を△AMNとして考えると，三角錐O−AMN$=\frac{1}{3}\times\frac{1}{2}\times4\times4\times4\sqrt{2}$　向きを変えても体積は変わらないので，$\frac{1}{3}\times8\sqrt{5}\times h=\frac{1}{3}\times\frac{1}{3}\times4\times4\times4\sqrt{2}$　$8\sqrt{5}h=32\sqrt{2}$　$h=\frac{32\sqrt{2}}{8\sqrt{5}}=\frac{4\sqrt{2}\times\sqrt{5}}{\sqrt{5}\times\sqrt{5}}=\frac{4\sqrt{10}}{5}$ (cm)

★ワンポイントアドバイス★

問題の数は多くないが，1つ1つの問題がしっかりしたつくりをしているので，時間に余裕はないだろう。教科書で基本的な力をつけたあとで，標準レベルの問題にたくさんふれて，応用力をつけておく必要がある。

＜英語解答＞

1　リスニング問題解答省略

2　問1　Ⅰ ウ　Ⅱ ア　Ⅲ エ　Ⅳ イ　問2 ア　問3 エ　問4 ウ，エ

3　(1) ×　(2) ×　(3) ○　(4) ○　(5) ×

4　問1 ア　問2 (路線番号) 80　(時間) 9：50　問3 (1) ×　(2) ×　(3) ×　(4) ○　(5) ○

5　問Ⅰ ア　Ⅱ オ　Ⅲ エ　Ⅳ キ　Ⅴ ウ　Ⅵ ケ　Ⅶ カ

6　(1) borrow　(2) late　(3) gone　(4) largest　(5) inviting

7　(1) イ　(2) イ　(3) ア　(4) イ　(5) エ　(6) イ

8　(1) A ア　B イ　(2) A オ　B ウ　(3) A カ　B ウ　(4) A イ　B ウ　(5) A エ　B イ　(6) A カ　B ウ

9　(1) This is the most delicious cake [one] (that / which) I have ever eaten.
　(2) I'd like [I want] you to clean the kitchen.

○配点○

1～6，8，9　各2点×47(4問2完答)　7　各1点×6　計100点

＜英語解説＞

1　リスニング問題解説省略。

重要　2　**(長文読解・物語文：適文補充，要旨把握，内容吟味)**

(全訳)　暑い夏の午後，トニー，ジョン，ピップが長い草を刈っていた。太陽は暑くて疲れていた。ウッド氏が畑に入ってきた。

「少年たち」と彼は言った，「あなたのための仕事があります」

「彼はいつも私たちのために仕事をしています！」 ピップはとても静かに言った。他の男の子は微笑んだ。

Ⅰ農夫は彼らを忙しくしておくのが好きだった。彼らは彼と一緒に農家の近くの古い木造の建物まで歩いた。

「それじゃあ」とウッド氏は言った。「私の新しい車が来週ここに到着します。Ⅱガレージ用にこの建物が欲しい。建物からゴミを取り出そう。それから本当にきれいに掃除してくれ。車をその中に入れたいんだ」

「ごみをどうしましょう，ウッドさん」 ピップが尋ねた。

「もちろん捨てて！」 農夫は答えた。「さあ，質問をやめて，ピップ。私は忙しいんだ」 彼は立ち去った。

三人の少年は建物のドアを開けた。彼らはゴミを見た後，①お互いを見た。

「これには時間がかかる」とトニーは言った。

彼は建物の後ろに行った。彼は多くの古い箱の後ろに何かを見た。とても大きかった。

「これは何ですか？」 トニーが尋ねた。

「古いピアノだ」とジョンは言った。

Ⅲピアノは美しく，濃い茶色の木で作られていた。トニーはシャツを脱ぎ，それで木をきれいにした。彼は鮮やかな色の鳥，花，葉を見た。それらは暗い，汚れた建物の中で星のように輝いていた。トニーはピアノを開いた。彼は鍵盤を見た。

「これを捨てることはできない」と彼は言った。「本当にできません」 彼は古い壊れた椅子を見つけピアノに座った。彼の指が鍵盤に触れた。彼は目を閉じた。半分忘れられた音楽が彼の心を通して踊った。彼の指が動き始めた。鍵盤を上下に移動した。彼は古い歌を演奏し始めた。②彼は突然とても幸せだった。

「ぼくはピアノを弾くことができる！」 彼は思った。「誰も教えてくれなかったが，私の心は指で何をすべきかを教えてくれ，音楽を作れる」

彼の友達は聞いていました。

「それは美しい」とジョンは言った。「それは何ですか？」

「わかりません」とトニーは言った。

Ⅳ彼らは背後で音を聞いた。ウッド氏の娘リンダはドアに立っていた。彼女は笑っていて，とても静かに歌っていた。

トニーは彼女が歌うのを聞いて，演奏をやめた。彼は立ち上がった。彼の顔は赤く，彼は暑くて不快に感じた。

「やめないで，トニー」 リンダは言った。

「終わった」とトニーはまもなく言った。彼はピアノを閉じた。

リンダは建物に入ってきた。「見て」と彼女は言った，「私の母があなたたちにケーキと牛乳を届けてきたの」 彼女は私にそれらを持って来るように頼んだ。

ウッド夫人はとても料理が上手だった。ケーキはまだ温かい。彼らは皆食べて飲んだ。リンダはピアノを見た。 「トニー，ピアノの弾き方を教えてくれたのは誰？」 彼女は尋ねた。トニーは汚れた古い靴を見下ろした。「ピアノを弾けない」と彼は言った。

「できるわ！」 リンダは言った。「聞いたわよ。学校でピアノの授業をしているけど，あなたのようには弾けない。あの曲が好きよ。それは Green Fields と呼ばれているの。学校で楽譜を持っているけど弾けないの。私にとっては難しすぎるのよ。あなたはそれを借りたい？」

「ぼくは楽譜が読めない」とトニーは言った。

問1　Ⅰ　keep＋A＋B「AをBのままにしておく」　Ⅱ　来週新しい車が来ることから判断する。　Ⅲ　古いピアノを見つけたことから分かる。　Ⅳ　トニーがピアノを弾いていることから判断する。

問2　この後で，「時間がかかる」と言っていることからごみを捨てるのが大変だと分かる。

問3　この後で「ピアノが弾ける」と言っていることから判断できる。

問4　ア 「古いピアノの椅子には明るい色の鳥，花，葉がデザインされていた」 ピアノにデザインされているので不適切。　イ 「トニーは弾き方を習ったので，グリーンフィールドを演奏することができた」 ひき方は誰にも習っていないので不適切。　ウ 「リンダは，トニーが演奏しているピアノを聞いていて幸せだった」 リンダは笑って歌っていたので幸せだと判断できるため適切。　エ 「リンダは，ウッド夫人が男の子のために作ったケーキを持ってきた」 リンダはウッド夫人が作ったケーキと牛乳を持ってきたので適切。　オ 「リンダはピアノでグリーンフィールドを簡単に演奏できた」 リンダはトニーのように演奏できないと言っているので不適切。

3 （長文読解・説明文：内容吟味）

（全訳） 私が日本で最初に教え始めたとき，私は英語が得意であるが外国人と話すことを恐れている多くの学生に会った。「もし彼らが英語が得意なら，なぜ彼らは英語が話せないのか？」と考え続けた。

見知らぬ人と話すことができることは，今日の私たちの世界で重要なスキルだ。新しい人と出会い，情報交換し，友達を作る楽しい方法である。また，外国語のスキルを練習する素晴らしい方法だ。

英語学習者はしばしば内気である。それは理解できる。多くの人は子供の頃は恥ずかしがり屋だが，恥ずかしさを克服することを学ぶ。しかし，どのように？　簡単だ！　他者に興味を持ち，自信をつけ，良い手本を見つけ，多くの練習をすることによるのだ。

私の手本は父だった。カナダで育った恥ずかしがり屋の子供として，私は彼がレストラン，飛行機，映画館で誰とでも簡単に話せることに驚いた。私が育ったとき，彼が人々と話すことをどれほど楽しんでいるのかに感銘を受け，彼のようになることを誓った。数年後，私がヨーロッパを旅行していたときに，見知らぬ人と話をすることが地元の人々と出会い，彼らの文化について学ぶために必要であることに気づいた。

見知らぬ人と話すための基本的な方策は習得が容易だ。まず，会話を開始する必要がある。最も一般的な方法は，天気について話すか，質問することだ。会話を始めるために何かを頼むこともできる。次に，会話を続けるためにいくつかの質問をする。これらの方策を使用すると，面白い人と素晴らしい会話をすることができる！

日本で教え始めたとき，生徒たちがこのスキルを学ぶのを手伝うことにした。これを行うために，私は毎年宿題を生徒に与える。彼らは知らない人と話をし，それについて英語のレポートを書く必要がある。

多くの学生は，この宿題が人生を面白い方法で変えていることに気付く。留学生と話をして，友達を作る人もいる。他の人は，それが彼らの将来のキャリアに影響を与える可能性があると感じている。ある学生は，名刺を渡し，「卒業したら電話してください。私の会社にはあなたのような人が必要です！」と言ったビジネスマンと会話をした。

過去25年間，私はこの宿題を5000人以上の学生に与え，彼らがより自信を持って英語を話すようになるのを見てきた。だから，恥ずかしがらないで！　この世界の見知らぬ人は，あなたの新しい友達になれる人であり，会話は人生を変えることができる。今日，見知らぬ人と話してほしい！

(1)「日本の英語学習者は，しばしば英語を話すことに前向きな気持ちを持っている」 第1段落第1文参照。英語を話すことを恐れているので不適切。

(2)「コウタの父親はとても恥ずかしがり屋で，カナダの地元の人々と話すことができなかった」 第4段落第2文参照。コウタの父親は，簡単に地元の人と話していたので不適切。

(3)「学生は見知らぬ人との話し合いについてレポートを書かなければならなかった」 第6段落最終文参照。学生に，見知らぬ人と話し，レポートを書かせているので適切。

(4)「ビジネスマンは，将来彼と一緒に働くという申し出を学生に与えた」 第7段落最終文参照。名詞を渡して「卒業したら連絡をくれ」と学生に言っているので適切。

(5)「過去25年間，宿題は学生にとってあまり良いものではなかった」 第8段落第1文参照。学生は自信を持つようになったので不適切。

基本 4 **（会話文：要旨把握，内容吟味）**

（全訳） 状況 駅で米国からの2人の学生に会い，方向を尋ねられました。

ケイト：すみません。緑公園への行き方を教えてください。

あなた：わかりました。最寄りのバス停からバスに乗ります。教えましょう。

ケイト：ありがとうございました。

—数分後—

あなた：こちらがバス停です。ルート番号は78番または80番です。さくら博物館で下車し，公園まで数分歩きます。

マギー：公園は博物館の近くにありますか？

あなた：地図を見せます。バスを降りると，通りの向かいに市庁舎が見えます。郵便局に向かって2ブロック歩きます。次に，左に曲がってまっすぐ進みます。右手に公園が見えます。

マギー：ありがとうございました。

あなた：どういたしまして。公園には国際的なフードフェスティバルがあります。そこに行きますか？

ケイト：はい。世界中の食文化に興味があります。

あなた：実は昨日そこに行きました。昨日は土曜日だったのでたくさんの人がいましたが，とても楽しかったです。

マギー：本当に？何を食べましたか？

あなた：インドのカレーとマンゴージュースを食べました。美味しかったです。

ケイト：私も試してみたいです。

マギー：辛い食べ物は嫌いですが，マンゴージュースを試したいです。ところでフェスティバルは何時に始まりますか？

あなた：10：30から始まると思います。

ケイト：今は9：46です。バスの時刻表を確認しましょう。

マギー：OK。

あなた：ああ，行かなきゃ。楽しんで！

マギー：どうもありがとう！ 楽しみにしています。

問1 郵便局に向かって2ブロック歩き，左に曲がってまっすぐ歩き，右側に見えるので，目的地はアである。

問2 今日は日曜日で，現在9：46であることから判断する。

問3 (1)「ケイトは緑公園に行くのにどれくらい時間がかかるか尋ねた」 どのように行くのかを尋ねているので不適切。 (2)「マギーは国際フードフェスティバルでインド料理を楽しんだ」

マギーは辛い食べ物が嫌いなので不適切。　(3) 「ケイトは緑公園で国際的なフードフェスティバルがあることを知らなかった」 ケイトはフードフェスティバルに行くので不適切。
(4) 「マギーは，フェスティバルがいつ始まるかを知らなかった」 あなたに始まる時刻を尋ねているので適切。　(5) 「ケイトとマギーはバスに乗って公園まで歩く必要があった」 バスを降りてから歩くので適切。

5 **(会話文：適文補充)**

(全訳) ：アキコ　皆さん，おはようございます。私は英語部のアキコです。今日のゲストは新しい英語の先生，Lim 先生です。Lim 先生，今日は来てくれて，ありがとうございます。

Lim 先生：どういたしまして。私はあなたと話すことをとても楽しみにしています。
アキコ　：はじめましょう。まず，あなたの国について知りたいです。Ⅰシンガポール出身ですよね？
Lim 先生：はい，そうです。
アキコ　：私はシンガポールに行ったことがありませんが，どこにあるか知っています。マレーシアの近くです。
Lim 先生：そのとおり。Ⅱ1つの大きな島と多くの小さな島があります。
アキコ　：日本にも多くの島があります。二人とも島国出身です！ とにかく，シンガポールはしばしば「ガーデンシティ」または「クリーンでグリーンなシティ」と呼ばれていると聞きました。なぜですか？
Lim 先生：Ⅲシンガポールは一年中美しい木や花でいっぱいだからです。
アキコ　：それはいいですね。私は自然が大好きです。将来あなたの国を訪れたいと思います。
Lim 先生：そうしてください。気に入っていただけると思います。
アキコ　：私の両親は旅行のために私をしばしばいくつかの外国に連れて行ってくれるので，次回はあなたの国を訪問したいと思います。それでは，次の質問に移りましょう。Ⅳあなたの家族について教えてください。
Lim 先生：ええ，私の家族には4人います。母，父，弟，そして私です。
アキコ　：そうですか。あなたの弟は何才ですか？
Lim 先生：Ⅴ実際，彼はあなたがたと同じ年齢です。彼はシンガポールの高校生です。
アキコ　：ああ，そうなんですか？　それは面白い。
Lim 先生：彼は日本の文化に非常に興味があり，特に日本のアニメを見るのが好きです。
アキコ　：カッコいい。あなたはあなたの自由な時間に何をしたいですか，Lim 先生？
Lim 先生：私はスポーツと，音楽を聴くことと，映画を見ることが好きです。
アキコ　：あなたの好きなスポーツは何ですか？
Lim 先生：私は水泳が好きです。私はよく私の国で友達と泳ぎに行きました。Ⅵ後でこの街で泳ぐのに良い場所を教えてもらえますか？
アキコ　：わかりました。後で教えます。ちなみに，日本に来るのは初めてですか？
Lim 先生：はい，そうです。日本に来てよかったです。私は4年間日本語を勉強しているので，生徒たちに日本語と日本文化について教えてほしいです。
アキコ　：あなたがここに来て私たちもうれしいです。最後に，学生にメッセージをお願いできますか？
Lim 先生：外国語を勉強するのは簡単ではないことを知っています。Ⅶしかし，それは確かに外国人を理解するのに役立つと思います。私と一緒に英語の勉強を楽しんでください！

アキコ　：Lim先生，ありがとうございました。あなたの授業を楽しみにしています！

Ⅰ　このあとシンガポールの話をしていることから分かる。

Ⅱ　日本も多くの島があると言っているので，シンガポールには多くの島があると言っているとわかる。

Ⅲ　「なぜ」の質問の答えなので，becauseで始まるものを選ぶ。

Ⅳ　この後，家族の話に変わっていることから判断する。

Ⅴ　年齢を答えているものを選ぶ。

Ⅵ　「後で教えます」と答えていることから判断する。

Ⅶ　外国語を学ぶことについての英文を選べばよい。

6　（会話文）

(1)　borrow「借りる」

(2)　授業がすでに始まっているので，遅れていることが分かる。

(3)　have gone to ～「～に行ってしまった」

(4)　〈the second ＋ 最上級〉「2番目に～」

(5)　Thank you for ～ing「～してくれてありがとう」

基本　7　（語句選択問題：前置詞，動名詞，不定詞，受動態）

(1)　do one's best「最善を尽くす」

(2)　with ～「～を持った」

(3)　How about ～ing ?「～するのはどうですか」

(4)　〈形容詞 ＋ enough to ～〉「～するのに十分…」

(5)　stop ～ing「～するのをやめる」

(6)　受動態の語順は〈be動詞＋過去分詞〉となる。

重要　8　（語句整序問題：比較，関係代名詞，間接疑問文，分詞，現在完了，不定詞）

(1)　(One of the good points of learning online is that you) can spend as much time as you (like.)　〈as much ＋名詞 as ～〉の語順になる。

(2)　Is this the bus that goes to (the museum ?)　thatは主格の関係代名詞である。

(3)　(Did you hear) what time our plane is leaving for (Paris ?)　間接疑問文は〈疑問詞＋主語＋動詞〉の語順になる。

(4)　(The pictures) taken in Kyoto by Joe were beautiful(.)　takenは分詞の形容詞的用法である。

(5)　(We) have had no sunny days for (two straight days.)　現在完了は〈have ＋過去分詞〉の語順にする。

(6)　(This book) is too difficult for all of (us to read.)　too ～ to …「あまりに～すぎて…できない」

重要　9　（和文英訳問題：関係代名詞，不定詞）

(1)　「今まで食べた中で」はI have ever eatenと表現する。

(2)　〈want ＋人＋ to ～〉「人に～してほしい」

★ワンポイントアドバイス★

長文読解問題や会話文の分量が多いため，すばやく処理する必要がある。問題集や過去問を用いて読解問題に慣れるようにしたい。

＜国語解答＞

一　問一　1　いかく　　2　はいせき　　3　ぞうり　　4　と(ぐ)　　5　さぐ(る)
問二　1　閲覧　　2　噴煙　　3　批准　　4　挟(んで)　　5　悔(やむ)

二　問一　私たちは，　　問二　戦争　　問三　A　ウ　　B　オ　　問四「協調性遺伝子」(「」なしも可)　　問五　ア　　問六　イ　　問七　エ　　問八　⑰　　問九　⑩

三　問一　イ　　問二　ア　　問三　ウ　　問四　イ　　問五　だが，自分
問六　組織全体と個の連携　　問七　Ⅰ　ウ　　Ⅱ　ア　　問八　エ　　問九　エ

四　問一　1　ア　　6　ウ　　9　エ　　問二　かいにん　　問三　3　イ　　7　オ
問四　ア　　問五　三輪の～もの也[の也。]　　問六　ウ　　問七　イ

○配点○

一　各1点×10　　二～四　各3点×30　　計100点

＜国語解説＞

一　(漢字の読み書き)

問一　1　力などを示しておどすこと。「威」を使った熟語は，他に「脅威」「権威」などがある。　2　拒んでしりぞけること。「排」を使った熟語は，他に「排除」などがる。　3　わらなどで作られた鼻緒がついた底の平らな履物。「履」の訓読みは「は(く)」。　4　音読みは「ケン」で，「研鑽」「研磨」などの熟語がある。　5　他の訓読みは「さが(す)」。

やや難　問二　1　書物などを調べながら読むこと。「閲」を使った熟語は，他に「検閲」などがある。　2　火山の火口から吹き上がる煙。　3　条約に同意すること。「准」を使った熟語は，他に「准教授」などがある。　4　音読みは「キョウ」。字形の似た「峡」「狭」と区別する。　5　他の訓読みに「くや(しい)」がある。音読みは「カイ」で，「後悔」「悔恨」などの熟語がある。

二　(論説文ー内容吟味，文脈把握，段落・文章構成，指示語の問題，接続語の問題，脱文・脱語補充)

問一　「ホモ・サピエンス」について，最終段落に「私たちホモ・サピエンスは……物事を偶然に任せることを拒み，自らの知力を振り絞って生き残ろうとする生物なのです。」と述べている。ここからふさわしい一文を抜き出す。

問二　ホモ・サピエンスが絶滅する原因として「誰もが真っ先に思いつく」ものを考える。直後の文の「好戦的」につながる言葉が当てはまる。⑬段落の冒頭に「戦争」とあるのに着目する。

問三　A　「ホモ・サピエンスが生物学的なレベルで好戦的だったとしても……それを制御するだけの知性を兼ね備えている」という前に，後で「生物学的なレベルでも，ホモ・サピエンスには好戦的な性質とは正反対のものが備わっている」と付け加えているので，添加の意味を表す言葉が当てはまる。　B　「悪いことではありません」という前より，後の「それこそがホモ・サピエンスらしい進化のあり方」と言った方がいいという文脈なので，二つを比べてこれのほうがよい，という意味を表す言葉が当てはまる。

問四　傍線部2について，直後の文で「他人と結びつくことによって集団を形成する性質」と説明している。同じ内容を述べている部分を探すと，⑩段落に「他者との協調を促すホルモンを分泌させる遺伝子……私はそれを『協調性遺伝子』と呼んでいます」とある。「遺伝子」が「性質」をもたらすと考えて，ここから適当な部分を抜き出す。

問五　傍線部3の「そこ」は，直前の文のチンパンジーが「相手が自分に興味を持っているかどうか……自分に対して怒りを感じているかどうかぐらいはわかる」ことを指し示している。「そこ

から先は難しい」というのであるから，チンパンジーにとって難しいのはどのようなことかを考える。直後の段落に「チンパンジーは……自分の感情を相手が理解しているかどうかを，うまく理解できない」とあるのに着目する。

問六　傍線部4「私たちにあらかじめ備わっている能力」は，同じ⑨段落の冒頭「そういう能力」と同じ内容を意味している。「そういう能力」は，直前の段落の「相手が自分の感情を理解していることも理解できるし，その上で相手がどういう行動に出るかも推測できる」能力を指し示している。イの「初対面の人と仲良くなろうと」するは，相手の行動を推測できないので，適切ではない。

基本　問七　ホモ・サピエンスが，協調性遺伝子を持っていたことが幸運であったとする理由を考える。直後の「彼らが生き残り，協調性遺伝子を拡散していなければ，都市も文明も築かれなかった……集団で暮らすことはあっても，単にバラバラな個人が寄せ集まっただけでは，分業体制が成り立たないので都市は作れません」から，理由を読み取る。

問八　挿入文の内容から，「ナチス・ドイツのイメージが強い」言葉を挙げている部分の後に入ると推察する。⑯段落に「優生思想」という語を挙げ，「危険視する人も多い」と述べている。ナチス・ドイツの政治は，良質の遺伝子だけを残そうとする意味の「優性思想」に基づいている。

やや難　問九　①・②段落はホモ・サピエンスの絶滅の可能性について，③～⑨段落はホモ・サピエンスの知性について，⑩～⑰段落はホモ・サピエンスの持つ「協調性遺伝子」について，⑱⑲段落は，地球環境の大変動に対しても，ホモ・サピエンスは知力を振り絞って進化の方向を決めなければならないという筆者の考えを述べている。

三　（論説文ー内容吟味，文脈把握，接続語の問題，脱文・脱語補充，ことわざ・慣用句）

問一　傍線部1の「こうした流れ」は，直前の段落の「諸領域を個別化・専門化することで予測可能性や純粋性を追求する」イギリスの発想を指し示している。このイギリスの発想と「逆行する」アメリカの考えについて述べている部分を探す。傍線部1と同じ段落の「アメリカでは……スポーツと商業主義の接近が起こった」「スポーツと他の領域を接合し，スポーツを地域や現実社会の問題解決と結びつけようとする発想」という説明に通じるものを選ぶ。

問二　傍線部2「そうした装置」について，直前の文で「自らが抱え込んだ矛盾を乗り越えるための装置」と具体的に述べている。この「自ら抱え込んだ矛盾」は，同じ段落の「独立の時点で掲げた自由と平和等の理想と深刻な現実との落差」を意味することから考える。

基本　問三　「軍配が上がる」は，相撲で行司が勝った方の力士を軍配で指し示すことからできた言葉。

問四　前の「自分の仕事の専門性に習熟したとしても，その仕事は独立して存在できるわけではなく，前と後の工程があってこそ意味を持つ」を，後で「分割された領域間の連関があってこそ初めて有効に機能するにもかかわらず，諸領域に張り付けられた人たちは自分の任された範囲外の世界には疎くなっていく」と言い換えているので，説明の意味を表す言葉が当てはまる。

問五　前後の文脈から，傍線部4は「近代産業社会の矛盾」について述べている。同様の内容を「だが，自分の」で始まる段落で「根本的なジレンマを近代産業社会の能率主義は抱えている」と述べており，この「根本的なジレンマ」が「矛盾」に置き換えられる。同じ「だが，自分の」で始まる段落から，「根本的なジレンマ」を具体的に説明している一文を抜き出す。

問六　傍線部5を含む「近代産業社会のジレンマ」について述べている部分を探す。直前の段落に「『個』の独立性が『全体』との連関と切り離せないという近代のジレンマ」とあり，さらに「こうしたジレンマは」で始まる段落に「組織全体と個の連携こそ……永遠の課題なのだ」とある。ここから，指定字数に合う部分を抜き出して答える。

問七　Ⅰ　直後の「アメリカ型競技の誕生の重要な背骨の一つは……健康不安であった。だが，現在のアメリカは異常なまでの肥満大国と化している」から，期待とは違った結果になるという意味を表す言葉が当てはまる。　Ⅱ　「［　Ⅱ　］を開く」で，それまで知らなかった事実や考えに気づく，という意味になる。

やや難　問八　「スポーツの歩みを振り返る」ことは，どのような「意義」を持つのかを考える。直後の段落で，「スポーツの歩み」を「スポーツの歴史」に置き換えて「スポーツの歴史に対して［　Ⅱ　］を開くことは，自分の住む社会に対する認識を深め，新たな未来を構想する重要な出発点になり得る」と述べているのに着目する。。

重要　問九　「このように」で始まる段落の「産業社会の原理や規則と改革の時代の精神と強く結びついた特徴を備えているという点では，アメリカンフットボールやバスケットボールに軍配が上がる」に適切でないものは，エ。

四　(古文―内容吟味，文脈把握，指示語の問題，語句の意味，文と文節，仮名遣い)

〈口語訳〉 河内国の若江の庄で，ある侍の妻がお産をしたが，取り上げてみると袋である。中には，数えきれないほどの蛇がいる。(妻は)恥ずかしかったので，湧き返る熱湯に(蛇を)入れて，「子は死んだ」と披露した。その後再び妊娠する。「このたびもまたどうであろうか」と前から心配したが，やはり右のとおりである。これも深く隠した。何の報いかと人知れず涙を，「白玉か何ぞ」と人が尋ねるほど流した。年月をしばらく経て，また妊娠したが，妻は涙ぐんで，老人に語ると，老人が言うには，「少しばかり，聞いていることがある。三輪の神が思い込んだ女は，蛇を産むものだ。あなたは顔が美しい。このたびもそうだろう。(蛇を)隠すから来ていらっしゃる。人の行き交う場所にさらしなさい。高札を立てていろんな人に見せなさい。(そうすれば)二度とそのようなことはないだろう」と言う。思ったとおり，また袋を生んで蛇がいる。すぐに老人の教えのようにする。その後産んだ子は，親に似た人であった。

問一　1　「おもなし」は漢字で書くと「面なし」。ここでの「ば」は，理由の意味を表す。　6　漢字で「麗し」「美し」などと書く。　9　古語の「やがて」は，すぐに，そのままの意味。

問二　語頭以外のハ行はワ行に直すので，歴史的仮名遣いの「くは」は「くわ」になる。さらに，「くわ」は，現代仮名遣いでは「か」になる。

問三　3　再び蛇が入った袋を産んで，それを隠したのは「さふらひの妻」。　7　隠すから来るのは「蛇」。

問四　前回の妊娠で，侍の妻は「このたびもまたいかがあらん」と蛇が産まれることを心配している。今回も同様に蛇が産まれるのではないかと心配して，「うちなみだぐんで」いる。

やや難　問五　直後の「三輪の神の見いれしをんなは，蛇をうむもの也」が，老人の「きき侍る事」にあたる。「御身まみうるはし」以降は老人の考えなので，「きき侍る事」ではない。

やや難　問六　老人が，蛇を人前にさらせば二度とないと言っているのはどんなことかを読み取る。侍の妻が老人に言われたように蛇を人前にさらしたあとに産んだ子は「人」であったとある。蛇は，三輪の神によって産まれさたものであると想像できる。

重要　問七　傍線部10は，親に似た人が産まれたという口語訳になる。侍の妻は蛇が産まれることを悩んでいたが，老人の教えによって念願の人の子が産まれたのである。

★ワンポイントアドバイス★

論理的文章の読解問題では，指示語や接続語に注目して，それぞれの段落の内容や段落ごとの関係をすばやく見つけよう。ふだんからの練習が大きな力になる。しっかり演習を重ねておこう。

MEMO

大切なことはメモしておこうネ！

解答用紙集

○月×日　△曜日　天気（合格日和）

◆ご利用のみなさまへ
＊解答用紙の公表を行っていない学校につきましては、弊社の責任において、解答用紙を制作いたしました。
＊編集上の理由により一部縮小掲載した解答用紙がございます。
＊編集上の理由により一部実物と異なる形式の解答用紙がございます。

人間の最も偉大な力とは、その一番の弱点を克服したところから生まれてくるものである。　――カール・ヒルティ――

東京学参株式会社

横浜翠陵高等学校　2024年度　　　◇数学◇

※ 111％に拡大していただくと，解答欄は実物大になります。

1

問1		問2	$a=$　　　, $b=$
問3		問4	
問5		問6	$x=$

2

問1	個	問2	$\leqq y \leqq$
問3	$a=$	問4	
問5	度		

3

問1	$a=$	問2	
問3			

4

問1	：	問2	：
問3	倍		

5

問1	cm	問2	cm^3
問3	cm		

横浜翠陵高等学校　2024年度

◇英語◇

※ 109%に拡大していただくと，解答欄は実物大になります。

1

例題	2	(1)		(2)		(3)	
(4)		(5)		(6)		(7)	

2

問1		問2		問3		問4		
問5	(1)		(2)		(3)		(4)	

3

問1		問2			
問3		→		→	

問4	(1)		(2)		(3)		(4)		(5)		(6)	

4

問1		問2		問3		問4	:
問5							

5

問1	アメリカ		イタリア		問2	(1)		(2)		(3)	

6

(1)		(2)		(3)	
(4)		(5)		(6)	

7

(1)		(2)		(3)		(4)		(5)	
(6)		(7)		(8)		(9)			

8

(1)	A		B		(2)	A		B	
(3)	A		B		(4)	A		B	
(5)	A		B		(6)	A		B	

9

9	

横浜翠陵高等学校　2024年度

◇国語◇

※ 104％に拡大していただくと，解答欄は実物大になります。

一

問一
1
2
3
4　やかな
5　す

問二
1
2
3
4　く
5　らす

二

問一
①
②

問二

問三

問四

問五

問六

問七

問八

三

問一
〜

問二

問三
(1)
(2)

問四
①
②
③
④

問五

問六

四

問一

問二
2
5

問三

問四
4
6

問五

問六

問七

問八

横浜翠陵高等学校　2023年度

◇数学◇

※ 111％に拡大していただくと，解答欄は実物大になります。

1

問 1		問 2	$x=$　　　, $y=$
問 3		問 4	
問 5		問 6	$x=$

2

問 1	$n=$	問 2	$a=$
問 3	$a=$	問 4	
問 5	度		

3

問 1	$a=$	問 2	
問 3	$t=$		

4

問 1	：	問 2	
問 3	倍		

5

問 1		問 2	
問 3			

横浜翠陵高等学校　2023年度　　　◇英語◇

※ 108％に拡大していただくと，解答欄は実物大になります。

1

例題	3	(1)		(2)		(3)			
(4)		(5)		(6)		(7)		(8)	

2

問1		問2		問3		問4						
問5	(1)		(2)		(3)		(4)		(5)		(6)	

3

問1		問2		問3						
問4	(1)		(2)		(3)		(4)		(5)	

4

問1	①		②		③		問2	(1)		(2)

5

問1		問2		問3		問4	

6

①		②	

7

(1)		(2)		(3)	

8

(1)		(2)		(3)		(4)		(5)	
(6)		(7)		(8)		(9)			

9

(1)	A		B		(2)	A		B	
(3)	A		B		(4)	A		B	
(5)	A		B		(6)	A		B	

10

	?

横浜翠陵高等学校　2023年度　◇国語◇

※ 108％に拡大していただくと，解答欄は実物大になります。

一

問一　1　2　3　4 む　5 れる

問二　1　2　3　4 く　5 う

二

問一　問二　問三　問四　問五　問六　問七　問八　問九　問十

三

問一　問二　問三　問四　問五　問六　問七 (1) (2)　問八　問九

四

問一　1　4　7

問二　2　6

問三　問四　問五　問六　問七

横浜翠陵高等学校　2022年度　　◇数学◇

※ 111％に拡大していただくと，解答欄は実物大になります。

1

問 1		問 2	
問 3		問 4	
問 5	$x=$ 　　　, $y=$	問 6	$x=$

2

問 1	$n=$	問 2	$\leqq y \leqq$
問 3		問 4	
問 5	度		

3

問 1	$a=$	問 2	
問 3	:		

4

問 1		問 2	:
問 3	:		

5

問 1		問 2	
問 3			

横浜翠陵高等学校　2022年度　◇英語◇

※ 108％に拡大していただくと，解答欄は実物大になります。

1

例題	3	(1)		(2)		(3)	
(4)		(5)		(6)		(7)	

2

問1		問2						
問3	(1)		(2)		(3)		(4)	

3

問1		問2		問3	

4

問1	(1)		(2)		(3)		問2		

5

問1	→ →	問2		問3	
問4					

6

問1		問2	②		③		問3		問4		
問5		問6									

7

(1)		(2)		(3)		(4)	
(5)		(6)		(7)		(8)	

8

(1)		(2)		(3)	

9

(1)	A		B		(2)	A		B	
(3)	A		B		(4)	A		B	

10

※ 106％に拡大していただくと，解答欄は実物大になります。

一

- 問一　1　2　3　4　した　5　い
- 問二　1　2　3　4　う　5　り

二

- 問一
- 問二
- 問三　〜
- 問四
- 問五　〜
- 問六
- 問七
- 問八
- 問九
- 問十

三

- 問一
- 問二
- 問三
- 問四　〜
- 問五　A　B
- 問六
- 問七
- 問八
- 問九

四

- 問一　1　2　5
- 問二　3　6
- 問三
- 問四
- 問五
- 問六
- 問七

横浜翠陵高等学校　2021年度

◇数学◇

※ 115%に拡大していただくと，解答欄は実物大になります。

1

問1		問2	$x=$　　, $y=$
問3		問4	
問5		問6	$x=$

2

問1	$<$　$<$　$<$		
問2		問3	$a=$
問4		問5	度

3

問1		問2	$a=$
問3			

4

問1	cm	問2	cm^2
問3	cm^2		

5

問1	秒後	問2	cm^2
問3	cm^3		

横浜翠陵高等学校　2021年度

◇英語◇

※ 114%に拡大していただくと，解答欄は実物大になります。

1

(1)		(2)		(3)		(4)		(5)	
(6)		(7)		(8)					

2

問1		問2		問3		問4		
問5	(1)		(2)		(3)		(4)	

3

A	問	(1)		(2)		(3)		(4)	
B	問	(1)		(2)		(3)		(4)	
C	問	(1)		(2)		(3)		(4)	

4

問1	円	問2		問3		問4		
問5	(1)		(2)		(3)		(4)	

5

(1)		(2)		(3)		(4)		(5)	
(6)		(7)							

6

(1)	A		B		(2)	A		B	
(3)	A		B		(4)	A		B	
(5)	A		B		(6)	A		B	
(7)	A		B						

横浜翠陵高等学校　2021年度

◇国語◇

※ 110％に拡大していただくと，解答欄は実物大になります。

一

問一
1
2
3
4
5
い

問二
1
2
3
4
く
5
しく

二

問一
問二
問三
問四
ー
ー
問五

問六
～
問七
問八

問九

三

問一
問二
問三
問四
問五

問六

問七
Ⅰ
Ⅱ
問八
問九

四

問一
1
2
3
問二
4
7

問三
問四
問五
問六
問七

横浜翠陵高等学校　2020年度

◇数学◇

※111％に拡大していただくと，解答欄は実物大になります。

1

問1		問2	$x=$　　　, $y=$
問3		問4	
問5		問6	$x=$

2

問1	個	問2	
問3	$a=$	問4	
問5	度		

3

問1	$a=$	問2	
問3	(　　　,　　　)		

4

問1	:	問2	:
問3	倍		

5

問1	cm	問2	cm^2
問3	cm		

横浜翠陵高等学校　2020年度

◇英語◇

※108％に拡大していただくと，解答欄は実物大になります。

1

(1)		(2)		(3)		(4)		(5)	
(6)		(7)							

2

問1	I		II		III		IV		問2		
問3		問4									

3

問	(1)		(2)		(3)		(4)		(5)	

4

問1		問2	路線番号:		時間:　　：					
問3	(1)		(2)		(3)		(4)		(5)	

5

問	I		II		III		IV	
	V		VI		VII			

6

(1)		(2)		(3)	
(4)		(5)			

7

(1)		(2)		(3)		(4)		(5)		(6)	

8

(1)	A		B		(2)	A		B	
(3)	A		B		(4)	A		B	
(5)	A		B		(6)	A		B	

9

(1)	
(2)	

横浜翠陵高等学校　2020年度

◇国語◇

※108％に拡大していただくと，解答欄は実物大になります。

一

問一

1

2

3

4 ぐ

5 る

問二

1

2

3

4 んで

5 やむ

二

問一

問二

問三

A

B

問四

問五

問六

問七

問八

問九

三

問一

問二

問三

問四

問五

問六

問七

Ⅰ

Ⅱ

問八

問九

四

問一

1

6

9

問二

問三

3

7

問四

問五

〜

問六

問七

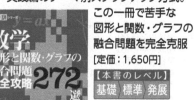

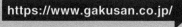

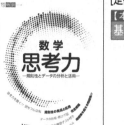

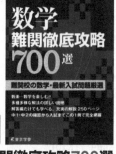

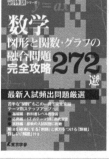

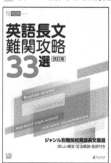

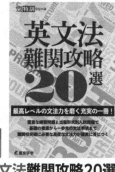

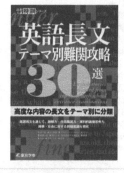

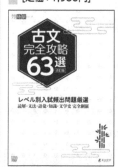

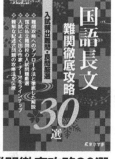

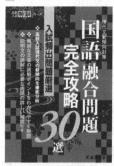

東京学参の

高校別入試過去問題シリーズ

＊出版校は一部変更することがあります。一覧にない学校はお問い合わせください。

東京ラインナップ

あ 愛国高校(A59)
青山学院高等部(A16)★
桜美林高校(A37)
お茶の水女子大附属高校(A04)
か 開成高校(A05)★
共立女子第二高校(A40)★
慶應義塾女子高校(A13)
啓明学園高校(A68)★
国学院高校(A30)
国学院大久我山高校(A31)
国際基督教大高校(A06)
小平錦城高校(A61)★
駒澤大高校(A32)
さ 芝浦工業大附属高校(A35)
修徳高校(A52)
城北高校(A21)
専修大附属高校(A28)
創価高校(A66)★
た 拓殖大第一高校(A53)
立川女子高校(A41)
玉川学園高等部(A56)
中央大高校(A19)
中央大杉並高校(A18)★
中央大附属高校(A17)
筑波大附属高校(A01)
筑波大附属駒場高校(A02)
帝京大高校(A60)
東海大菅生高校(A42)
東京学芸大附属高校(A03)
東京農業大第一高校(A39)
桐朋高校(A15)
都立青山高校(A73)★
都立国立高校(A76)★
都立国際高校(A80)★
都立国分寺高校(A78)★
都立新宿高校(A77)★
都立墨田川高校(A81)★
都立立川高校(A75)★
都立戸山高校(A72)★
都立西高校(A71)★
都立八王子東高校(A74)★
都立日比谷高校(A70)★
な 日本大櫻丘高校(A25)
日本大第一高校(A50)
日本大第三高校(A48)
日本大第二高校(A27)
日本大鶴ヶ丘高校(A26)
日本大豊山高校(A23)
は 八王子学園八王子高校(A64)
法政大高校(A29)
ま 明治学院高校(A38)
明治学院東村山高校(A49)
明治大付属中野高校(A33)
明治大付属八王子高校(A67)
明治大付属明治高校(A34)★
明法高校(A63)
わ 早稲田実業学校高等部(A09)
早稲田大高等学院(A07)

神奈川ラインナップ

あ 麻布大附属高校(B04)
アレセイア湘南高校(B24)
か 慶應義塾高校(A11)
神奈川県公立高校特色検査(B00)
さ 相洋高校(B18)
た 立花学園高校(B23)
桐蔭学園高校(B01)
東海大付属相模高校(B03)★
桐光学園高校(B11)
な 日本大高校(B06)
日本大藤沢高校(B07)
は 平塚学園高校(B22)
藤沢翔陵高校(B08)
法政大国際高校(B17)
法政大第二高校(B02)★
や 山手学院高校(B09)
横須賀学院高校(B20)
横浜商科大高校(B05)
横浜市立横浜サイエンスフロンティア高校(B70)
横浜翠陵高校(B14)
横浜清風高校(B10)
横浜創英高校(B21)
横浜隼人高校(B16)
横浜富士見丘学園高校(B25)

千葉ラインナップ

あ 愛国学園大附属四街道高校(C26)
我孫子二階堂高校(C17)
市川高校(C01)★
か 敬愛学園高校(C15)
さ 芝浦工業大柏高校(C09)
渋谷教育学園幕張高校(C16)★
翔凜高校(C34)
昭和学院秀英高校(C23)
専修大松戸高校(C02)
た 千葉英和高校(C18)
千葉敬愛高校(C05)
千葉経済大附属高校(C27)
千葉日本大第一高校(C06)★
千葉明徳高校(C20)
千葉黎明高校(C24)
東海大付属浦安高校(C03)
東京学館高校(C14)
東京学館浦安高校(C31)
な 日本体育大柏高校(C30)
日本大習志野高校(C07)
は 日出学園高校(C08)
や 八千代松陰高校(C12)
ら 流通経済大付属柏高校(C19)★

埼玉ラインナップ

あ 浦和学院高校(D21)
大妻嵐山高校(D04)★
か 開智高校(D08)
開智未来高校(D13)★
春日部共栄高校(D07)
川越東高校(D12)
慶應義塾志木高校(A12)
さ 埼玉栄高校(D09)
栄東高校(D14)
狭山ヶ丘高校(D24)
昌平高校(D23)
西武学園文理高校(D10)
西武台高校(D06)
た 東京農業大第三高校(D18)
は 武南高校(D05)
本庄東高校(D20)
や 山村国際高校(D19)
ら 立教新座高校(A14)
わ 早稲田大本庄高等学院(A10)

北関東・甲信越ラインナップ

あ 愛国学園大附属龍ヶ崎高校(E07)
宇都宮短大附属高校(E24)
か 鹿島学園高校(E08)
霞ヶ浦高校(E03)
共愛学園高校(E31)
甲陵高校(E43)
国立高等専門学校(A00)
さ 作新学院高校
（トップ英進・英進部）(E21)
（情報科学・総合進学部）(E22)
常総学院高校(E04)
た 中越高校(R03)＊
土浦日本大高校(E01)
東洋大附属牛久高校(E02)
な 新潟青陵高校(R02)
新潟明訓高校(R04)
日本文理高校(R01)
は 白鷗大足利高校(E25)
ま 前橋育英高校(E32)
や 山梨学院高校(E41)

中京圏ラインナップ

あ 愛知高校(F02)
愛知啓成高校(F09)
愛知工業大名電高校(F06)
愛知みずほ大瑞穂高校(F25)
暁高校（３年制）(F50)
鶯谷高校(F60)
栄徳高校(F29)
桜花学園高校(F14)
岡崎城西高校(F34)
か 岐阜聖徳学園高校(F62)
岐阜東高校(F61)
享栄高校(F18)
さ 桜丘高校(F36)
至学館高校(F19)
椙山女学園高校(F10)
鈴鹿高校(F53)
星城高校(F27)★
誠信高校(F33)
清林館高校(F16)★
た 大成高校(F28)
大同大大同高校(F30)
高田高校(F51)
滝高校(F03)★
中京高校(F63)
中京大附属中京高校(F11)★
中部大春日丘高校(F26)★
中部大第一高校(F32)
津田学園高校(F54)
東海高校(F04)★
東海学園高校(F20)
東邦高校(F12)
同朋高校(F22)
豊田大谷高校(F35)
な 名古屋高校(F13)
名古屋大谷高校(F23)
名古屋経済大市邨高校(F08)
名古屋経済大高蔵高校(F05)
名古屋女子大高校(F24)
名古屋たちばな高校(F21)
日本福祉大付属高校(F17)
人間環境大附属岡崎高校(F37)
は 光ヶ丘女子高校(F38)
誉高校(F31)
ま 三重高校(F52)
名城大附属高校(F15)

宮城ラインナップ

さ 尚絅学院高校(G02)
聖ウルスラ学院英智高校(G01)★
聖和学園高校(G05)
仙台育英学園高校(G04)
仙台城南高校(G06)
仙台白百合学園高校(G12)
た 東北学院高校(G03)★
東北学院榴ヶ岡高校(G08)
東北高校(G11)
東北生活文化大高校(G10)
常盤木学園高校(G07)
は 古川学園高校(G13)
ま 宮城学院高校(G09)★

北海道ラインナップ

さ 札幌光星高校(H06)
札幌静修高校(H09)
札幌第一高校(H01)
札幌北斗高校(H04)
札幌龍谷学園高校(H08)
は 北海高校(H03)
北海学園札幌高校(H07)
北海道科学大高校(H05)
ら 立命館慶祥高校(H02)

★はリスニング音声データのダウンロード付き。

都道府県別 公立高校入試過去問 シリーズ

- 全国47都道府県別に出版
- 最近数年間の検査問題収録
- リスニングテスト音声対応

公立高校入試対策 問題集シリーズ

- 目標得点別・公立入試の数学（基礎編）
- 実戦問題演習・公立入試の数学（実力錬成編）
- 実戦問題演習・公立入試の英語（基礎編・実力錬成編）
- 形式別演習・公立入試の国語
- 実戦問題演習・公立入試の理科
- 実戦問題演習・公立入試の社会

高校入試特訓問題集 シリーズ

- 英語長文難関攻略33選（改訂版）
- 英語長文テーマ別難関攻略30選
- 英文法難関攻略20選
- 英語難関徹底攻略33選
- 古文完全攻略63選（改訂版）
- 国語融合問題完全攻略30選
- 国語長文難関徹底攻略30選
- 国語知識問題完全攻略13選
- 数学の図形と関数・グラフの融合問題完全攻略272選
- 数学難関徹底攻略700選
- 数学の難問80選
- 数学 思考力―規則性とデータの分析と活用―

2404A

〈ダウンロードコンテンツについて〉

本問題集のダウンロードコンテンツ、弊社ホームページで配信しております。現在ご利用いただけるのは「2025年度受験用」に対応したもので、**2025年3月末日**までダウンロード可能です。弊社ホームページにアクセスの上、ご利用ください。
※配信期間が終了いたしますと、ご利用いただけませんのでご了承ください。

高校別入試過去問題シリーズ
横浜翠陵高等学校　2025年度
ISBN978-4-8141-2972-0

[発行所] 東京学参株式会社
〒153-0043　東京都目黒区東山2-6-4

書籍の内容についてのお問い合わせは右のQRコードから　⇒

※書籍の内容についてのお電話でのお問い合わせ、本書の内容を超えたご質問には対応できませんのでご了承ください。

2024年6月20日　初版